Tobias Ullrich

Rückstellungen in der Handels- und Steuerbilanz nach neuem Recht

www.salzwasserverlag.de

Bibliographische Information:

Die Deutsche Bibliothek verzeichnet diesen Titel in der Deutschen Nationalbibliografie. Bibliografische Daten sind unter http://dnb.ddb.de verfügbar.

Ullrich, Tobias

Rückstellungen in der Handels- und Steuerbilanz nach neuem Recht
1. Auflage 2005

ISBN: 978-3-937686-24-0
1. Auflage 2005

© Salzwasser-Verlag 2006

Nachdruck, auch auszugsweise, nur mit
schriftlicher Genehmigung des Verlags

Druck und Herstellung: Hohnholt Reprografischer Betrieb, Bremen
www.hohnholt.com

Inhaltsverzeichnis

A.	Einleitung	- 16 -
I.	Problemstellung	- 16 -
II.	Gang der Darstellung	- 18 -
B.	Rückstellungsbilanzierung in der Handelsbilanz	- 20 -
I.	Grundlagen	- 20 -
II.	Entwicklung der Rückstellungsbilanzierung	- 22 -
III.	Verhältnis der Grundsätze ordnungsgemäßer Buchführung zu Rückstellungen	- 24 -
IV.	Rückstellungen und Bilanztheorien	- 27 -
1.	Statische Bilanztheorie	- 27 -
2.	Dynamische Bilanztheorie	- 28 -
V.	**Ansatzvorschriften für Rückstellungen**	**- 30 -**
1.	Ansatzpflicht	- 30 -
2.	Ansatzwahlrecht	- 31 -
3.	Ansatzverbot	- 32 -
VI.	**Einzelfragen zur Bildung von Rückstellungen**	**- 33 -**
1.	Zeitpunkt der Rückstellungsbildung	- 33 -
2.	Nachholung unterlassener Rückstellungen	- 34 -
VII.	**Abgrenzung zu anderen Passivposten der Bilanz**	**- 35 -**
1.	Verbindlichkeiten	- 35 -
2.	Rücklagen	- 36 -
3.	Sonderposten mit Rücklageanteil	- 37 -
4.	Passive Rechnungsabgrenzungsposten	- 37 -
5.	Wertberichtigungen	- 38 -
6.	Haftungsverhältnisse oder Eventualverbindlichkeiten	- 38 -
VIII.	**Rückstellungen für ungewisse Verbindlichkeiten**	**- 39 -**
1.	Grundlagen	- 39 -
2.	Sachliche Voraussetzungen der Rückstellungsbildung	- 40 -
a.	Außenverpflichtung und Schuldcharakter	- 40 -
b.	Ungewissheit über Verbindlichkeit	- 43 -
c.	Wahrscheinlichkeit der Inanspruchnahme	- 45 -
d.	Wirtschaftliche Verursachung und rechtliches Entstehen	- 47 -
3.	Gewährleistung ohne rechtliche Verpflichtung	- 50 -
4.	Pensionsrückstellungen	- 53 -
a.	Grundlagen	- 53 -
b.	Arten der Pensionsverpflichtung	- 54 -
c.	Arten der Pensionszusage	- 55 -
d.	Voraussetzungen des Rückstellungsansatzes	- 56 -
5.	Verbindlichkeitsrückstellungen begründende Sachverhalte	- 58 -
a.	Tabellarische Übersicht	- 58 -
b.	Einzelbetrachtung	- 59 -
(1)	Garantierückstellungen	- 59 -
(2)	Rückstellungen für Fremdwährungsverbindlichkeiten	- 60 -
(3)	Rückstellungen für latente Steuern	- 60 -
c.	Neuere Rechtsprechung	- 61 -

IX.		Drohende Verluste aus schwebenden Geschäften	- 64 -
1.		Grundlagen	- 64 -
2.		Nichtbilanzierung schwebender Geschäfte	- 66 -
3.		Das schwebende Geschäft als Ansatzvoraussetzung	- 67 -
4.		Der drohende Verlust als Ansatzvoraussetzung	- 69 -
5.		Dauerschuldverhältnisse und Erfüllungsrückstande	- 72 -
6.		Absatz- und Beschaffungsgeschäfte	- 75 -
7.		Drohverlust-Rückstellungen begründende Einzelsachverhalte	- 78 -
	a.	Tabellarische Übersicht	- 78 -
	b.	Einzelbetrachtung	- 79 -
	(1)	Schneeräumungsverpflichtungen	- 79 -
	(2)	Schwerbehinderten-Pflichtplätze	- 80 -
	c.	Neuere Rechtsprechung	- 80 -
X.		**Aufwandsrückstellungen**	**- 82 -**
1.		Grundlagen	- 82 -
2.		Rückstellungsbildung für bestimmte Aufwendungen	- 84 -
	a.	Voraussetzung der Umschreibung des Aufwands	- 86 -
	b.	Voraussetzung der Zuordnung zum Geschäftsjahr	- 87 -
	c.	Voraussetzung der Wahrscheinlichkeit oder Sicherheit	- 89 -
	d.	Voraussetzung der Unbestimmtheit in Höhe oder Zeitpunkt	- 91 -
	e.	Nicht kodifizierte Voraussetzungen	- 92 -
3.		Rückstellungen für unterlassene Instandhaltung	- 93 -
	a.	Nachholung innerhalb von drei Monaten	- 95 -
	b.	Nachholung nach drei Monaten	- 96 -
4.		Rückstellungen für unterlassene Abraumbeseitigung	- 97 -
5.		Ansatzverbote	- 98 -
6.		Aufwandsrückstellungen begründende Einzelsachverhalte	- 99 -
	a.	Tabellarische Übersicht	- 99 -
	b.	Einzelbetrachtung	- 100 -
	(1)	Großreparaturen und Generalüberholungen	- 100 -
	(2)	Modellwechselkosten	- 101 -
XI.		**Sonderfall: Öffentlich-rechtliche Verpflichtungen**	**- 103 -**
XII.		**Gliederungs- und Ausweisvorschriften für Rückstellungen**	**- 106 -**
XIII.		**Auflösung von Rückstellungen**	**- 108 -**
C.		**Rückstellungsbilanzierung in der Steuerbilanz**	**- 110 -**
I.		**Grundlagen**	**- 110 -**
II.		**Maßgeblichkeitsprinzip**	**- 113 -**
1.		Materielle Maßgeblichkeit	- 113 -
2.		Formelle / umgekehrte Maßgeblichkeit	- 116 -
III.		**Rückstellungen für ungewisse Verbindlichkeiten**	**- 119 -**
1.		Grundlagen	- 119 -
2.		Rückstellungen wegen Verletzung fremder Schutzrechte	- 121 -
3.		Rückstellungen für Dienstjubiläen	- 124 -
IV.		**Aufwandsrückstellungen**	**- 127 -**
1.		Passivierungspflicht	- 127 -
2.		Passivierungsverbot	- 128 -
V.		**Ansatzverbote**	**- 130 -**
1.		Drohverluste aus schwebenden Geschäften	- 130 -
2.		Rückstellungen für Anschaffungs- und Herstellungskosten	- 135 -

3.	Rückstellungen für Verwertung radioaktiver Reststoffe	- 137 -
4.	Passivierungsverbot des § 5 Abs.2a EStG	- 139 -
VI.	**Pensionsrückstellungen**	**- 140 -**
1.	Grundlagen	- 140 -
2.	Pensionszusagen an Gesellschafter-Geschäftsführer	- 144 -
VII.	**Neuere Rechtsprechung**	**- 147 -**
VIII.	**Beurteilung hinsichtlich des Maßgeblichkeitsprinzips**	**- 149 -**
D.	**Bewertung von Rückstellungen**	**- 154 -**
I.	**Grundsätze der Bewertung von Rückstellungen in der Handelsbilanz**	**- 154 -**
1.	Grundlagen	- 154 -
2.	Kaufmännische Vernunft und Vorsicht	- 156 -
3.	Bilanzkontinuität	- 158 -
4.	Prinzip der Unternehmensfortführung (going-concern)	- 159 -
5.	Stichtagsprinzip	- 160 -
6.	Einzelbewertung und Sammelrückstellung	- 160 -
7.	Aufwands- und Ertragsperiodisierung	- 163 -
8.	Bewertungsstetigkeit	- 164 -
9.	In § 252 HGB nicht genannte Bewertungsgrundsätze	- 165 -
II.	**Bewertung von Rückstellungen in der Steuerbilanz**	**- 166 -**
1.	Grundlagen und Maßgeblichkeit	- 166 -
2.	Rückstellungen für gleichartige Verpflichtungen	- 169 -
3.	Rückstellungen für Sachleistungsverpflichtungen	- 172 -
4.	Berücksichtigung zukünftiger Vorteile	- 174 -
5.	Zeitanteilige Zuführung	- 177 -
III.	**Bewertung von ungewissen Verbindlichkeiten**	**- 179 -**
1.	Grundlagen	- 179 -
2.	Berücksichtigung von Ungewissheiten	- 182 -
3.	Ratierliche Bildung	- 183 -
4.	Berücksichtigung zukünftiger Preis-/ Kostensteigerungen	- 184 -
5.	Einbeziehung von Rückgriffsansprüchen	- 186 -
6.	Bewertung von Pensionsrückstellungen	- 188 -
a.	Handelsbilanz	- 188 -
b.	Steuerbilanz	- 189 -
IV.	**Bewertung von Rückstellungen für drohende Verluste aus schwebenden Geschäften**	**- 191 -**
1.	Vorbemerkungen	- 191 -
2.	Bewertung bei Beschaffungsgeschäften	- 192 -
3.	Bewertung bei Absatzgeschäften	- 195 -
V.	**Bewertung von Aufwandsrückstellungen**	**- 199 -**
1.	Ansatzwahlrecht	- 199 -
2.	Ansatzpflicht	- 201 -
VI.	**Abzinsung von Rückstellungen**	**- 202 -**
1.	Handelsbilanz	- 202 -
a.	Verbindlichkeitsrückstellungen	- 202 -
b.	Drohverlustrückstellungen	- 206 -
c.	Aufwandsrückstellungen	- 209 -
2.	Steuerbilanz	- 210 -
VII.	**Beurteilung hinsichtlich des Maßgeblichkeitsprinzips**	**- 213 -**

E.	**Das Altfahrzeug-Gesetz und die Rückstellungsbilanzierung**	**- 216 -**
I.	Grundlagen	- 216 -
II.	Referentenentwurf vom 07. August 2001	- 219 -
III.	Altfahrzeug-Gesetz	- 221 -
1.	Handelsrechtliche Rückstellungsbilanzierung	- 221 -
2.	Steuerrechtliche Rückstellungsbilanzierung	- 224 -
F.	**Schlussbetrachtung**	**- 228 -**
I.	Würdigung	- 228 -
II.	**Synoptische Darstellung der Rückstellungsbilanzierung**	**- 232 -**
1.	Grundlagen der Rückstellungsbilanzierung	- 232 -
2.	Bilanzierung von Rückstellungen dem Grunde nach	- 234 -
3.	Bewertung von Rückstellungen	- 236 -
III.	**Abkürzungsverzeichnis**	**- 238 -**
IV.	**Literaturverzeichnis**	**- 241 -**

A. Einleitung

I. Problemstellung

Nimmt man in der Bilanz eine Unterscheidung lediglich nach Vermögen, Eigenkapital und Fremdkapital vor, so sind Rückstellungen dem Posten Fremdkapital zuzuordnen. Rückstellungen erfassen Ausgaben oder Vermögensminderungen, welche in ihrer Höhe und / oder in ihrem Fälligkeitszeitpunkt noch nicht genau zu bestimmen sind.[1]

Aufgabe der Handelsbilanz ist die Gegenüberstellung von Vermögen und Kapital am Bilanzstichtag nach den handelsrechtlichen Bilanzierungs- und Bewertungsvorschriften, um somit primär den Schutz der Gläubiger und Gesellschafter zu gewährleisten.[2]

Die Steuerbilanz orientiert sich über das Maßgeblichkeitsprinzip an der Handelsbilanz und dient der Ermittlung des Periodengewinns als Grundlage für die Besteuerung. Letztere soll sich dabei an den Prinzipien der Gleichmäßigkeit, der Gerechtigkeit und der Leistungsfähigkeit orientieren.[3]

Die Bilanzposition Rückstellungen hat sich zu einem in Rechtsprechung, Lehre und Praxis umstrittenen Thema entwickelt.[4] Begründet liegt dies zum einen in ihrer hohen ökonomischen Bedeutung, da Rückstellungen zwischen 20 und 30 Pro-

---

[1] Vgl. **Wangemann**, S. 1 ; **Hofbauer**, S. 1
[2] Vgl. **Wöhe**, Handels-/ Steuerbilanz, S. 22 ff.
[3] Vgl. **Brönner/Bareis**, III, Rz. 5
[4] Vgl. **Daub**, S. 29 ; **Wangemann**, S. 1

zent der Bilanzsumme in deutschen Unternehmen darstellen.[5] Zum anderen findet sich in der Gesetzgebung keine eindeutige, eine einheitliche Handhabung ermöglichende, Definition für Ansatz und Bewertung von Rückstellungen.[6] Ebenso sorgen die Rechtsprechung des BFH sowie insbesondere die Steuergesetzgebung stets für neuen Diskussionsstoff.

Die den Rückstellungen inhärente Eigenschaft der Ungewissheit gibt dem Kaufmann jedoch nicht den Freiraum einer völlig subjektiven Beurteilung über die Notwendigkeit und Höhe einer Rückstellung, vielmehr ist aus der objektivierten Sicht eines sorgfältigen und gewissenhaften Kaufmannes zu handeln.[7]

Trotzdem bleibt Raum, Rückstellungen als Mittel der Bilanzkosmetik einzusetzen und damit gewinnbereinigende Maßnahmen zu bewirken. So lässt die Bildung einer Rückstellung den Gewinn schmelzen, da sie erfolgswirksam das Ergebnis beeinflusst, ein Verzicht bzw. eine niedrigere Bewertung führen gegenläufig zu einem nach außen hin besseren Ergebnis.[8] Unter Voraussetzung der Anerkennung der handelsrechtlich gebildeten Rückstellung in der Steuerbilanz wird in der Folge ebenso die Steuerlast erheblich beeinflusst.

Wesentlichen Veränderungen unterlag die Rückstellungsbilanzierung im Rahmen des StEntlG 1999 ff. und der Unternehmenssteuerreform. Die damit einhergegangene Zurückdrängung des Maßgeblichkeitsprinzips und somit die geschmälerte Übereinstimmung von Handels- und Steuerbilanz erfor-

---

[5] Vgl. **Pilhofer**, S. 2 ; **Daub**, S. 29
[6] Vgl. **Daub**, S. 29
[7] Vgl. **Blenkers/Czisz**, S. 17
[8] Vgl. **Maus**, S. V

dern eine differenzierende Betrachtung der Bilanzposition Rückstellungen in beiden Rechenwerken.[9]

II. Gang der Darstellung

Ziel dieses Buches ist eine aktuelle Darstellung der Grundlagen der Rückstellungsbilanzierung aus handels- und steuerrechtlicher Sicht. Die nachfolgende Abhandlung umfasst fünf Abschnitte.

Gegenstand des ersten Teils ist der Ansatz von Rückstellungen unter Zugrundelegung handelsrechtlicher Bilanzierungsvorschriften. Nach Einordnung in den rechtssystematischen Kontext werden die unterschiedlichen Rückstellungsarten aus handelsrechtlicher Sicht erarbeitet und jeweils durch einzelne Sachverhalte aus der Praxis und Auszüge neuerer Rechtsprechung verdeutlicht. Es erfolgt eine logische Unterteilung in Rückstellungen für ungewisse Verbindlichkeiten, Rückstellungen für drohende Verluste aus schwebenden Geschäften sowie Aufwandsrückstellungen.

Ausgehend von der Maßgeblichkeit der Handelsbilanz wird im zweiten Abschnitt der Ansatz von Rückstellungen in der Steuerbilanz unter vertiefter Erläuterung der Auswirkungen neuerer steuerrechtlicher Bilanzansatzvorschriften erarbeitet.

Im dritten Teil des Buches werden Grundsätze des Handels- und Steuerrechts für die Bewertung und Abzinsung der Rückstellungen unter kritischer Betrachtung der im Rahmen des StEntlG 1999 ff. und der Unternehmenssteuerreform eingeführten Neuregelungen dargestellt.

---

[9] Vgl. ähnlich: **Scheffler**, Teil A, StuB, S. 494

Daran schließt sich im Gliederungspunkt D. eine Erläuterung des durch Umsetzung einer EU-Richtlinie einzuführenden Altfahrzeug-Gesetzes an, welches, obwohl auf einem Gesetzentwurf des Umweltministeriums beruhend, Neuregelungen im Bereich der Rückstellungsbilanzierung enthält.

Im Rahmen einer kritischen Würdigung wird abschließend u.a. ein kurzer Ausblick auf mögliche zukünftige Entwicklungen der Rückstellungsbilanzierung gewagt. Das Buch schließt mit einer zusammenfassenden synoptischen Darstellung der wesentlichen Unterschiede in der Rückstellungsbilanzierung zwischen Handels- und Steuerrecht.

B. Rückstellungsbilanzierung in der Handelsbilanz

I. Grundlagen

Hauptzweck des handelsrechtlichen Jahresabschlusses ist neben der reinen Informationsfunktion die Ermittlung des Gewinns und seiner Verwendung.[10] Strebt man danach die Steuerlast gering zu halten, und die Ausschüttungshöhe zu begrenzen, wird man einen möglichst niedrigen Gewinn ausweisen.[11]

Die wichtigsten Grundlagen für die Erstellung der Handelsbilanz im für alle Kaufleute (i.S.d. §§ 1-7 HGB) geltenden allgemeinen Bilanzrecht bilden die §§ 238-263 des Dritten Buches des HGB seit Inkrafttreten des BiRiLiG vom 19.12.1985. Ergänzende Sondervorschriften für Kapitalgesellschaften finden sich in den §§ 264-335 HGB.[12]

In diesem Gesetzesbereich sind die Regelungen zum Ansatz von Rückstellungen dem Grunde nach in § 249 HGB und zur Bewertung von Rückstellungen in § 253 Abs.1 S.2 HGB kodifiziert, wobei es § 249 HGB an einer allgemeinen Definition des Rückstellungsbegriffes ermangelt.[13]

Nach bilanzrechtlichem Verständnis bilden Rückstellungen zusammen mit den Verbindlichkeiten (Schulden) das Fremdkapital eines Unternehmens.[14]

Rückstellungen können wie folgt definiert werden:

---

[10] Vgl. **Daub**, S. 46 ; **Naumann**, S. 31 ; **Baetge**, Bilanzen, S. 58
[11] Vgl. **Daub**, S. 48
[12] Vgl. **Pilhofer**, S. 9 ; **Brönner/Bareis**, II, Rz. 1
[13] Vgl. **Clemm/Nonnenmacher**, in Beck'scher, § 249, Rz. 6
[14] Vgl. **Crezelius**, Steuerrecht II, § 8, Rz. 36

Rückstellungen sind Passivposten, welche die Aufgabe haben, bestimmte künftige Aufwendungen (Vermögensabgänge), welche erst in einer späteren Periode zu einer in Höhe und genauem Zeitpunkt am Bilanzstichtag noch ungewissen Ausgabe führen, bereits in der Periode ihrer Verursachung gewinnmindernd zu erfassen.[15]

Sind die antizipierten Schulden aber hinsichtlich ihrer Höhe und ihres Bestehens genau bestimmbar, so sind sie als Verbindlichkeiten auszuweisen.[16]

Bei Rückstellungen mit Verpflichtungscharakter werden die künftigen Aufwendungen aufgrund einer Außenverpflichtung gegenüber Dritten fällig; dies ist bei Rückstellungen für drohende Verluste aus schwebenden Geschäften und Rückstellungen für ungewisse Verbindlichkeiten gegeben. Bei reinen Aufwandsrückstellungen fehlt es an einer Außenverpflichtung. Gemeinsam ist allen drei Arten von Rückstellungen jedoch, dass sie den Gewinn bereits im Jahr ihrer erstmaligen Bilanzierung verringern.[17]

Ihrem Charakter nach verkörpern Rückstellungen eine Ausprägung des Imparitätsgrundsatzes, nach welchem nicht realisierte Gewinne und Verluste unterschiedlich behandelt werden. So sind gem. § 252 Abs.1 Nr.4 1.HS. HGB Verluste bereits ab dem Zeitpunkt ihrer Verursachung und nicht erst bei Realisierung bilanziell zu berücksichtigen, also zu passivieren. Das Realisationsprinzip, nach welchem Gewinne erst bei Realisierung zu aktivieren sind, und das Imparitätsprinzip stellen die

---

[15] Vgl. **Knobbe-Keuk**, S. 101 ; **Clemm/Nonnenmacher**, in Beck'scher, § 249, Rz. 1
[16] Vgl. **Heymann/Jung**, § 249, Rz. 1
[17] Vgl. **Clemm/Nonnenmacher**, in Beck'scher, § 249, Rz. 1

zwei im Gesetz erwähnten Ausprägungen des Vorsichtsprinzips gem. § 252 Abs.1 Nr.4 HGB dar.[18]

Effekt der Rückstellungsbildung ist eine bis zur Fälligkeit der in ihr antizipierten Ausgabe erhöhte Liquidität des Unternehmens, da die Vermögensteile solange im Unternehmen gebunden sind und nicht als Gewinn ausgewiesen und versteuert werden.[19]

II. Entwicklung der Rückstellungsbilanzierung

Bereits im HGB i.d.F. vom 10.05.1897 war für die Bilanz einer Aktiengesellschaft ein Passivposten ‚Reservefonds' vorgesehen, welcher im Gesetz nicht näher erläutert wurde. Damals wurden jedoch ‚Reserven für schwebende Garantien', ‚Prämienreserven' und ‚Schadenreserven' unter diesem Bilanzposten subsumiert, was den ‚Reservefonds' einen Schuldpostencharakter verlieh. Kritik wurde an der unklaren bilanziellen Trennung zwischen Verpflichtungen einerseits und Reserven, Rücklagen oder Rückstellungen andererseits geübt. Genauere Bewertungsvorschriften für diese Bilanzposten waren jedoch noch nicht vorgesehen.[20]

Erst im HGB i.d.F. vom 19.09.1931 fand sich der Begriff der Rückstellung explizit als getrennt auszuweisender Posten, wiederum ohne näher erläutert zu werden. 1929 definierte der RFH Rückstellungen als ‚Bewertungen einer am Bilanzstichtag bereits bestehenden, nur in ihrem Betrag nach noch nicht fest-

---

[18] Vgl. **Crezelius**, Steuerrecht II, § 8, Rz. 14, 37 ; **Daub**, S. 46
[19] Vgl. **Wöhe**, Bilanzierung, S. 539
[20] Vgl. **Naumann**, S. 50 f.

stehenden Schuld bzw. eines bereits bestehenden, nur seinem Betrage nach noch nicht feststehenden Verlustes'.[21]

Mit dem Aktiengesetz 1937 wurde die Bilanzposition ‚Rückstellungen für ungewisse Schulden' eingeführt, strikt von den Rücklagen zu unterscheiden. Gewinnermittlungs- und Gewinnverwendungsvorschriften wurden somit erstmals getrennt.

Rückstellungen, die nur der Periodisierung stoßweise anfallender Ausgaben dienten, sollten ausgeschlossen werden. Steuerrechtlich wurden auch Rückstellungen für unterlassene Instandhaltung und Gewährleistung ohne rechtliche Verpflichtung anerkannt. Eine spezielle Bewertungsvorschrift war auch hier noch nicht vorgesehen.[22]

Erst das Aktiengesetz 1965 brachte eine Ausdehnung der handelsrechtlich zulässigen Rückstellungszwecke auf im Geschäftsjahr unterlassene Aufwendungen für Instandhaltung oder Abraumbeseitigung, die im folgenden Geschäftsjahr nachzuholen waren. Grund für die handelsrechtliche Anerkennung war ihre steuerrechtliche Zulässigkeit gemäß damaliger Rechtsprechung. Ferner mussten die Rückstellungen, deren Bilanzierungsanlässe seit dem AktG 1965 gesetzlich normiert waren, getrennt, und nicht wie bisher möglich in einer Summe, bilanziert werden.[23] Durch das Verbot der vorsätzlichen Bildung stiller Reserven wurde erstmals der Schutz des Anteilseigners gesetzlich verankert. Die Bildung stiller Reserven sollte auch bei der Bewertung von Rückstellungen vermieden werden, indem sie ‚nur in Höhe des Betrages anzusetzen waren, der nach vernünftiger kaufmännischer Beurteilung notwendig war'. Nach

---

[21] Vgl. **Naumann**, S. 51 f. ; **RFH** I Aa 643/29 vom 17.12.1929, in: RStBl. 1930, S. 95

[22] Vgl. **Knobbe-Keuk**, S. 102 ; **Naumann**, S. 53 ; **Rupp**, S.12

[23] Vgl. **Knobbe-Keuk**, S. 102 ; **Rupp**, S. 12 ; **Wangemann**, S. 152

NAUMANN kann vor Inkrafttreten des HGB 1985 nicht von einem einheitlich anerkannten rechtsformunspezifischen Rückstellungsbegriff gesprochen werden.[24] Erst durch Einführung der heute relevanten §§ 249, 253 im HGB 1985 erfolgte eine für alle Unternehmen geltende Konkretisierung des Rückstellungsbegriffs, womit Zweifel an der Gültigkeit der Bestimmungen des AktG 1965 als Grundsätze ordnungsgemäßer Buchführung für Unternehmen anderer Rechtsform endgültig ausgeräumt wurden. Diese Kodifikation gilt sowohl für den Ansatz als auch für die Bewertung von Rückstellungen.[25]

III. Verhältnis der Grundsätze ordnungsgemäßer Buchführung zu Rückstellungen

Nach § 243 Abs.1 HGB ist der Jahresabschluss nach den Grundsätzen ordnungsgemäßer Buchführung (GoB) aufzustellen. Da der gesamte Bereich der Rechnungslegung betroffen ist, gelten die GoB sowohl für die Buchführung als auch für die Bilanzierung.[26]

Der Rechtsbegriff der GoB ist im Bilanzrecht als unbestimmt anzusehen[27], weshalb auf folgende Umschreibung zurückgegriffen wird:

(Es handelt sich um) „Regeln, nach denen ein auf fachgerechte, ordnungsmäßige Rechnungslegung bedachter Kaufmann zu verfahren pflegt, verfahren kann oder verfahren darf, um je-

---

[24] Vgl. **Naumann**, S. 54 ff.
[25] Vgl. **Knobbe-Keuk**, S. 103 ; **Naumann** S. 58
[26] Vgl. **Rupp**, S.17 ; **Knobbe-Keuk**, S. 34 ; **Altmeier**, S. 47

derzeitige Übersicht über seine Handelsgeschäfte und die Lage seines Vermögens zu behalten und ihre Gewinnung einem sachkundigen Außenstehenden ohne Schwierigkeiten zu ermöglichen." (zit. KNOBBE-KEUK).[28]

Neben den im Dritten Buch des HGB kodifizierten GoB existieren weiterhin nicht kodifizierte GoB, zu deren abschließender Beurteilung richterliches Recht herangezogen werden muss.[29] Auch nicht kodifizierte GoB sind als im Detail auslegungsbedürftig anzusehen, weshalb die Frage nach einer induktiven oder deduktiven Methode der Beurteilung zu stellen ist.[30]

Die induktive Methode erachtet die Handlungsweisen eines ordentlichen und ehrenwerten Kaufmannes als maßgebliche Quelle der GoB, während die deduktive Methode die Gewinnung der GoB aus den Zwecken des Jahresabschlusses ableitet.[31]

Der deduktiven Methode folgen sowohl der BFH als auch zumeist das Schrifttum.[32] Deduktive GoB-Ermittlung kann teleologischer[33] Gesetzesauslegung gleichgesetzt werden.[34]

Bei der Bilanzierung von Rückstellungen sollte sowohl dem Gläubigerschutzprinzip als auch dem Gesellschafterschutzprinzip, beide sind kodifizierte Basis-GoB und Bilanzzwecke, durch

---

[27] Vgl. **Wangemann**, S. 38 ; **Rupp**, S. 18
[28] Vgl. **Knobbe-Keuk**, S. 34 f. ; **Crezelius**, Bilanzrecht, S. 24
[29] Vgl. **Crezelius**, Bilanzrecht, S. 35 ; **Knobbe-Keuk**, S. 35
[30] Vgl. **Altmeier**, S. 48 ; **Hofbauer**, S. 7
[31] Vgl. **Wangemann**, S.39
[32] Vgl. **Crezelius**, Bilanzrecht, S. 25 ; **Rupp**, S. 19
[33] Vgl. **Altmeier**, S. 33 : Teleologische Auslegung einer Rechtsnorm bedeutet, diejenige Wortbedeutung zu finden, die dem Zweck einer Gesetzesvorschrift am ehesten entspricht
[34] Vgl. **Rupp**, S. 19

Anwendung der deduktiven Methode auf rechtsformunabhängiger Ebene Rechnung getragen werden.[35]

Somit muss der rückstellungsbildende Sachverhalt, mittels fiktionaler Einbeziehung eines sachkundigen Dritten, objektiviert werden, um zu einem GoB-konformen Bilanzansatz von Rückstellungen zu gelangen. Eingeschränkt durch gesetzliche Vorgaben, wie z.b. das Stichtagsprinzip, bildet das Objektivierungsprinzip die Schnittstelle zwischen den kodifizierten Basis-GoB und den spezifischen GoB der Rückstellungsbildung.[36]

Wichtigste Ausprägungen der spezifischen GoB für die Rückstellungsbilanzierung stellen das bereits angesprochene Vorsichtsprinzip in § 252 Abs.1 Nr.4 HGB mit Realisations- und Imparitätsprinzip und das Stichtagsprinzip in § 252 Abs.1 Nr.3 HGB dar.[37]

Das Imparitätsprinzip spiegelt sich im Niederstwertprinzip sowie in der Ansatzpflicht der Rückstellungen für drohende Verluste aus schwebenden Geschäften wider.[38] Das Stichtagsprinzip legt fest, dass für Ansatz und Bewertung von Rückstellungen die bestehenden Tatsachen am Bilanzstichtag maßgeblich sind.[39]

Einen ausführlichen Überblick über die in den GoB enthaltenen Vorschriften zur Bilanzierung von Rückstellungen gibt der Gliederungspunkt D. I.

---

[35] Vgl. **Altmeier**, S.49 ; **Wangemann**, S. 41
[36] Vgl. **Wangemann**, S. 44 f.
[37] Vgl. **Wangemann**, S. 43 f.
[38] Vgl. **Crezelius**, Bilanzrecht, S. 32
[39] Vgl. **Clemm/Nonnenmacher**, in Beck'scher, § 249, Rz.17

IV. Rückstellungen und Bilanztheorien

Bilanztheorien haben zwar keinen Normcharakter und können somit keine handelsrechtlichen GoB enthalten, sie könnten jedoch als allgemeine Prinzipien den kodifizierten GoB zugrunde liegen und somit als Rechtserkenntnisquelle dienen.[40] Ob dies der Fall ist, zeigt nachfolgender Vergleich zweier für die Rückstellungsbildung relevanter Bilanztheorien.

1. Statische Bilanztheorie

Nach der statischen Bilanztheorie (nach SIMON) ist eine periodische Übersicht über alle Vermögensgegenstände und Schulden zu einem bestimmten Zeitpunkt (Stichtag) Hauptzweck der Bilanz; Gewinn bedeutet Kapitalzuwachs.[41] Der Gewinnermittlung selbst kommt nur sekundäre Bedeutung zu, da sie aus der Vermögensermittlung abgeleitet wird.[42] Ferner sollen Informationszwecke für Unternehmensführung, Anteilseigner, Gläubiger, Allgemeinheit und für staatliche Besteuerungszwecke erfüllt werden.[43]

Schulden sind nach der statischen Bilanztheorie jedoch nur passivierungsfähig, wenn sie Verbindlichkeiten gegenüber Dritten (Außenverpflichtung) am Bilanzstichtag darstellen, Aufwandsrückstellungen sind somit ausgeschlossen.[44]

Den Rückstellungen kommt hierbei die primäre Aufgabe zu, Schulden vollständig und richtig darzustellen, indem auch

---

[40] Vgl. **Rupp**, S.27
[41] Vgl. **Baetge**, Bilanzen, S. 368 ; **Naumann**, S. 18 ; **Wangemann**, S. 132 ff. ; **Fumi**, S. 27 f.
[42] Vgl. **Altmeier**, S. 21
[43] Vgl. **Naumann**, S. 18

Verbindlichkeiten zu erfassen sind, die in Bestehen und Höhe noch ungewissen Charakter haben. Betont wird die vorsichtige Bilanzierung, es reicht aus, wenn von einem Bestehen einer Verpflichtung auszugehen ist.[45] Würden ungewisse Verbindlichkeiten nicht bilanziert werden, könnte kein vollständiger Vermögens- und Schuldenausweis erbracht werden.[46]

Die statische Bilanztheorie mit der Abbildung der bilanziellen Verhältnisse zu einem gewissen Zeitpunkt widerspricht dem heutigen Prinzip der Unternehmensfortführung (going concern-Prinzip) in § 252 Abs.1 Nr.2 HGB[47]; daher kann m.E. nicht ausschließlich der statische Bilanzbegriff den heute kodifizierten GoB zugrunde liegen.

Vorteil der statischen Bilanztheorie ist die starke Gewichtung des Gläubigerschutzes durch die Hervorhebung der Vorsichtsprinzips. Nachteilig wirkt sich die weitgehende Nichtbeachtung der einem Unternehmen inhärenten Dynamik aus.[48]

2. Dynamische Bilanztheorie

Im Gegensatz zur Abbildung der Vermögenslage an einem Stichtag bei der statischen Bilanzauffassung liegt der Hauptzweck der dynamischen Bilanztheorie in der Erfolgsausweisung einer bestimmten Periode, also der Darstellung der Gewinnentwicklung.[49] Um den periodengerechten Erfolgsausweis zu

---

[44] Vgl. **Naumann**, S. 21 ; **Altmeier**, S. 21
[45] Vgl. **Bundschuh**, S. 27 ; **Knobbe-Keuk**, S. 101 ; **Wöhe**, Handels-/Steuerbilanz, S. 200 f.
[46] Vgl. **Altmeier**, S. 23
[47] Vgl. **Daub**, S. 62
[48] Vgl. **Daub**, S. 65
[49] Vgl. **Naumann**, S. 24 ; **Knobbe-Keuk**, S. 101 ; **Baetge**, Bilanzen, S. 369 ; **Fumi**, S. 28 f. ; **Kessler**, S.24 ff

gewährleisten, muss der Rückstellungsbegriff deutlich weiter gefasst werden. Rückstellungen erfassen nicht nur Schulden gegenüber Dritten, die am Bilanzstichtag vorliegen, sondern auch periodisch anfallende Aufwendungen (z.B. für Großreparaturen), soweit der wirtschaftliche Grund im vergangenen Geschäftsjahr liegt. Aufgabe der Rückstellung ist hier die Verteilung des Aufwands über mehrere Perioden.[50]

Ebenso erlaubt die dynamische Bilanztheorie (nach SCHMALENBACH) eine umfassendere Rückstellungsbewertung als die statische Bilanztheorie, wobei sie in der Folge die Bildung stiller Reserven ermöglicht.[51]

Im Ergebnis ist eine Geltung der dynamischen Bilanztheorie als Grundlage der GoB zu verneinen, da die Zwecke der Handelsbilanz und der dynamischen Bilanztheorie nicht übereinstimmen. Bspw. machen Vermögensgegenstände und Verbindlichkeiten den Hauptbestandteil der Handelsbilanz aus, während es bei der dynamischen Bilanztheorie nicht darauf ankommt, ob ein Vermögensgegenstand oder eine Schuld vorliegt, alle Bilanzposten werden nur als Verrechnungsgrößen wahrgenommen.[52]

Aus praktischer Sicht der Unternehmensleitung ist die dynamische Theorie jedoch weitaus besser als die statische Theorie geeignet. Es besteht aber die Gefahr der Passivierung von Lasten, die keine Schulden darstellen, mittels Rückstellungen. Dies kann zu einer unangemessenen Gewinnverkürzung führen.[53]

---

[50] Vgl. **Knobbe-Keuk**, S. 101 ; **Pilhofer**, S. 50 f. ; **Schwarz**, S. 65
[51] Vgl. **Fumi**, S. 28 ; **Naumann**, S. 29
[52] Vgl. **Rupp**, S. 33 ff.
[53] Vgl. **Crezelius**, in: ZGR, IV. 2., S. 31 ; **Daub**, S. 66

Die Bilanzierung von Rückstellungen stellt sich folglich nach keiner der beiden Bilanztheorien als nur vorteilhaft dar, weshalb ein Kompromiss zwischen den beiden Positionen gefunden werden muss.[54]

V. Ansatzvorschriften für Rückstellungen

1. Ansatzpflicht

Das HGB enthält keine Generalklausel, welche die Rückstellungsbildung zulässt. Es werden vielmehr Ansatzpflichten und Ansatzwahlrechte abschließend geregelt.

Nach dem Rückstellungskatalog des § 249 HGB besteht für folgende vier Rückstellungsarten eine Ansatzpflicht (Muss-Rückstellungen):

- Rückstellungen für ungewisse Verbindlichkeiten (§ 249 Abs.1 S.1 1.Alt. HGB)
- Rückstellungen für drohende Verluste aus schwebenden Geschäften (§ 249 Abs.1 S.1 2.Alt. HGB)
- Rückstellungen für Gewährleistungen, die ohne rechtliche Verpflichtung erbracht werden (§ 249 Abs.1 S.2 Nr.2 HGB)
- Rückstellungen für im Geschäftsjahr unterlassene Aufwendungen für Instandhaltung, die im folgenden Geschäftsjahr innerhalb von drei Monaten, oder für Ab-

---

[54] Vgl. Daub, S. 66

raumbeseitigung, die im folgenden Geschäftsjahr nachgeholt werden (§249 Abs.1 S.2 Nr.1 HGB)

Während die ersten drei Fälle Rückstellungen mit Schuldcharakter betreffen, welche damit schon nach den GoB ansatzpflichtig sind, wurde der Fall des § 249 Abs.1 S.2 Nr.1 HGB, welcher eine Aufwandsrückstellung umschreibt, erst 1985 mit dem Bilanzrichtliniengesetz bilanzierungspflichtig. Grund der Ausnahmeregelung war, die steuerliche Anerkennung nicht zu gefährden.[55]

2. Ansatzwahlrecht

Ein Ansatzwahlrecht (Kann-Rückstellungen) wird gewährt bei:

- Rückstellungen für unterlassene Aufwendungen für Instandhaltung, wenn die Instandhaltung nach Ablauf der Frist nach Satz 2 Nr.1 innerhalb des Geschäftsjahrs nachgeholt wird (§ 249 Abs.1 S.3 HGB)
- Rückstellungen für ihrer Eigenart nach genau umschriebene, dem Geschäftsjahr oder einem früheren Geschäftsjahr zuzuordnende Aufwendungen, die am Abschlussstichtag wahrscheinlich oder sicher, aber hinsichtlich Höhe oder des Zeitpunktes ihres Eintritts unbestimmt sind (§ 249 Abs.2 HGB)

---

[55] Vgl. **BFH**, I R 216/78 in: BStBl II 1984, S. 277 ; **Knobbe-Keuk**, S. 103

Kritik wird am Ansatzwahlrecht für unterlassene Aufwendungen für Instandhaltung geübt, welches nur abhängig vom Zeitpunkt der Nachholung, nämlich nach Verstreichen der ersten drei Monate im Folgejahr bis zum Ende des Folgejahres, greift. Da bis zum Ablauf der Dreimonatsfrist die Ansatzpflicht zutrifft, ist eine handelsbilanzrechtliche Erklärung nur schwer zu finden.[56]

Die legitimierte Bildung von Aufwandsrückstellungen gem. § 249 Abs.2 HGB erntete ebenfalls Kritik, da Unternehmen sich durch sie selbstfinanzieren könnten, unabhängig von den Gesellschaftern. DÖLLERER fordert als ‚richtiges Mittel' die Einstellung des Betrages in die Rücklage statt eine Rückstellung zu bilden.[57] BRÖNNER/BAREIS sehen hier eine zusätzliche Manövriermasse zur Gewinnmanipulation, welche weder theoretisch noch systematisch begründbar ist.[58]

3. Ansatzverbot

§ 249 Abs.3 S.1 HGB mit seiner lediglich klarstellenden Bedeutung regelt, dass für andere als die in den Absätzen 1 und 2 abschließend bezeichneten Zwecke keine Rückstellungen gebildet werden dürfen. Insbesondere sind hiervon Aufwandsrückstellungen betroffen, welche die Anforderungen des § 249 Abs.2 HGB nicht erfüllen, und drohende Verluste, welche nicht einzelnen schwebenden Verträgen zugeordnet werden können.[59]

---

[56] Vgl. **Knobbe-Keuk**, S. 104
[57] Vgl. **Knobbe-Keuk**, S. 104, m.w.N.
[58] Vgl. **Brönner/Bareis**, IV, Rz. 1391
[59] Vgl. **Wöhe**, Handels-/Steuerbilanz, S. 206 ; **Clemm/Nonnenmacher**, in Beck'scher, § 249, Rz. 13, Rz. 325 ; **Altmeier**, S. 13

Ansatzverbot besteht z.B. bei Rückstellungen für allgemeines Unternehmensrisiko und allgemeine Wagnisrisiken.[60] Sollte jedoch am Bilanzstichtag bereits eine Verpflichtung gegenüber einem Dritten bestehen, so greift dieses Verbot nicht.[61]

VI. Einzelfragen zur Bildung von Rückstellungen

1. Zeitpunkt der Rückstellungsbildung

Ist die Rückstellungsbildung dem Grunde nach möglich oder geboten, ist der Zeitpunkt zur Bilanzierung erreicht.[62] Es muss in dem Geschäftsjahr eine Rückstellung gebildet werden, in dem erstmals alle Begriffsmerkmale erfüllt sind; folglich liegen die Ursachen der Rückstellung im abgelaufenen Geschäftsjahr begründet.[63] Dies gilt sowohl für Verlustrückstellungen und Verbindlichkeitsrückstellungen als auch für Aufwandsrückstellungen.[64] Besteht allerdings ein Wahlrecht, ist es der Willkür des Bilanzierenden überlassen, den Zeitpunkt der Rückstellungsbildung zu bestimmen.[65]

Verbindlichkeitsrückstellungen sind demnach zu bilden, wenn eine sicher oder wahrscheinlich be- oder entstehende Außenverpflichtung am Bilanzstichtag wirtschaftlich verursacht und mit einer Inanspruchnahme ernsthaft zu rechnen ist. Verlustrückstellungen sind dann zu bilden, wenn konkrete An-

---

[60] Vgl. **Heymann/Jung**, § 249, Rz. 8
[61] Vgl. **Knobbe-Keuk**, S. 104
[62] Vgl. **Clemm/Nonnenmacher**, in Beck'scher, § 249, Rz. 16
[63] Vgl. **Blenkers/Czisz**, S. 69
[64] Vgl. **Brönner/Bareis**, IV, Rz. 1421
[65] Vgl. **Brönner/Bareis**, IV, Rz. 1422

haltspunkte dafür vorliegen, dass der Verlust ernsthaft bevorsteht. Spätestens zum Bilanzstichtag müssen die in einem Geschäftsjahr neu zu bildenden Rückstellungen gebucht werden.[66]

Treten im Zeitraum zwischen Bilanzstichtag und der Bilanzaufstellung wertaufhellende Tatbestände ein, so sind diese aus Gründen des Vorsichtsprinzips nachträglich zu beachten.[67]

2. Nachholung unterlassener Rückstellungen

Von unterlassenen Rückstellungen wird gesprochen, wenn die Rückstellung in einem früheren Geschäftsjahr zu bilden gewesen wäre oder gebildet hätte werden können, dies jedoch nicht geschah. Hat der Kaufmann erst nach der Bilanzaufstellung vom Zutreffen aller Voraussetzungen der Rückstellungsbildung am Bilanzstichtag erfahren, so liegt keine Unterlassung vor.[68]

Wurde eine Pflichtrückstellung unterlassen, kommt handelsrechtlich eine nachträgliche Änderung der betreffenden Bilanz in Frage. Ist dies nicht mehr möglich, so muss, wenn die Rückstellungsvoraussetzungen noch bestehen, im folgenden Jahr die Nachholung der Rückstellung gewinnmindernd über die Gewinn- und Verlustrechnung erfolgen. Ebenso verhält es sich bei unterlassener Höherbewertung von Rückstellungen.[69]

Voraussetzung hierfür und auch die steuerliche Anerkennung der Rückstellung ist jedoch, dass das Unterlassen keine willkürliche Entscheidung des Steuerpflichtigen darstellt, son-

---

[66] Vgl. **Clemm/Nonnenmacher**, in Beck'scher, § 249, Rz. 16
[67] Vgl. **Clemm/Nonnenmacher**, in Beck'scher, § 249, Rz. 17 ; **Blenkers-Czisz**, S. 69
[68] Vgl. **Clemm/Nonnenmacher**, in Beck'scher, § 249, Rz. 19
[69] Vgl. **Brönner/Bareis**, IV, Rz. 1423

dern einen Recht- oder Tatsachenirrtum. Wurde die Rückstellung jedoch willkürlich zu steuerlichen Manipulationszwecken nicht gebildet, steht steuerrechtlich der Grundsatz von Treu und Glauben einer späteren Berücksichtigung entgegen.[70] Gleiches gilt für eine zu niedrige Bewertung einer Rückstellung.[71]

Werden in der Steuerbilanz Pensionsrückstellungen nicht gebildet, so gilt ein eingeschränktes Nachholverbot.[72]

VII. Abgrenzung zu anderen Passivposten der Bilanz

1. Verbindlichkeiten

Stehen bei Schulden der Verpflichtungsgrund bzw. die Entstehung und die Höhe zweifelsfrei fest, so sind diese als Verbindlichkeiten auszuweisen.[73] Rückstellungen sind hingegen anzusetzen, wenn sich Wahrscheinlichkeit der Inanspruchnahme und Höhe der Schuld nur schätzen lassen. Konkretisiert sich im Laufe des Geschäftsjahres die Höhe der Schuld, ist die Rückstellung in eine Verbindlichkeit umzuwandeln.[74] Oft ist eine Aufspaltung eines Sachverhaltes in eine sichere Verbindlichkeit und einen unsicheren Rückstellungsanteil nötig. Allein

---

[70] Vgl. **Clemm/Nonnenmacher**, in Beck'scher, § 249, Rz. 20 ; **Schmidt/Weber-Grellet**, EStG § 5, Rz.422 ; **BFHE** 149, 55/61, in: BStBl II 1987, S. 845

[71] Vgl. **Blenkers/Cziszz**, S. 70 f. ; **RFH**, in: RStBl. 1940, S. 537 ; **BFH**, in: BStBl. II 1977, S. 866

[72] Vgl. **Schmidt/Seeger**, EStG § 6a, Rz. 42, 61 ; Gliederungspunkt B.VI.1.

[73] Vgl. **Heymann/Jung**, § 249, Rz. 10 ; **Erhard**, S.15

[74] Vgl. **Maus**, S. 4 ; **Daub**, S. 122 ; **Blenkers/Cziszz**, S. 33 ; **Mittelbach**, S. 6 f.

die Unsicherheit darüber, wer Gläubiger ist, rechtfertigt jedoch keine Rückstellung.[75]

2. Rücklagen

Rücklagen stellen Teile des Eigenkapitals dar, während Rückstellungen dem Fremdkapital zugerechnet werden.[76] Im Ertragsteuerrecht ist zwischen offenen und stillen Rücklagen (stille Reserven) zu unterscheiden. Offene Rücklagen, welche durch Abzweigung vom Kapital gebildet werden, stellen Eigenkapital dar; stille Rücklagen werden nicht in der Bilanz ausgewiesen, sondern erst bei Veräußerung oder Entnahme des Wirtschaftsguts bilanzsteuerrechtlich erfasst.[77]

Durch Rücklagen werden allgemeine Risiken antizipiert, während Rückstellungen auf bestimmte Sachverhalte ausgerichtet sind. Rückstellungen sind Ausprägung der vorsichtigen Gewinnermittlung, Rücklagen jedoch Ergebnis der Gewinnverwendung.[78]

Steuerrechtlich wichtiges Differenzierungskriterium ist die Bildung der Rücklagen aus versteuertem Gewinn, während Rückstellungen den zu versteuernden Gewinn mindern.[79] Diffizil kann sich die Abgrenzung von stillen Reserven/Rücklagen zu Aufwandsrückstellungen darstellen.[80]

---

[75] Vgl. **Daub**, S. 123
[76] Vgl. **Heymann/Jung**, § 249, Rz. 10
[77] Vgl. **Maus**, S. 7 ; **Blenkers/Czisz**, S. 34
[78] Vgl. **Fumi**, S. 30
[79] Vgl. **Fumi**, S. 30
[80] Vgl. **Daub**, S. 122 ; **Brönner/Bareis**, IV, Rz. 1398

3. Sonderposten mit Rücklageanteil

Sonderposten mit Rücklageanteil (§ 247 Abs.3 HGB) müssen zweigeteilt eingeordnet werden.[81] Einerseits besitzt das Steuerelement Fremdkapitalcharakter (gestundete Steuerschuld), während der Rücklageanteil wiederum den Rücklagen, also dem Eigenkapital, zuzuordnen ist.[82] Sonderposten mit Rücklageanteil stammen aus ausgewiesenen Erträgen (Rücklage nach § 6b EStG, Rücklage für Ersatzbeschaffung).[83] Eine Rückstellung verneint bereits das Gesetz in § 247 Abs.3 Satz 3 HGB.

4. Passive Rechnungsabgrenzungsposten

Passive Rechnungsabgrenzungsposten (§ 250 Abs.2 HGB) werden gebildet, wenn Einnahmen vor dem Bilanzstichtag anfallen, welche Erträge nach dem Bilanzstichtag betreffen; sie dienen demnach der Periodisierung von Erträgen. Rückstellungen beziehen sich jedoch auf in vergangenen Rechnungsperioden entstandenen Aufwand, welcher erst in einer späteren Periode zu Ausgaben führt. Betragsmäßig stehen Rechnungsabgrenzungsposten bereits fest, womit eine Rückstellungsbildung ebenfalls nicht in Frage kommt.[84]

---

[81] Vgl. **Brönner/Bareis**, IV, Rz. 1398
[82] Vgl. **Heymann/Jung**, § 249, Rz. 10 ; **Christiansen**, S. 22
[83] Vgl. **Maus**, S. 7
[84] Vgl. **Maus**, S. 6 ; **Daub**, S. 123 ; **Kobs**, S. 26

5. Wertberichtigungen

Rückstellungen sind Verbindlichkeiten oder Lasten mit unmittelbarer Beeinflussung des Gewinns, Wertberichtigungen hingegen beeinflussen als Korrekturposten zu bestimmten Vermögensgegenständen oder Forderungen lediglich den Wert des einzelnen Aktivpostens.[85] Eine Wertberichtigung ergibt sich immer dann, wenn durch Anwendung des Niederstwertprinzips eine Abschreibung vorgenommen wird. Die Höhe der Wertberichtigung unterliegt dem Ermessen des Kaufmannes, eine Pauschalwertberichtigung ist ebenfalls möglich.[86]

6. Haftungsverhältnisse oder Eventualverbindlichkeiten

Die Wahrscheinlichkeit, dass ein so genanntes Haftungsverhältnis (§ 251 HGB) oder eine Eventualverbindlichkeit zu einer wirtschaftlichen Belastung führt, ist im Vergleich zur Rückstellung wesentlich geringer, aber nicht unmöglich. Es wird lediglich offen gelegt, dass eine Eventualverbindlichkeit besteht. Wesentlicher Unterschied ist demnach der Grad der Objektivierung der antizipierten Verbindlichkeit. Fehlt eine entsprechende Wahrscheinlichkeit der Inanspruchnahme, so ist die Bildung des Haftungsverhältnisses im Anhang der Bilanz zu erläutern.[87]

---

[85] Vgl. **Heymann/Jung**, § 249, Rz. 11 ; **Maus**, S. 6 ; **Mittelbach**, S. 5
[86] Vgl. **Blenkers/Czisz**, S. 34
[87] Vgl. **Daub**, S. 123 ; **Mittelbach**, S. 7 ; **Löhr**, S. 29

VIII. Rückstellungen für ungewisse Verbindlichkeiten

1. Grundlagen

Verbindlichkeitsrückstellungen sind primär aus Gründen des Vorsichtsprinzips zu bilden, um somit dem Gläubigerschutz und der Unternehmensfortführung zu dienen.[88] Die Rückstellung für ungewisse Verbindlichkeiten wird bisweilen auch als „Grundform der Rückstellungen" bezeichnet.[89]

Ihr Passivierungsgrundsatz gem. § 249 Abs.1 S.1 1.Alt. HGB tritt ein, wenn folgende, unter Punkt 2. ausführlich erläuterte, Voraussetzungen erfüllt sind:

- Es besteht eine privatrechtliche Verpflichtung gegenüber einem Dritten (Außenverpflichtung) oder eine öffentlich-rechtliche Verpflichtung,
- welche wirtschaftlich vor dem Bilanzstichtag verursacht ist,
- sofern mit einer tatsächlichen Inanspruchnahme ernsthaft zu rechnen ist.[90]

Verbindlichkeitsrückstellungen beruhen im Wesentlichen auf ihrem Schuldcharakter und einer Ungewissheit über Bestehen, Entstehen und / oder Höhe der Verbindlichkeit.[91] Beide

---

[88] Vgl. statt vieler: **Pilhofer**, S. 69
[89] Vgl. **Winnefeld**, S. 393, Rz. 980
[90] Vgl. **Clemm/Nonnenmacher**, in Beck'scher, § 249, Rz. 24 ; **Brönner/Bareis**, IV, Rz. 1398 ; **Kupsch**, Neuere Entwicklungen, S. 4
[91] Vgl. **Heymann/Jung**, § 249, Rz. 23 ; **Brönner/Bareis**, IV, Rz. 1399

Merkmale, Schuldcharakter und Ungewissheit müssen gemeinsam vorhanden sein.[92]

Ebenso wird eine Gläubiger-Schuldner-Beziehung nach zivilrechtlicher Systematik, dem Gesetzeswortlaut sowie dem Schuldbegriff nach statischer Bilanztheorie für den Ansatz vorausgesetzt, sodass ein ‚Aufwand gegen sich selbst' zur Bilanzierung als Verbindlichkeitsrückstellung nicht in Frage kommt. Der Anspruch darf aber durch den Dritten (Gläubiger) noch nicht rechtlich durchsetzbar sein; dann wäre eine Verbindlichkeit und keine Rückstellung anzusetzen.[93]

Eine Rückstellungsbildung darf auch deshalb nicht unterbleiben, weil der Verlust durch stille Reserven kompensiert werden könnte, oder eine Regressmöglichkeit gegen einen Dritten besteht (Saldierungsverbot § 246 Abs.2 HGB).[94]

2. Sachliche Voraussetzungen der Rückstellungsbildung

a. Außenverpflichtung und Schuldcharakter

Durch die erwähnte Abgrenzung zu den Innenverpflichtungen, für die der Kaufmann allein verantwortlich zeichnet, ergibt sich ein relativ großer Kreis an Dritten, denen gegenüber eine

---

[92] Vgl. **Löhr**, S. 32
[93] Vgl. **Crezelius**, in: ZGR, IV.2.a), S. 31; IV. 2. c), S.34 ; **Daub**, S. 71 ; **Clemm/Nonnenmacher**, in Beck'scher, § 249, Rz. 26 ; **BFH**, in: BStBl. II 1980, S. 434
[94] Vgl. **Daub**, S. 84

Verpflichtung Schuldcharakter besitzen kann, z.B. Kunden, Lieferanten, Mitarbeiter oder staatliche Einrichtungen.[95]

Betroffen sind demnach bürgerlich-rechtliche Schuldverhältnisse, öffentlich-rechtliche Verpflichtungen und gesetzliche Schuldverhältnisse. Ebenso erfasst werden nicht einklagbare Leistungsverpflichtungen (sog. faktische Verpflichtungen), denen sich Unternehmen jedoch aus tatsächlichen, sittlichen oder wirtschaftlichen Gründen[96] nicht entziehen können, z.B. ‚Kulanzrückstellungen'[97] oder Umweltschutzmaßnahmen, welche aus Rücksicht auf die Allgemeinheit ohne gesetzliche Handlungspflicht vorgenommen werden.[98]

Allgemeine Risiken wie Branchen-, Währungs-, oder Konjunkturrisiken dürfen jedoch nicht Grund zur Rückstellungsbildung für ungewisse Verbindlichkeiten sein. Ebenso müssen die künftigen Aufwendungen zur Erfüllung der Verpflichtung sofort abziehbare Ausgaben darstellen, dürfen also nicht als Anschaffungs- oder Herstellungskosten zu aktivieren sein.[99]

Das zugrunde liegende Schuldverhältnis kann auch nichtig oder anfechtbar sein, solange es von beiden Parteien als gültig erachtet wird.[100]

---

[95] Vgl. **Heymann/Jung**, § 249, Rz. 24 ; **Clemm/Nonnenmacher**, in Beck'scher, § 249, Rz. 26 ; **BFH**, 26.05.1976, in: BStBl. II, S. 622

[96] Vgl. **Clemm/Nonnenmacher**, in Beck'scher, § 249, Rz. 31 ; **Knobbe-Keuk**, S. 105

[97] Vgl. Gliederungspunkt A.VIII.3.

[98] Vgl. **BFH**, in: BStBl. II 1983, S. 670 ; **Crezelius**, Bilanzrecht, S. 70 ; **Daub**, S. 73 ; **Clemm/Nonnenmacher**, in Beck'scher, § 249, Rz. 29

[99] Vgl. **Wöhe**, Handels-/Steuerbilanz, S. 272 ; **Happe**, StuB, S. 537 ; **BFH**, 19.08.1998, in: BStBl. II 1999, S. 18

[100] Vgl. **Knobbe-Keuk**, S. 105

Neben Geldleistungsverbindlichkeiten können ebenso Sachleistungsverpflichtungen oder Dienst- bzw. Werkleistungsverpflichtungen rückstellungsbegründend wirken.[101] Die Grundsätze der Bilanzierung des schwebenden Vertrags[102] können jedoch ein Ansatzverbot trotz Außenverpflichtung bewirken, bspw. Rückstellungen für zukünftige Instandhaltungsaufwendungen bei Mietwohnungen durch den Vermieter.[103]

Uneinigkeit besteht darüber, ob unselbständige Nebenleistungen als Bestandteile schuldrechtlicher Verpflichtungen zu passivierungsfähigen Außenverpflichtungen gehören. Bejaht werden kann dies, wenn man die Ansicht vertritt, dass nicht die einzelne Verpflichtung als solche, sondern die Aufwendungen zur Erfüllung der Außenverpflichtung als Rückstellung anzusetzen sind. Beispiel solcher ‚internen' Aufwendungen sind Bearbeitungskosten der Prüfung des Jahresabschlusses aufgrund vertraglicher Verpflichtung gegenüber Kreditinstituten; hier hat die Finanzverwaltung zunächst eine Rückstellungsbildung verneint[104], wenn es aufgrund öffentlich-rechtlicher Pflicht geschieht, jedoch gestattet.[105]

---

[101] Vgl. **Meyer**, S. 161 ; **Clemm/Nonnenmacher**, in Beck'scher, § 249, Rz. 32 ; **BFH**, 19.05.1987, in: BStBl. II 1987, S. 848
[102] Vgl. Gliederungspunkt A.IX.2.
[103] Vgl. **Knobbe-Keuk**, S. 105 ; **BFH**, 26.05.1976, in: BStBl II 1976, S. 622
[104] Vgl. **Clemm/Nonnenmacher**, in Beck'scher, § 249, Rz. 27 ; **Heymann/Jung**, § 249, Rz. 24
[105] Vgl **Brönner/Bareis**, IV, Rz. 1402 ; **Crezelius**, Rückstellungen, S. 11 f.

b. Ungewissheit über Verbindlichkeit

Eine zur Rückstellungsbildung führende Ungewissheit einer Verbindlichkeit, kann der Höhe nach, dem Bestehen oder Entstehen nach (dem Grunde nach), oder der Koinzidenz beider Merkmale nach vorliegen.

Ungewissheit muss immer dann angenommen werden, wenn vernünftige Anhaltspunkte darauf schließen lassen, dass eine Inanspruchnahme des Unternehmens nicht ausgeschlossen werden kann.[106] Ob die ungewisse Verbindlichkeit bereits zum Bilanzstichtag entstanden ist, klärt die Überlegung, ob unter Berücksichtigung aller bekannten Umstände eine Verbindlichkeit greifbar erscheint.[107] Somit muss eine Verbindlichkeit wahrscheinlich bestehen oder jedenfalls entstehen, um eine Rückstellung bilanzieren zu können.[108] Das Kriterium der Ungewissheit definierte der BFH folgendermaßen:

„Die Bildung einer Rückstellung für ungewisse Verbindlichkeiten setzt – unter anderem – voraus, dass das Be- oder Entstehen der Verbindlichkeit und die Inanspruchnahme des Steuerpflichtigen wahrscheinlich sind ; das ist der Fall, wenn auf der Grundlage am Bilanzstichtag vorliegender und spätestens bei der Aufstellung der Bilanz erkennbarer Tatsachen aus der Sicht eines sorgfältigen und gewissenhaften Kaufmannes mehr Gründe dafür als dagegen sprechen."[109]

Dies bedeutet, dass die Wahrscheinlichkeit des Bestehens oder Entstehens einer Verbindlichkeit bejaht werden kann, wenn mit ihrem Entstehen ernsthaft gerechnet werden muss.

---

[106] Vgl. **Naumann**, S. 92 ; **Heymann/Jung**, § 249, Rz. 30
[107] Vgl. **Heymann/Jung**, § 249, Rz. 31, 32 ; **Daub**, S. 74
[108] Vgl. **Daub**, S. 74

Diese Einschätzung darf jedoch nicht dem subjektiven Ermessen des Kaufmannes überlassen werden, sondern muss sich aus einer objektiven Prognose[109] mittels der zum Bilanzstichtag vorliegenden erkennbaren Tatsachen ergeben.

Vom hier beschriebenen Konkretisierungskriterium der ‚Wahrscheinlichkeit des Be-/ oder Entstehens' einer Verbindlichkeit muss das Konkretisierungskriterium der ‚Wahrscheinlichkeit der Inanspruchnahme', welches im folgenden Abschnitt erläutert wird, abgegrenzt werden.[110]

Dem Grunde nach, also bezüglich ihrer Entstehung, ungewiss ist bspw. die Pflicht zur Tragung der Kosten eines Zivilprozesses; der Höhe nach ungewiss stellen sich Schadenersatzforderungen dar; beide Ungewissheitskriterien erfüllen Garantieverpflichtungen.[112]

Bezüglich der unbekannten Höhe einer zukünftigen Verbindlichkeit setzt das Konkretisierungserfordernis voraus, dass eine Quantifizierbarkeit der Belastung vorliegt, welche zum Bilanzstichtag geschätzt werden kann.

Schwächeren Charakter hat allein zeitliche Ungewissheit, ergibt sie sich doch schon aus der implizierten Wahrscheinlichkeit. Ist nur sie unbekannt, die Höhe und der Grund der Verbindlichkeit sind jedoch gewiss, muss eine (normale) Verbindlichkeit passiviert werden, eine Rückstellungsbildung wäre nicht statthaft.[113]

---

[109] Vgl. **BFH**, 01.08.1984, in: BStBl 1985 II, S.44 ; **Brönner/Bareis**, IV, Rz. 1405
[110] Vgl. näher zum Prognosebegriff bei Rückstellungen : **Kellinghusen**, S. 19 ff.
[111] Vgl. **Crezelius**, Steuerrecht II, S. 148, Rz. 40 ; **BFH**, in: BStBl. II 1983, S. 670 ; **Daub**, S. 75
[112] Vgl. **Knobbe-Keuk**, S. 108 ; **Pilhofer**, S 73
[113] Vgl. **Daub**, S. 75 ff.

c. Wahrscheinlichkeit der Inanspruchnahme

Neben der eben erläuterten Wahrscheinlichkeit des Be- oder Entstehens der ungewissen Verbindlichkeit, muss gem. BFH[114] auch eine Wahrscheinlichkeit der Inanspruchnahme vorliegen, welche als umstrittenste Voraussetzung gilt. Eine Unterscheidung zwischen beiden Konkretisierungskriterien ist schon allein deshalb geboten, da man von zwei getrennt zu beurteilenden Risiken ausgehen muss.[115]

Zwar ist das Wahrscheinlichkeitserfordernis nicht kodifiziert, jedoch ergibt es sich aus dem Objektivierungsgrundsatz und dem Verbot der Willkürreserven-Bildung.[116]

Die in der Praxis problematische Beurteilung der Wahrscheinlichkeit hat der sorgfältige Kaufmann nach seinem Ermessen und den maßgeblichen Verhältnissen am Bilanzstichtag vorzunehmen.[117] Als Beispiel sei hier die Schadenersatzforderung genannt, bei welcher zum einen Ungewissheit über ihr rechtliches Bestehen dem Grunde nach vorliegen kann, zum anderen aber Unsicherheit darüber herrscht, ob das Unternehmen vom Anspruchsberechtigten tatsächlich in Anspruch genommen wird.[118]

Ist das Be- oder Entstehen der Verbindlichkeit wahrscheinlich, und muss der Schuldner annehmen, dass der Gläubiger seinen Anspruch erkennt, so ist regelmäßig davon auszugehen, dass die Wahrscheinlichkeit der Inanspruchnahme ausreicht,

---

[114] Vgl. **BFH**, 28.06.1989, in: BStBl. II 1990, S. 552
[115] Vgl. **Moxter**, Rückstellungen nach IAS, BB, S. 520 ;
Clemm/Nonnenmacher, in Beck'scher, § 249, Rz. 42 ; **Daub**, S. 80
[116] Vgl. **Fumi**, S. 42
[117] Vgl. **Knobbe-Keuk**, S. 108 ; **Crezelius**, Bilanzrecht, S. 71
[118] Vgl. **Clemm/Nonnenmacher**, in Beck'scher, § 249, Rz. 42 ;
Schmidt/Weber-Grellet, EStG, § 5, Rz. 378

um eine Rückstellung anzusetzen. Ein Ansatzverbot tritt jedoch dann ein, wenn der Kaufmann zwar vom Bestehen der Verpflichtung ausgehen muss, der Gläubiger jedoch offensichtlich nichts von seinem Anspruch weiß und auch in absehbarer Zeit nicht davon erfahren wird, bspw. bei Schadenersatzverpflichtungen aus unerlaubter Handlung, wenn letztere voraussichtlich unentdeckt bleibt.[119]

Aus Sicht des BFH müssen mehr Gründe für eine Inanspruchnahme sprechen als dagegen, nicht ausreichend ist nur die Möglichkeit einer Inanspruchnahme.[120] Dieser Grundsatz ist auch als ‚51%-Regel' bekannt, über deren Auslegung und Quantifizierbarkeit jedoch Zweifel herrschen.[121] So ist offen, ob die Höhe von 51% bei jeder Wahrscheinlichkeit, also über Bestehen und Inanspruchnahme, für sich erreicht werden muss, oder ob eine additive Wahrscheinlichkeit von 51% ausreicht.[122] Andere wünschen sich die Formulierung ‚mehr Gründe dafür als dagegen' umformuliert zu ‚gute stichhaltige Gründe dafür', um dem Vorsichtsgedanken in der Bilanzierung mehr Gewicht zu verleihen.[123]

Aus einer geschätzten Wahrscheinlichkeit von z.B. 60 % folgt jedoch nicht ein nur 60 prozentiger Bilanzansatz, vielmehr ist der volle Erfüllungsbetrag anzusetzen.[124]

---

[119] Vgl. **Clemm/Nonnenmacher**, in Beck'scher, § 249, Rz. 43 ; **BFH**, 03.07.1991, in: BStBl. II 1991, S.804
[120] Vgl. **Clemm/Nonnenmacher**, in Beck'scher, § 249, Rz. 43 ; **BFH**, 01.08.1984, in: BStBl. II 1985, S.44 ; **BFH**, 19.10.1993, in: BStBl. II, S. 891 ; **BFH**, 01.08.1994, in: BStBl. II 1985, S. 44 ; **Naumann**, S. 92 f. ; **BFH**, 30.06.1983, in: BStBl. II 1984, S. 263
[121] Vgl. **Crezelius**, in: ZGR, IV.2.c), S. 35, m.w.N. ; **Pilhofer**, S. 74
[122] Vgl. **Brönner/Bareis**, IV, Rz. 1410
[123] Vgl. **Daub**, S. 82 ; **Pilhofer**, S. 74
[124] Vgl. **Kupsch**, Neuere Entwicklungen, S. 9

Eine steuerrechtliche Anerkennung wird jedoch bei einer Wahrscheinlichkeit unter 50% auf jeden Fall zu verneinen sein.[125]

d. Wirtschaftliche Verursachung und rechtliches Entstehen

Das Konkretisierungskriterium der wirtschaftlichen Verursachung einer zukünftigen Verbindlichkeit ist gem. BFH dann erfüllt, wenn ‚die wirtschaftlich wesentlichen Tatbestandsmerkmale der Verpflichtung erfüllt sind und das Entstehen der Verbindlichkeit nur noch von wirtschaftlich unwesentlichen Tatbestandsmerkmalen abhängt'[126]; eine Konkretisierung des Merkmals ‚wesentlich' unterblieb jedoch.

Ausschlaggebend ist demnach, dass die Verpflichtung zum Bilanzstichtag unabhängig vom Zeitpunkt ihrer wirtschaftlichen Verursachung bereits rechtlich entstanden ist, oder wenn sie rechtlich erst nach dem Bilanzstichtag entsteht, sich der Kaufmann ihr nicht mehr entziehen kann und ihre wirtschaftliche Verursachung dem Entstehungszeitpunkt und dem Grunde nach vor dem Bilanzstichtag liegt.[127]

Das rechtliche Entstehen ist i.d.R. unzweifelhaft in seinem Zeitpunkt festzustellen (Rechtsgeschäft, Gesetz, öffentlich-rechtliche Verpflichtung) und markiert den spätesten Passivierungszeitpunkt.[128] Beispiel für eine fehlende rechtliche Verpflichtung wären Weihnachtsgratifikationen; das Unternehmen

---

[125] Vgl. **Blenkers/Czisz**, S. 42
[126] Vgl. **BFH**, 25.03.1992, in: BStBl. II, S. 1012
[127] Vgl. **Schmidt/Weber-Grellet**, EStG § 5, Rz. 386 ; **DB, o.V.**, Heft 32, 10.08.2001, S. 1699 ; **Clemm/Nonnenmacher**, in Beck'scher, § 249, Rz. 34 ; **Wangemann**, S. 75 ff. ; **Heymann/Jung**, § 249, Rz. 25 ; **BFH**, in: BStBl. II 1992, S. 600

kann sich jedoch der tatsächlichen Leistung hier nicht entziehen.[129]

Mit anderen Worten muss die Verbindlichkeit, die rechtlich erst in der Zukunft entsteht, so eng mit dem betrieblichen Geschehen des vergangenen Geschäftsjahres verknüpft sein, dass sie am Bilanzstichtag bereits als bestehende Last angesehen werden kann, d.h. der Tatbestand dessen Rechtsfolge die Verbindlichkeit ist, muss vor dem Bilanzstichtag realisiert sein.[130]

Die heute vorherrschende Meinung orientiert sich in diesem streitbaren Punkt am Realisationsprinzip, nach dem Rückstellungen für solche künftigen Ausgaben zu bilden sind, die ‚vergangene Umsätze alimentiert' haben, d.h. die antizipierten Aufwendungen dürfen nicht künftigen Erträgen, sondern müssen[131] bereits realisierten Erträgen zugerechnet werden können. Demnach betrifft das Realisationsprinzip nicht nur Ertragssondern auch Aufwandsrealisation.[132] Man beachte hierzu aber den sich vollziehenden Wandel in der aktuellen Rechtsprechung.[133]

Im prominenten Falle des Ausgleichsanspruchs eines Handelsvertreters gem. § 89b HGB vor Beendigung des Vertragsverhältnisses lehnte der BFH eine Rückstellungsbildung ab[134], da er die Abfindung als erfolgsabhängigen Anspruch und als

---

[128] Vgl. **Tischbierek**, S. 47 ; **Pilhofer**, S. 75
[129] Vgl. **Heymann/Jung**, § 249, Rz. 27
[130] Vgl. **BFH**, in: BStBl. II 1987, S. 848 ; **Heymann/Jung**, § 249, Rz. 27
[131] Vgl. **BMF-Schreiben**, 28.04.1997, in: BStBl. I S. 398 ; **BMF-Schreiben**, 27.04.1998, in: BStBl. I, S.368
[132] Vgl. **Kessler/Ranker**, StuB, S. 327 ; **Wangemann**, S. 59 ff. ; **Knobbe-Keuk**, S. 108 ; **Clemm/Nonnenmacher**, in Beck'scher, § 249, Rz. 37, 38 ; **Daub**, S. 79
[133] Vgl. Gliederungspunkt A.VIII.5.c)
[134] Vgl. **BFHE** in: BStBl. II 1981, S. 266 ; **Crezelius**, in: ZGR, IV,2,b), S. 33

Ersatz für entgangene Provisionen qualifizierte. Ferner entstehe der Ausgleichsanspruch erst mit Vertragsbeendigung und ist auch nicht wirtschaftlich vorher verursacht.[135]

Der BGH entschied zuvor anders und gestattete die Rückstellungsbildung für künftige Ausgleichsansprüche des Handelsvertreters[136], da letztere während der Zeit des aktiven Tätigwerdens entstehen und nicht aufgrund des Nichttätigwerdens nach Beendigung des Vertragsverhältnisses.[137]

Grund der gegensätzlichen Entscheidungen ist das Kausalitätsproblem bei der schwierigen Definition der ‚wirtschaftlichen Verursachung' entweder vor oder nach Vertragsende. Beide Sichtweisen sind nach CREZELIUS plausibel.[138]

Besteht jedoch eine vertragliche Vereinbarung zwischen Handelsvertreter und Unternehmen, wonach unabhängig von Vorteilen für das Unternehmen nach Beendigung der Zusammenarbeit eine Provision fortgezahlt werden soll, greift die inzwischen gefestigte Rechtsprechung des BFH zum Ansatzverbot einer Rückstellung aufgrund § 89b HGB nicht. Wenn ferner die Voraussetzung der wirtschaftlichen Verursachung der entstehenden ungewissen Verbindlichkeit durch die Arbeitsleistung des Vertreters gegeben ist und der Vertreter die geschuldete Arbeitsleistung in der Vergangenheit erbracht hat, gestattet der BFH die Bildung einer Rückstellung für ungewisse Verbindlichkeiten. Nicht wirtschaftlich in der Vergangenheit verursacht ist der Anspruch auf Provisionsfortzahlung jedoch dann,

---

[135] Vgl. **DB, o.V.**, Heft 23/2001, S. 1228
[136] Vgl. **BGH**, NJW 1966, S. 2055 ; **Crezelius**, Bilanzrecht, S. 71
[137] Vgl. **Wangemann**, S. 53 ff. ; **Heymann/Jung**, § 249, Rz. 28
[138] Vgl. **Crezelius**, in: ZGR, IV.2.b), S. 34 ; **ders.**, Bilanzrecht, S. 71 ;
 kritisch: **Heymann/Jung**, § 249, Rz. 28

wenn durch ihn die Einhaltung eines zukünftigen Wettbewerbsverbotes abgegolten werden soll.[139]

3. Gewährleistung ohne rechtliche Verpflichtung

Diese Art der Rückstellung, welche auch unter dem Begriff ‚Kulanzrückstellung' bekannt ist, betrifft nur Gewährleistungen, die über den Umfang der vereinbarten oder gesetzlichen Gewährleistungspflicht hinaus erbracht werden.[140] Eine sittliche Verpflichtung des Kaufmannes zur Erbringung der Kulanzleistung, wie früher gefordert, ist nicht mehr Voraussetzung des Rückstellungsansatzes, maßgeblich ist die wirtschaftliche Verursachung.[141]

Kumulative Voraussetzungen für eine solche ‚faktische Leistungsverpflichtung' sind:

- die Behebung von Mängeln an eigenen Lieferungen und Leistungen und
- dass es sich um Mängel handelt, die (wie z.B. Material- und Funktionsfehler) dem Verkäufer angelastet werden können und nicht etwa auf natürlichen Verschleiß oder unsachgemäße Behandlung zurückzuführen sind[142] und
- die Erbringung der Kulanzleistung nach dem Bilanzstichtag und

---

[139] Vgl. **BFH**, 24.01.2001 – IR 39/00, in: **DB,** Heft 23/2001, S. 1228 ff.
[140] Vgl. **Clemm/Nonnenmacher**, in Beck'scher, § 249, Rz. 113
[141] Vgl. **Brönner/Bareis**, IV, Rz. 1414 ; **Wöhe**, Handels-/Steuerbilanz, S. 211 ; **Naumann**, S. 90 ; **Blenkers/Czioz**, S. 63
[142] Vgl. **BFH**, in: BStBl. III 1965, S. 383

- fehlender Rechtsanspruch des Leistungsempfängers [143]

Der Regelung des § 249 Abs.1 S.2 Nr.2 HGB über die Passivierungspflicht für Rückstellungen für Gewährleistung ohne rechtliche Verpflichtung hätte es eigentlich nicht explizit bedurft, da faktische Verpflichtungen bereits zu den passivierungspflichtigen ungewissen Verbindlichkeiten gehören, die Vorschrift hat damit nur deklaratorischen Charakter[144]. Da ernstliche Erfüllungsbereitschaft[145] durch das Unternehmen anzunehmen ist, bedarf es keines zivilrechtlichen oder gesetzlichen Grundes. Die Vorschrift soll primär die steuerliche Anerkennung der Rückstellung sicherstellen.[146]

Kulanzrückstellungen sind unter die Verbindlichkeitsrückstellungen und nicht unter die Aufwandsrückstellungen zu subsumieren, da sie Schuldcharakter aufweisen, und sich der Bilanzierende ihnen aus wirtschaftlichen Gründen nicht entziehen kann.[147]

Eine Kulanzleistung, welche als reine Gefälligkeitsarbeit geleistet wird, z.B. ohne vorangegangene Lieferung oder Leistung, dient hingegen lediglich der Kundenpflege oder -gewinnung und es verbietet sich eine Rückstellungsbildung.[148] Anders kann es sich bei Kulanzleistungen von Tochterunternehmen inner-

---

[143] Vgl. **Meyer**, S. 164 ; **Clemm/Nonnenmacher**, in Beck'scher, § 249, Rz. 113
[144] Vgl. **Kessler/Ranker**, StuB 2001, S. 326
[145] Vgl. **Knobbe-Keuk**, S. 102, Anm. 244
[146] Vgl. **Clemm/Nonnenmacher**, in Beck'scher, § 249, Rz. 112 ; **Crezelius**, Bilanzrecht, S. 70
[147] Vgl. **Naumann**, S. 90
[148] Vgl. **Clemm/Nonnenmacher**, in Beck'scher, § 249, Rz. 114

halb von Konzernen verhalten, die Kulanzleistungen für Mutter- oder Schwesterunternehmen erbringen.[149]

Abschließend muss ein Nachweis mittels konkreter Tatsachen über in der Vergangenheit erbrachte Kulanzleistungen vorgelegt werden, um eine faktische Gewährleistungsverpflichtung anerkennen zu können; die Feststellungslast trägt in diesem Fall der Bilanzierende.[150] Eines gesonderten Ausweises dieser Art der Verbindlichkeitsrückstellung bedarf es nicht.[151]

Man kann wohl davon ausgehen, dass der Anteil dieser Rückstellungsart an der Bilanzsumme aller Rückstellungen zukünftig deutlich sinken wird. Durch die Verlängerung der gesetzlichen Gewährleistungspflicht von sechs Monaten auf zwei Jahre[152] seit 01.01.2002, werden Kulanzleistungen wesentlich seltener ausgeführt werden. Nach Ende des üblicherweise maximalen Kulanzzeitraumes von drei Jahren (z.B. Automobilbranche), wird auch zukünftig kein Unternehmen freiwillige Kulanzleistungen durchführen, solange es sich nicht branchenweit durchsetzen sollte. Somit dürfte der übliche Kulanzleistungszeitraum nicht mehr 30, sondern nur mehr 12 Monate betragen, sofern er nicht durch Herstellergarantien schon kürzer war oder ist.

Speziell für die Automobilbranche bleibt jedoch die Wichtigkeit der Kulanzrückstellung aufgrund von Rückrufaktionen[153] bestehen.

---

[149] Vgl. **Pilhofer**, S. 77
[150] Vgl. **Clemm/Nonnenmacher**, in Beck'scher, § 249, Rz. 116 ; **BFH**, in: BStBl. III 1963, S. 113 ; **Happe**, StuB, S. 541
[151] Vgl. **Clemm/Nonnenmacher**, in Beck'scher, § 249, Rz. 115
[152] **Anmerkung:** Grundlage für dieses Bestreben war die EU-Verbrauchsgüterkaufrichtlinie 1999/44/EG vom 25.05.1999; §§ 459 ff. BCB
[153] Vgl. **Löhr**, S. 42

4. Pensionsrückstellungen

a. Grundlagen

Das HGB führt die Bilanzierungspflicht von Pensionsrückstellungen nicht explizit auf, sie ergibt sich jedoch für Neuzusagen aus § 249 Abs.1 Satz 1 HGB. Sie stellen somit eine Unterart der Rückstellungen für ungewisse Verbindlichkeiten dar. § 266 HGB erwähnt aber den Bilanzposten der ‚Rückstellungen für Pensionen und ähnliche Verpflichtungen', welche der Erfassung von unmittelbaren und mittelbaren Verpflichtungen aus Zusagen auf eine Pension oder eine Anwartschaft auf eine Pension dienen.[154] Anwartschaften liegen vor, wenn der Versorgungsfall noch nicht eingetreten ist.[155]

Handelt es sich um eine vor 1987 zugesagte Pensionsverpflichtung (Altzusage), besteht für diese und ihre Erhöhung ein Ansatzwahlrecht gem. Art.28 Abs.1 S.1 EGHGB.[156]

Die hohe Bedeutung und allgemeine Verbreitung dieser Rückstellungsart belegt eine Umfrage, in welcher ein Spitzenwert von 100% für den Ansatz von Pensionsrückstellungen erreicht wurde.[157]

Die Pensionsrückstellung in ihrem Begriff als Sollrückstellung bezeichnet den versicherungsmathematisch nach vorgege-

---

[154] Vgl. **Heymann/Jung**, § 249, Rz. 54 ; **Ellrott/Rhiel**, in Beck'scher, § 249 Rz. 151 ; **Heubeck**, S. 9 : Bilanzierungspflichtig wurden Pensionsrückstellungen erst durch das BiRiLiG 1985.
[155] Vgl. **Blenkers**, S. 159
[156] Vgl. **Schmidt/Seeger**, EStG § 6a , Rz. 2 ; **Heubeck**, S. 9 f.
[157] Vgl. **Kupsch**, Bilanzierung, S. 44 f. ; befragt wurden 65 Unternehmen, Rückstellungen für Kulanzleistungen erreichten bspw. einen Wert von 52,3 %

benen Konventionen oder Rechnungsgrundlagen errechneten Wert der laufenden Pensionen oder Anwartschaften auf Pensionen. Der Begriff der Pensionsrückstellung als Ist-Rückstellung meint den in der Bilanz ausgewiesenen Betrag zur Erfüllung der künftig wahrscheinlichen Pensionszahlungen und ähnlicher Versorgungsleistungen. Abweichungen zwischen beiden Werten sind durch spezielle steuerliche Vorschriften möglich.[158]

b. Arten der Pensionsverpflichtung

Pensionsverpflichtungen stellen grundsätzlich einen Bestandteil der Gegenleistung des Unternehmens für die Dienstleistung des Arbeitnehmers dar.[159]

Es ist zwischen mittelbaren und unmittelbaren Pensionsverpflichtungen zu unterscheiden. Mittelbare Pensionsverpflichtungen kann ein Unternehmen auf folgende Weisen eingehen:

Gründung einer Pensionskasse, Versicherungsabschluss zugunsten des Arbeitnehmers (Direktversicherung), Übertragung der Pensionsverpflichtung auf eine selbständige Pensionskasse/Unterstützungskasse[160]

Unter unmittelbaren Pensionsverpflichtungen ist der gewählte Weg des Unternehmens zu verstehen, die zugesagte Leistung bei Fälligkeit selbst zu erbringen. Vorteil dieses Weges ist die bis zur Fälligkeit erhöhte Liquidität des Unternehmens.[161]

---

[158] Vgl. **Ellrott/Rhiel**, in Beck'scher, § 249 Rz. 151 ; siehe auch Gliederungspunkt C.VI.
[159] Vgl. **Erhard**, S. 22
[160] Vgl. **Blenkers**, S. 158 f. ; **Schmidt/Seeger**, EStG § 6a, Rz. 5 f. ; **Ellrott/Rhiel**, in Beck'scher, §249, Rz. 164 f.
[161] Vgl. **Daub**, S. 102 ff. ; **Schmidt/Seeger**, EStG § 6a, Rz. 5 f.

c. Arten der Pensionszusage

Eine Pensionsverpflichtung kann nicht einseitig durch ‚Zusage' des Arbeitgebers begründet werden, der Berechtigte muss die Zusage auch annehmen, oder sie ist Bestandteil des Arbeitsvertrages, Tarif- oder Dienstvertrages.[162] Die Zusage einer Pensionszahlung enthält folgende Merkmale:

- Das Versprechen einer Leistung des Arbeitgebers an den Arbeitnehmer, aus Anlass des Arbeitsverhältnisses und zum Zwecke der Versorgung
- Ein Ereignis, das den Anspruch des Berechtigten auslöst (bestimmtes Alter, Tod, Invalidität, Tod unter Hinterlassung von Hinterbliebenen)
- Die Zusage kann sich auf eine einmalige, mehrmalige oder auf Lebenszeit geltende Zahlung(en) beziehen.[163]

Als Leistungsarten sind Altersrenten, Invalidenrenten, Witwen-/ Witwerrenten und Waisenrenten am häufigsten anzutreffen.[164]

Wie einführend erwähnt, ist prinzipiell zwischen Neu- und Altzusagen zu unterscheiden. Für letztere gilt ein Ansatzwahlrecht.[165]

---

[162] Vgl. **Schmidt/Seeger**, EStG § 6a, Rz. 8
[163] Vgl. **Daub**, S. 104
[164] Vgl. **Heubeck**, S. 10
[165] Vgl. **Ellrott/Rhiel**, in Beck'scher, § 249, Rz. 166 f. ; **Heubeck**, S. 10 ; **Daub**, S. 104

d. Voraussetzungen des Rückstellungsansatzes

Für Pensionsrückstellungen gelten prinzipiell dieselben Ansatzvoraussetzungen wie bei Rückstellungen für ungewisse Verbindlichkeiten. Daher an dieser Stelle nur ergänzende Besonderheiten.

Die Wahrscheinlichkeit des Be-/ oder Entstehens der Pensionsverbindlichkeit bestimmt sich nach biometrischen Wahrscheinlichkeiten und lässt sich versicherungsmathematisch unterstützt ermitteln (Lebenserwartung, Invaliditätsquoten); hier bestehen kaum Ansatzprobleme.[166] Kein Ansatz- sondern ein Bewertungsproblem stellt die Unsicherheit über die Höhe der Rückstellung dar, da ungewiss ist, wann die Altersversorgung beginnt.[167] Die Wahrscheinlichkeit der Inanspruchnahme kann z.b. aufgrund einer nur mündlichen Zusage zweifelhaft sein.[168] Ferner können das Gleichbehandlungsgebot (Begriff der ‚vergleichbaren Arbeitnehmer') oder die betriebliche Übung zu einer Ansatzpflicht führen.[169] Bezüglich des Postulats der Außenverpflichtung sei erwähnt, dass eine Pensionsrückstellung des Kaufmannes für seine eigene Altersversorgung nicht möglich ist; eine Ausnahmemöglichkeit besteht bei der ‚Ein-Mann-GmbH'.[170]

Pensionszusagen gegenüber Gesellschafter-Geschäftsführern[171] von Kapitalgesellschaften begründen keine Besonderheiten beim handelsrechtlichen Bilanzansatz, sie müssen ledig-

---

[166] Vgl. **Daub**, S. 109
[167] Vgl. **Daub**, S. 110 ; zu den Bewertungsgrundsätzen: Gliederungspunkt D.III.6.
[168] Vgl. **Heubeck**, S. 9
[169] Vgl. **Heubeck**, S. 12
[170] Vgl. **Daub**, S. 105 ; **Schmidt/Seeger**, EStG § 6a, Rz. 8
[171] Vgl. zu steuerlichen Besonderheiten: Gliederungspunkt C.VI.2.

lich angemessen sein[172], dürfen bei beherrschender Stellung des Gesellschafter-Geschäftsführers nicht nachträglich für vergangene Dienstzeit erhöht werden, und es besteht ein Nachzahlungsverbot.[173]

Im Gegensatz zur BFH-Rechtsprechung ermöglicht ein Schreiben des BMF[174] neuerdings nach HOFFMANN ein ‚höchst interessantes Gestaltungspotential' für Kapitalgesellschaften in finanziellen Schwierigkeiten durch Pensionszusagen an Gesellschafter-Geschäftsführer. BFH-Rechtsprechung werde durch das BMF-Schreiben ‚implizit oder explizit' überspielt. HOFFMANN weist auf die durch entsprechende Steuerplanungsstrategien nahezu unbegrenzten Möglichkeiten der verdeckten Gewinnausschüttung hin und auf die Option, durch Pensionsrückstellungsbildung sofort die Steuerlast senkende Betriebsausgaben zu schaffen, welche aber erst in ferner Zukunft zu steuerpflichtigen Einnahmen führen; so könnten Zins- und Progressionseffekte genutzt werden.[175]

---

[172] Vgl. **BFH**, 24.03.1999, I R 20/98, in: DStR, Heft 34/99, S. 1393 f. : Zur Auslegung von Pensionszusagen an beherrschende Gesellschafter-Geschäftsführer bei fehlender Angabe des Rechnungszinsfußes erfolgt z.B. eine Schätzung durch Versicherungsmathematiker.
[173] Vgl. **Ellrott / Rhiel**, in Beck'scher, § 249 Rz. 241
[174] Vgl. **BMF-Schreiben**, 14.05.1999, IV C 6, in: DStR 1999, S.1031
[175] Vgl. **Hoffmann**, Neue Steuergestaltungsmöglichkeiten, DStR, S. 1346 ff.

5. Verbindlichkeitsrückstellungen begründende Sachverhalte

a. Tabellarische Übersicht

Beispiele möglicher Rückstellungsbildung für ungewisse Verbindlichkeiten	
Rückstellungsanlass	*Entscheidung / Fundstelle*
Abbruchverpflichtungen	BFH, 19.02.1975, BStBl. II 1975, S.480
Gewährung von Boni	BFH, BStBl. II 1990, S. 878
Bürgschaftsverpflichtungen	BFH, BStBl. II 1981, S. 63
Emballagen / Leihgut	BMF-Schreiben, 23.04.2001, IV A 6- S.2133-1/01
Zuwendungen aufgr. Firmenjubiläum [176]	BFH, 29.11.2000, DStR 13/2001, S. 523
Abschlusszahlungen an Gewerbesteuer	BFH, 23.04.1991, BStBl. II 1991, S. 752
Haftpflichtverbindlichkeiten	BFH, 30.06.1983, BStBl. II 1984, S. 263
Jahresabschlusskosten [177]	BFH, BStBl. II 1980, S. 297
Lizenzgebühren	BFH, BStBl. II 1970, S. 104
Ausgabe von Rabattmarken [178]	BFH, BStBl. III 1961, S. 48
Bedingte Verpflichtung zur Rückzahlung von Fördermitteln	BFH, 17.12.1998, DStR 11/1999, S.451 ; BStBl. II 2000, S. 116

---

[176] Vgl. Gliederungspunkt C.III.3. : steuerliche Regelung bei Dienstjubiläum
[177] Vgl. **Höchendorfer**, S. 17 ff.
[178] Vgl. **Erhard**, S. 159 ff.

Rekultivierungsverpflichtungen [179]	RFH, 25.02.1941, RStBl. 1941, S. 308
Schadenrückstellung (Versicherungen)	BFH, 19.01.1972, BStBl. II 1972, S. 392
Steuernachzahlung aufgr. Außenprüfung	BFH, 13.01.1966, BStBl. III 1966, S. 189
Quellen [180]	

b. Einzelbetrachtung

(1) Garantierückstellungen

Das vom Fall des § 249 Abs.1 S.2 Nr.2 HGB abzugrenzende Vorliegen von vertraglichen oder gesetzlichen Garantie-/ oder Gewährleistungsansprüchen Dritter löst regelmäßig Rückstellungen für ungewisse Verbindlichkeiten aus. Ist der Anspruch eines Dritten zum Bilanzstichtag bereits bekannt und eine Inanspruchnahme wahrscheinlich, wird das Risiko durch Bildung einer Einzelrückstellung[181] berücksichtigt; wenn allein vergangene Erfahrungen auf eine Inanspruchnahme schließen lassen, werden Sammelrückstellungen für derartige zu erwartende Aufwendungen angesetzt. Entscheidend ist die Zure-

---

[179] Vgl. Gliederungspunkt A.XI.
[180] Vgl. **Höchendorfer**, S. 4 ff. ; **DB**, o.V., Heft 23, 08.06.2001, S. 1224 ; **Blenkers**, S. 229 ff. ; **Schmidt/Weber-Grellet**, EStG § 5, Rz. 550 ; **Clemm/Nonnenmacher**, in Beck'scher, § 249, Rz. 100 ; **Rupp**, S. 89 ff. ; **Schoor**, BBK, S. 4469 ; **Brönner/Bareis**, IV, Rz. 1450
[181] Vgl. zu ‚Einzel-/Sammelrückstellung' Gliederungspunkt D.I.6.

chenbarkeit der künftigen Gewährleistungsaufwendungen zu verkauften mangelbehafteten Gütern.[182]

(2) Rückstellungen für Fremdwährungsverbindlichkeiten

Nach h.M. sind Fremdwährungsverbindlichkeiten aus Lieferungen und Leistungen trotz des inhärenten Kursrisikos nicht als Rückstellungen für ungewisse Verbindlichkeiten sondern als (normale) Verbindlichkeiten zu passivieren. Umstritten ist dagegen die Höhe der Rückstellungsbildung bei ungewissen Verbindlichkeiten in fremder Währung, da die Modalitäten der Währungsumrechnung lediglich in § 340h HGB für Kreditinstitute geregelt sind. Es ergibt sich somit kein Ansatz- sondern ein Bewertungsproblem.[183]

(3) Rückstellungen für latente Steuern

Ist der in der Handelsbilanz ausgewiesene Gewinn höher als in der Steuerbilanz, so ist gem. § 274 Abs.1 HGB ein Ansatz der entstehenden passiven latenten Steuern in Form eines Rückstellungspostens geboten. Diese Rechtsfolgeverweisung des § 274 Abs.1 HGB auf § 249 Abs.1 HGB zur Rückstellungsbilanzierung gilt nach der Systematik des HGB lediglich für Kapitalgesellschaften, jedoch geht die h.M. von einer Ansatzpflicht für alle Kaufleute aus, zumal den GoB durch den

---

[182] Vgl. **Kessler/Ranker**, StuB, S. 326 f. ; **Blenkers**, S. 210 ff. ; **Schmidt/Weber-Grellet**, EStG § 5, Rz.550

[183] Vgl. **Hofbauer**, S. 82 ff., S.93 ff., **Schmidt/Weber-Grellet**, EStG § 5, Rz. 270

Rückstellungsansatz nicht widersprochen[184] wird (vgl. auch § 5 Abs.1 S.2 PublG). Die Gewinndifferenz zwischen Handels- und Steuerbilanz darf jedoch nur vorübergehender Natur sein; passive latente Steuern aufgrund permanenter Differenzen, z.B. durch nur 50 prozentige Anerkennung der Aufsichtsratsvergütungen in der Steuerbilanz, sind nicht anzusetzen.[185]

c. Neuere Rechtsprechung

Der häufig vertretenen Meinung einer *analogen Anwendung des Realisationsprinzips auf rechtlich bereits entstandene Verbindlichkeiten*[186], widersprach der BFH, indem er durch einen allgemeinen Rechtsgrundsatz klarstellte, dass Aufwendungen nicht den Erträgen zuzuordnen sind, die sie wirtschaftlich verursacht haben.

Es gäbe nämlich keinen handelsrechtlichen Grundsatz ordnungsgemäßer Buchführung, der vorschreibt, Einnahmen in eine spätere Zeit zu verlagern, in welcher die Ausgaben anfallen, die durch sie gedeckt werden, noch den umgekehrten Fall, Ausgaben in das Jahr zu verlagern, in welchem die sie deckenden Einnahmen zufließen.[187]

Der in nahezu jedem Unternehmen fraglichen Konstellation einer *Lohnfortzahlung im Krankheitsfall* des Arbeitnehmers

---

[184] Vgl. **Clemm/Nonnenmacher**, in Beck'scher, § 249, Rz. 100
[185] Vgl. **Blenkers**, S. 311 f. ; **Schmidt/Weber-Grellet**, EStG § 5, Rz. 550
[186] Vgl. Gliederungspunkt A.VIII.2.d)
[187] Vgl. **BFH**, 27.06.2001, I R 45/97, in: DB, o.V., Heft 32, 10.08.2001, S. 1698 ff. ; ähnlich: **BFH**, 17.12.1998, in: BStBl. II 2000, S. 116 ; **BMF-Schreiben**, 25.02.2000, in: DStR, 16/2000, S. 687

und der daraus resultierenden Annahme einer statthaften *Rückstellungsbildung* hat der BFH Einhalt geboten. So sei die Verpflichtung der Gehaltsfortzahlung weder als Verbindlichkeitsrückstellung wegen eines Erfüllungsrückstandes noch als Drohverlustrückstellung aus dem schwebenden Arbeitsverhältnis auszuweisen. Ein Erfüllungsrückstand, der ein (schuld-)rechtliches Verhältnis von Leistung und Gegenleistung voraussetzen würde, liegt aus BFH-Sicht hier nicht vor; ferner wurde die Gehaltsfortzahlung nicht durch vor dem Bilanzstichtag erbrachte Arbeitsleistungen erdient, sondern ergibt sich aus gesetzlichen oder arbeitsvertraglichen Bestimmungen. Zwar wurden die Arbeitsverhältnisse im Streitfall als schwebende Geschäfte qualifiziert, jedoch fehle es am drohenden Verlust. Dieser wäre anzunehmen, wenn aus Sicht des Bilanzstichtages der Wert der künftigen Verpflichtung des Kaufmannes, Lohn- und Gehaltszahlungen zu leisten, den Wert der künftig zu erbringenden Arbeitsleistung des Arbeitnehmers übersteigen würde. Da jedoch von einer Ausgeglichenheit der im Arbeitsverhältnis ausgetauschten Leistungen auszugehen ist, scheiden ein drohender Verlust und somit eine Drohverlustrückstellung ebenfalls aus.[188]

Ein weiterer Fall der betrieblichen Praxis wurde vom BFH bejahend entschieden: Die branchenübliche (faktischer Leistungszwang) *Bezuschussung der Werkzeugkosten* in der Automobil-Zulieferbranche durch den Hersteller, und die darauf basierende Bildung von *Verbindlichkeitsrückstellungen* durch den Zulieferer in Höhe der Werkzeugkostenbeiträge des Herstellers, wurde als zu Unrecht vom zuständigen FG abgelehnt qualifiziert. Vielmehr sind die Zuschüsse im Zeitpunkt ihrer

Vereinnahmung gewinnerhöhend zu erfassen, und in derselben Höhe muss eine gewinnmindernde Rückstellung für ungewisse Verbindlichkeiten gebildet werden, wobei letztere über die voraussichtliche Dauer der Lieferverpflichtung gewinnerhöhend aufzulösen ist.

Eine Rückstellung ist zu bilden, da eine ungewisse Verbindlichkeit zu den Bilanzstichtagen in der Form bestand, dass das Zulieferunternehmen verpflichtet war, die Zuschüsse des Herstellers bei Lieferung der hergestellten Teile preismindernd zu berücksichtigen, ohne die Anzahl der zu liefernden Teile zum Bilanzstichtag zu kennen. Das FG argumentierte mit der die Rückstellungsbildung verhindernden Annahme, dass die Einnahmen des Zulieferers gemindert und nicht die Ausgaben erhöht werden. Da die Verbindlichkeitsrückstellung jedoch Ausfluss des bilanziellen Vorsichtsprinzips sei, ist es nach Ansicht des Senats unerheblich, ob die spätere Erfüllung einer bestehenden Verbindlichkeit zu einer Aufwandserhöhung oder Einnahmenminderung führt, weil das Ergebnis am Bilanzstichtag auf jeden Fall gemindert ist. Da sich der Hersteller durch die Bezuschussung eine vermögenswerte Rechtsposition verschafft und deshalb Anschaffungskosten eines Verwendungsrechts aktiviert, muss im Gegenzug die erfolgswirksame Vereinnahmung beim Zulieferbetrieb durch Ansatz eines bilanziellen Passivpostens neutralisiert werden.

Der Ansatz einer Anzahlung oder eines passiven Rechnungsabgrenzungspostens wurde verneint.[189]

---

[188] Vgl. **BFH**, 27.06.2001, I R 11/00, in: **DB, o.V.**, Heft 37, 14.09.2001, S. 1969 f. ; **Fumi**, S. 107 ff.

[189] Vgl. **BFH**, 29.11.2000, I R 87/99, in: **DB, o.V.**, Heft 13, 30.03.2001, S. 674 f.

IX. Drohende Verluste aus schwebenden Geschäften

1. Grundlagen

Obwohl bereits nach dem Imparitätsprinzip (§ 252 Abs.1 Nr.4 HGB) alle zum Bilanzstichtag entstandenen Verluste berücksichtigt werden müssen, ist die Pflicht zur Bildung einer Rückstellung für drohende Verluste aus schwebenden Geschäften in § 249 Abs.1 S.1 2.Alt. HGB ausdrücklich erwähnt. Dies ist schon allein deshalb gerechtfertigt, weil eine an sich unzulässige Saldierung (§ 246 Abs.2 HGB) beim Bilanzansatz vorausgesetzt wird. Durch die Drohverlustrückstellung wird nämlich lediglich der Überschuss der Aufwendungen (Verbindlichkeiten) über die Erträge (Forderungen) als Schuld aus schwebenden Geschäften bilanziert, welcher nach Vertragserfüllung in einer zukünftigen Periode erwartet wird (sog. Verpflichtungsüberschuss).[190] Ein positiver Saldo unterliegt dagegen dem Bilanzierungsverbot gem. § 252 Abs.1 Nr.4 HGB.[191]

Nach h.M. stellen Drohverlustrückstellungen einen ‚Anwendungsfall', einen ‚Unterfall' oder eine ‚Tochter' der Verbindlichkeitsrückstellung dar, weshalb grds. die gleichen Ansatzvoraussetzungen gelten.[192] Beide korrespondieren mit ‚unkompensierten, künftigen Aufwendungen', jedoch können bei Drohverlustrückstellungen den zukünftigen Aufwendungen ent-

---

[190] Vgl. **Clemm/Nonnenmacher**, in Beck'scher, § 249, Rz. 53 ; **Knobbe-Keuk**, S. 113 ; **Baetge/Siepe**, Rückstellungen, S. 34, 54
[191] Vgl. **Blenkers/Czisz**, S. 46
[192] Vgl. **BFH**, in: BStBl. II 1983, S. 361 ; **Heymann/Jung**, § 249, Rz. 38 ; **Meyer**, S. 163 ; **Rupp**, S. 123 ; **Kessler**, S. 121 ; **Crezelius**, Bilanzrecht, S. 73 ; **Altmeier**, S. 97 ; kritisch: **Pilhofer**, S. 95, Fn. 512 (Meinung **Groh**)

sprechende Erträge gegen gerechnet werden. Ein weiterer Unterschied besteht in der Zukunftsbezogenheit der Drohverlustrückstellungen, während sich Verbindlichkeitsrückstellungen auf vergangene Ereignisse beziehen.[193]

Die Voraussetzungen des Rückstellungsansatzes sind von der Interpretation der Begriffe ‚schwebendes Geschäft' und ‚drohender Verlust' abhängig. Ein nicht-schwebendes Geschäft (z.B. Verluste aus laufender Produktion[194]) würde ebenso wenig eine Rückstellung zulassen, wie ein Verlust nicht als drohend einzuordnen wäre, wenn lediglich ein allgemeines Risiko, aber keine konkrete Wahrscheinlichkeit des Verlusteintritts bestünde.[195]

In der Praxis treten drohende Verluste aus schwebenden Geschäften bspw. bei Verlusten durch gestiegene Einkaufspreise bei Verkaufsverträgen mit festem Preis auf; in diesem Fall wäre das einem Vertrag zugrunde liegende Ausgeglichenheitsverhältnis von Leistung und Gegenleistung[196] gestört, und ein Rückstellungsansatz geboten.[197]

Drohverlustrückstellungen dürfen jedoch nicht einem Aktivposten eindeutig zuzuordnen sein, in diesem Falle wäre eine Abschreibung vorzunehmen.[198] Unerheblich ist dagegen, ob sich der Verpflichtungsüberschuss auf ein Beschaffungsgeschäft, ein Absatzgeschäft oder ein Dauerschuldverhältnis[199] bezieht.[200]

---

[193] Vgl. **Pilhofer**, S. 95 ; **Clemm/Nonnenmacher**, in Beck'scher, § 249, Rz. 54 ; **Fumi**, S. 46
[194] Vgl. **Crezelius**, in: ZGR, IV.2.d)
[195] Vgl. **Brönner/Bareis**, IV, Rz. 1524 ; **Fumi**, S. 46 ; **Daub**, S. 87 ff. ; **Erhard**, S. 21 ; **Christiansen**, S.74
[196] Vgl. **Erhard**, S. 21 ; **BFH**, in: BStBl. 1956 III, S. 113 ; **Rupp**, S. 38
[197] Vgl. **Meyer**, S. 163 ; **Daub**, S. 85 f.
[198] Vgl. **Pilhofer**, S. 95 f.
[199] Vgl. statt vieler: **BFH**, 23.06.1997, in: BStBl. II 1997, S. 735 : Ansatz von Drohverlustrückstellungen auch bei Dauerschuldverhältnissen

2. Nichtbilanzierung schwebender Geschäfte

Sind gegenseitige Verträge noch von keiner Seite erfüllt, liegt ein schwebendes Geschäft vor.[201] Das bilanzielle Vorsichtsprinzip stellt den materiellen Grund für dessen Nichtbilanzierung dar. Würde man nur aus Vereinfachungsgründen das schwebende Geschäft unberücksichtigt lassen, ergäbe sich eine Verletzung des Vollständigkeitsprinzips, ohne sinnvolle Begründung.[202]

Solange der Verpflichtete seine vertragliche Leistung nicht erfüllt hat, ist der Anspruch auf Gegenleistung zwar mit Risiken behaftet und der Geschäftserfolg nicht sicher, womit gem. Realisations- und Imparitätsprinzip Forderung und Verbindlichkeit u.U. in unterschiedlicher Höhe anzusetzen wären, jedoch kann davon ausgegangen werden, dass im bilanzrechtlichen Sinne ein Leistungsgleichgewicht[203] vorliegt, wenn Gewinne und keine Verluste erwartet werden.

Ein abgeschlossener, aber noch von keiner Seite erfüllter Kaufvertrag führt daher beim Käufer nicht zum Ansatz einer Kaufpreisforderung auf der Aktivseite und einer Lieferungsverpflichtung auf der Passivseite (Bilanzaufblähung)[204], sondern das schwebende Geschäft bleibt unberücksichtigt, zumal der Kaufmann die erwartete Vermögensmehrung durch den Verkauf noch nicht realisiert hat. Erst wenn sich Leistung und Gegenleistung mit ausreichender Wahrscheinlichkeit nicht mehr entsprechen und dem verkaufenden Unternehmen ein Verlust

---

[200] Vgl. **Baetge/Siepe**, Rückstellungen, S. 34, 54 ; **Christiansen**, S. 72
[201] Vgl. **Mittelbach**, S. 121 ; **Heymann/Jung**, § 249, Rz. 39
[202] Vgl. **Wangemann**, S. 79 ; **Knobbe-Keuk**, S. 122
[203] Vgl. **Mittelbach**, S. 121 ; **BFH**, 14.01.1958, in: BStBl. III, S. 75
[204] Vgl. **Clemm/Nonnenmacher**, in Beck'scher, § 249, Rz. 52 ; **Wangemann**, S. 79

droht, löst das Imparitätsprinzip eine Passivierung des schwebenden Geschäfts durch Rückstellung aus.[205]

3. Das schwebende Geschäft als Ansatzvoraussetzung

Die erste Voraussetzung zum Ansatz einer Drohverlustrückstellung, das schwebende Geschäft (im Rechtssinne: schwebender Vertrag[206]), liegt gem. RFH dann vor, wenn ein Verpflichtungsgeschäft abgeschlossen, jedoch noch von keiner Seite eine Leistung erbracht worden ist.[207] Eine detailliertere Definition liefert der BFH, wonach ein ‚zweiseitig verpflichtender Vertrag, der auf Leistungsaustausch gerichtet ist und der von dem, der zu liefern oder zu leisten hat, noch nicht voll erfüllt ist' als schwebendes Geschäft zu bezeichnen ist.[208]

Nach Ansicht von VELLGUTH werden auch einseitig verpflichtende Rechtsgeschäfte erfasst,[209] welche nach h.M. jedoch eine Bilanzierung als Schulden oder ungewisse Verbindlichkeiten bedingen. Eine handels- oder zivilrechtliche Definition des schwebenden Geschäfts liegt nicht vor; das BGB enthält zwar im § 740 Abs.1 S.1 den Begriff des schwebenden Geschäfts, erläutert ihn jedoch nicht.[210] Nach Meinung von SIEPE sind fer-

---

[205] Vgl. **Knobbe-Keuk**, S. 122 ; **Heymann/Jung**, § 249, Rz. 40 ; **Wangemann**, S. 80 ; **Clemm/Nonnenmacher**, in Beck'scher, § 249, Rz. 52 ; **Crezelius**, Bilanzrecht, S. 47
[206] Vgl. **Naumann**, S. 95
[207] Vgl. **Brönner/Bareis**, IV, Rz. 1519 ; **Blenkers/Czisz**, S. 46 ; **RFH**, 24.01.1933, in: RStBl. 1933, S. 337
[208] Vgl. **Clemm/Nonnenmacher**, in Beck'scher, § 249, Rz. 51 ; **BFH**, 03.02.1993, in: DB, 1993, S. 962
[209] Vgl. **Naumann**, S. 93, Anm. 64 und S. 95, Anm. 68
[210] Vgl. **Altmeier**, S. 95 ; **Fumi**, S. 47 f. ; **Rupp**, S. 125

ner alle schwebenden Verträge (z.B. auch gesellschaftsvertragliche) als schwebende Geschäfte einzuordnen.[211]

Dieser gegenseitige, im Falle der Rückstellungsbildung verlustbegründende Vertrag muss entweder in der Abrechnungsperiode abgeschlossen sein, oder der Abschluss muss mit Sicherheit vorauszusehen oder wahrscheinlich zu erwarten sein; eine zivil-rechtliche Nichtigkeit wäre unerheblich.[212] Ein verbindliches Vertragsangebot genügt, wenn mit sicherer Vertragsannahme zu rechnen ist.[213] Sicherheitsleistungen oder Eventualverbindlichkeiten scheiden dagegen als schwebendes Geschäft aus.[214]

Sobald ein Vertragspartner mit der Erfüllung begonnen hat, ist das Geschäft buchungstechnisch zu erfassen.[215]

Der Beginn des schwebenden Zustands wird durch Abgabe eines bindenden Vertragsangebotes markiert, beendet wird er, wenn der ‚zur Sach- oder Dienstleistung Verpflichtete seine Leistung soweit erfüllt hat, dass die Forderung auf die Gegenleistung – von den mit jeder Forderung verbundenen Risiken abgesehen – so gut wie sicher ist'.[216]

Dieser Schwebezustand durch die ‚zeitliche Zäsur', welche zwischen Begründung und Erfüllung des Vertrages liegt, ist bedingt durch das Abstraktionsprinzip des BGB mit seiner Tren-

---

[211] Vgl. **Baetge/Siepe**, Rückstellungen, S. 36
[212] Vgl. **Heymann/Jung**, § 249, Rz. 39 ; **Clemm/Nonnenmacher**, in Beck'scher, § 249, Rz. 57 ; **Crezelius**, Bilanzrecht, S. 74 ; **Wöhe**, Handels-/Steuerbilanz, S. 210 ; **Fumi**, S. 48
[213] Vgl. **BFH**, 16.11.1982, in: BStBl. II 1983, S. 361 ; **Clemm/Nonnenmacher**, in Beck'scher, § 249, Rz.51
[214] Vgl. **Naumann**, S. 94
[215] Vgl. **Brönner/Bareis**, IV, Rz.1519 f. ; **Meyer**, S. 163 ; **Blenkers/Czisz**, S. 46
[216] Vgl. **Altmeier**, S. 96 ; **Clemm/Nonnenmacher**, in Beck'scher, § 249, Rz. 51

nung von Schuldvertrag und sachenrechtlichem Umsatzakt und stellt eine Besonderheit des deutschen Zivilrechts dar.[217] Als Beginn des schwebenden Zustands darf also nicht erst der Abschluss des Vertrages angenommen werden; es ist zu beachten, dass der Beginn des Schwebezustandes gleichzeitig der frühestmögliche Zeitpunkt der Verlustrückstellungs-Bildung ist. Aufgrund der anzuwendenden Konkretisierungskriterien der Verbindlichkeitsrückstellung, ‚wirtschaftliche Verursachung' und ‚rechtliche Entstehung', entstehen die Ansprüche der Parteien hier im gegenseitigen Vertrag rechtlich mit dem Abschluss eines synallagmatischen[218] Vertrages, wirtschaftlich verursacht werden sie jedoch bereits durch Abgabe eines verbindlichen Angebots des Bilanzierenden, wenn von der Annahme auszugehen ist.[219]

Betriebswirtschaftlich können schwebende Geschäfte in Beschaffungs- oder Absatzgeschäfte, rechtlich in Dauerschuldverhältnisse oder auf einmalige Leistung gerichtete Schuldverhältnisse unterteilt werden.[220]

4. Der drohende Verlust als Ansatzvoraussetzung

Neben dem schwebenden Geschäft stellt der drohende Verlust die zweite maßgebliche Ansatzvoraussetzung einer Drohverlustrückstellung dar.

---

[217] Vgl. **Fumi**, S. 47
[218] Vgl. **Fumi**, S. 48, Definition **Synallagma:** Wechselseitige Verknüpfung der beiderseitigen Leistungspflichten
[219] Vgl. **Kessler**, S. 135 f. ; **Christiansen**, S. 74
[220] Vgl. **Altmeier**, S. 95 ; **Clemm/Nonnenmacher**, in Beck'scher, § 249, Rz. 51; näher: Gliederungspunkte B.IX.5 und B.IX.6

Die Konkretisierung eines Verlustes als ‚drohend' erfolgt über die Beurteilung seiner Wahrscheinlichkeit des Eintritts als im konkreten Fall objektiv zu erwartend.[221] Durch Vorliegen von Vergleichswerten oder konkreten Anzeichen, welche auf einen Verlust hindeuten, da der Wert der eigenen Verpflichtung innerhalb des schwebenden Geschäfts mit hinreichender Wahrscheinlichkeit den Wert der Ansprüche auf Gegenleistung übersteigt, wird ein Drohen des Verlusts begründet. Es kann auch auf vergangene Erfahrungen zurückgegriffen werden, eine vage Möglichkeit des Verlusteintritts genügt jedoch nicht.[222] Ebenso muss der wirtschaftliche Grund des drohenden Verlusts in der Abrechnungsperiode liegen.[223]

Ein Verlust droht nicht allein deshalb, weil z.B. bei einem schwebenden Veräußerungsgeschäft über eine noch zu fertigende Anlage technische Probleme auftreten können, er droht jedoch möglicherweise, wenn zum Bilanzstichtag bekannt ist, dass wesentlich teurere Herstellungskosten aufgrund von Preissteigerungen des verwendeten Materials anzunehmen sind. Abschließend feststellen, dass es auch zu einem Verlust kommt, lässt sich jedoch erst nach Bewertung und Aufrechnung der jeweiligen Forderungen und Verbindlichkeiten aus dem einzelnen Vertrag.[224]

---

[221] Vgl. **Altmeier**, S. 97 ; **Christiansen**, S. 74 ff. ; **Heymann/Jung**, § 249, Rz. 42 ; **Brönner/Bareis**, IV, Rz. 1524

[222] Vgl. **Daub**, S. 88 ; **Clemm/Nonnenmacher**, in Beck'scher, § 249, Rz. 59 ; **Altmeier**, S. 97 ; **Brönner/Bareis**, IV, Rz. 1525 ; **Heymann/Jung**, § 249, Rz. 42 ; **BFH**, in: BStBl. II 1984, S. 56 ; **Hartmann**, S. 63

[223] Vgl. **Wöhe**, Handels-/Steuerbilanz, S. 204

[224] Vgl. **Blenkers/Czisz**, S. 47 ; **Altmeier**, S. 98 ; **Clemm/Nonnenmacher**, in Beck'scher, § 249, Rz. 59, 61 ; zur Bewertung: Gliederungspunkt C.IV.

Innerhalb dieses gegenseitigen Vertrages müssen alle Aufwendungen und Erträge, welche direkt dem zu bewertenden schwebenden Geschäft zuzurechnen sind, nach dem Gebot der Einzelbewertung (§ 252 Abs.1 Nr.3 HGB) saldiert werden[225]; das Vorgehen hierbei ist jedoch gesetzlich nicht definiert. Dies bedeutet aber nicht den Ausschluss von Aufwendungen aus anderen Verträgen, z.B. Lohnkosten innerhalb eines Fertigungsauftrags, sie müssen nur ursächlich dem schwebenden Geschäft zuzuordnen sein. Ebenso sind Erträge, welche ohne den zu bewertenden Vertrag nicht angefallen wären, z.B. Subventionen, in die Aufrechnung einzubeziehen.[226]

Die Möglichkeit auch unrealisierte Gewinne aus anderen Vertragsverhältnissen in den Saldierungsbereich aufzunehmen, besteht nach h.M., wenn die Gewinnerwartung aus dem anderen Vertrag und das Verlustrisiko aus dem schwebenden Geschäft ‚identische Entstehungsursachen haben, zueinander in kausaler Beziehung stehen, sich zeitlich und betragsmäßig entsprechen und die Gewinnerwartung hinreichend konkretisiert ist'.[227]

Die Abgrenzung des Saldierungsbereiches bereitet folglich nicht unerhebliche Probleme, allgemeine Vorteile, z.B. Erhöhung des Ansehens oder Standortvorteile[228], dürfen mit dem drohenden Verlust jedoch nicht saldiert werden.[229]

---

[225] Vgl. **Blenkers/Czisz**, S. 47 ; **BFH**, in: BStBl. II 1984, S. 56
[226] Vgl. **Altmeier**, S. 99 ; **Clemm/Nonnenmacher**, in Beck'scher, § 249, Rz. 61
[227] Vgl. **Clemm/Nonnenmacher**, in Beck'scher, § 249, Rz. 61 ; **Fumi**, S. 54 ff.
[228] Vgl. **BFH**, 23.06.1997, in: BStBl. II 1997, S.735 : ‚Apothekerfall' ; Gliederungspunkt A.IX.7.c)
[229] Vgl. **BFH**, 03.02.1993, in: BStBl. II 1993, S.441 ; **Clemm/Nonnenmacher**, in Beck'scher, § 249, Rz. 61

Auch wenn der Kaufmann ein verlustbringendes Geschäft bewusst eingegangen ist, ist eine Drohverlustrückstellung nicht ausgeschlossen.[230]

Der vorliegende Ermessensspielraum des Bilanzierenden bei der Beurteilung der Verlustwahrscheinlichkeit muss sich jedoch an den GoB der Vorsicht und der Sorgfalt orientieren.[231]

Sind also beide Voraussetzungen, die eines schwebenden Geschäfts und die eines Verlusts, welcher ernsthaft droht, erfüllt, so muss eine Rückstellung gem. § 249 Abs.1 S.1 2. Alt. HGB angesetzt werden.

5. Dauerschuldverhältnisse und Erfüllungsrückstande

Unter Dauerschuldverhältnissen sind gegenseitige Verträge zu verstehen, in welchen die geschuldete Leistung ‚in einem dauernden Verhalten oder in wiederkehrenden, sich über einen längeren Zeitraum erstreckenden Einzelleistungen besteht'.[232]

Erfüllungsrückstande oder Leistungsrückstande treten im Rahmen von Dauerschuldverhältnissen auf, wenn ein Vertragspartner seine Leistung für einen bestimmten Leistungszeitraum erbracht hat, aber der andere mit seiner Gegenleistung, die er bis zum Bilanzstichtag hätte erfüllen müssen, teilweise oder vollständig im Rückstand ist.[233]

Im Rahmen von Dauerschuldverhältnissen kann die Saldierung der Aufwendungen und Erträge Schwierigkeiten bereiten.

---

[230] Vgl. **Christiansen**, S. 81 f. ; **Clemm/Nonnenmacher**, in Beck'scher, § 249, Rz. 60 ; **BFH**, 19.07.1983, in: BStBl. II 1984, S. 59
[231] Vgl. **Altmeier**, S. 98 ; **Heymann/Jung**, § 249, Rz. 42 ; **Pilhofer**, S. 99
[232] Vgl. **Clemm/Nonnenmacher**, in Beck'scher, § 249, Rz. 79
[233] Vgl. **Brönner/Bareis**, IV, Rz. 1528 ; **Knobbe-Keuk**, S. 129 ; **Clemm/Nonnenmacher**, in Beck'scher, § 249, Rz. 85

Da meist mehrere Rechnungsperioden betroffen sind, stellt sich die Frage, ob ein wertmäßiger Verpflichtungsüberschuss über die gesamte Dauer des schwebenden Geschäfts (ganzheitliche Betrachtungsweise[234]) vorliegen muss, oder ob es hinreicht, einen drohenden Verlust am Bilanzstichtag (Stichtags- oder Restwertbetrachtung) durch die zu erwartenden Verpflichtungsüberschüsse in den folgenden Perioden zu erwarten. Die h.M. favorisiert die Aufteilung des Dauerschuldverhältnisses in einen abgewickelten und einen zukünftigen Teil und erachtet daher eine Rückstellungsbildung als statthaft, wenn sich zum Bilanzstichtag aus dem verbleibenden Vertragsteil ein Verlust abzeichnet; eine über den gesamten Zeitraum des Dauerschuldverhältnisses bestehende Leistungsausgewogenheit interessiert nicht.[235]

Typische Praxisfälle der Rückstellungsbilanzierung für drohende Verluste aus schwebenden Dauerschuldverhältnissen stellen Mietverträge, Darlehensverträge, Arbeitsverträge oder, bei sukzessiver Erfüllung, auch Kaufverträge dar. Rückstellungen aus Mietverträgen werden z.B. gebildet, indem der dem Vermieter zustehende Mietzins mit den Aufwendungen aus dem Mietvertrag, welche sich für die restliche Vertragslaufzeit ergeben, saldiert wird. Schwieriger gestaltet sich die Bemessung des Verlustes beim Mieter, der die entsprechenden Räumlichkeiten nur noch zum Teil oder gar nicht mehr nutzt[236], der Mietzins aber über den gesamten Vertragszeitraum gezahlt wer-

---

[234] Vgl. **BFH**, in: BStBl. II 1980, S. 648 ; **Rupp**, S. 154 f.
[235] Vgl. **Knobbe-Keuk**, S. 130 ; **BFH**, 27.07.1988, in: BStBl. II 1988, S.999 ; **Crezelius**, Bilanzrecht, S.75 ; **Clemm/Nonnenmacher**, in Beck'scher, § 249, Rz. 80 f. ; **Baetge/Siepe**, Rückstellungen, S. 35 ff., 54 ; **Altmeier**, S. 98 f.
[236] Vgl. **BFH**, 07.10.1997, in: BStBl. 1998 II, S. 331

den muss.[237] Problematisch ist ebenfalls die Ermittlung des drohenden Verlustes im Rahmen von Arbeitsverträgen[238], da die menschliche Arbeitsleistung nur schwerlich zu quantifizieren ist; als Anwendungsfälle kommen Drohverlustrückstellungen wegen zunehmender Krankheit oder der Verpflichtung zur Weiterzahlung eines hohen Gehalts trotz geringerer Arbeitsleistung in Frage (Verdienstsicherungsklausel[239]); für Ausbildungsverhältnisse lehnte der BFH eine Rückstellungsbildung ab, ebenso bei Lohnfortzahlung im Krankheitsfall.[240]

Als Entstehungszeitpunkt des Erfüllungsrückstands wird der Eintritt der Fälligkeit der Verpflichtung gesehen.[241] Nach h.M. muss ein Erfüllungsrückstand unter den Fall der (ungewissen) Verbindlichkeit subsumiert werden und nicht unter den des schwebenden Geschäftes[242], was von der Rechtsprechung bestätigt wurde. Trägt man nämlich dem Grundsatz der Nichtbilanzierung schwebender Geschäfte Rechnung, kann eine Rückstellung wegen Erfüllungsrückstand nur zulässig sein, wenn es sich um eine rechtlich eigenständige Leistung handelt, die zwar durch das Dauerschuldverhältnis begründet ist, aber nicht dem schwebenden Geschäft zuzurechnen ist. Eine Passivierungspflicht ist jedoch handelsrechtlich nicht zu verneinen und er-

---

[237] Vgl. **Heymann/Jung**, § 249, Rz. 52 ; **Brönner/Bareis**, IV, Rz. 1527 ; **Knobbe-Keuk**, S. 130
[238] Vgl. **Clemm/Nonnenmacher**, in Beck'scher, § 249, Rz. 82
[239] Vgl. **Kupsch**, Neuere Entwicklungen, S. 11 ff.
[240] Vgl. Gliederungspunkt A.VIII.5.c) ; **Blenkers/Czisz**, S. 208 ff. ; **Knobbe-Keuk**, S. 131 ; **BFH**, 25.01.1984, in: BStBl. II 1984, S. 344 ; **Clemm/Nonnenmacher**, in Beck'scher, § 249, Rz. 79
[241] Vgl. **Christiansen**, S. 111 ; **BFH**, 26.05.1976, in: BStBl. II 1976, S. 622
[242] Vgl. **Arndt/Wiesbrock**, DStR, S. 720 , **Brönner/Bareis**, IV, Rz. 1528 f. ; **Fumi**, S. 90 ; **Kessler**, S. 288

folgt als Verbindlichkeitsrückstellung, wenn die übrigen Voraussetzungen gegeben sind.[243]

Die Einbeziehung des Erfüllungsrückstandes in den Saldierungsbereich der Drohverlustrückstellung, anstatt eines gesonderten Ausweises des selbigen, wird von CHRISTIANSEN befürwortet, wenn Verbindlichkeiten wirtschaftlich vor dem Bilanzstichtag verursacht sind; jedoch bestehe keine Konkurrenz zwischen passivierten Verbindlichkeiten für Erfüllungsrückstände und Rückstellungen für drohende Verluste, da sich lediglich eine zeitliche Verlagerung in der buchmäßigen Erfassung des zu passivierenden Betrags ergibt.[244]

6. Absatz- und Beschaffungsgeschäfte

Schwebende Geschäfte können sich im Rahmen von Absatzgeschäften ergeben, hier ist das Unternehmen zur Lieferung bzw. Leistung verpflichtet; oder im Rahmen von Beschaffungsgeschäften, in diesem Falle ist der Vertragspartner zur Lieferung oder Leistung verpflichtet.

Natürlich können auch innerhalb dieser Betrachtungsweise Dauerschuldverhältnisse vorliegen.[245]

Eine Differenzierung zwischen Beschaffungs- und Absatzgeschäft ist handelsrechtlich nach § 249 HGB nicht vorgesehen,

---

[243] Vgl. **Brönner/Bareis**, IV, Rz. 1528 f. ; **Fumi**, S. 90 ff. ; **Heymann/Jung**, § 249, Rz. 53 ; **Clemm/Nonnenmacher**, in Beck'scher, § 249, Rz. 85 ; **Schmidt/Weber-Grellet**, EStG § 5, Rz.452

[244] Vgl. **Christiansen**, S. 117

[245] Vgl. **Naumann**, S. 96 ; **Kupsch**, Neuere Entwicklungen, S. 12 ; **Clemm/Nonnenmacher**, in Beck'scher, § 249, Rz. 63

sie ergibt sich jedoch aus dem Vorsichtsprinzip als Notwendigkeit.[246]

Liegt z.b. lediglich eine Warenbestellung des Unternehmens vor, ohne dass die Ware geliefert oder bereits bezahlt wurde, handelt es sich um ein schwebendes Beschaffungsgeschäft, welches, z.B. durch mittlerweile gesunkene Wiederbeschaffungskosten mit einem drohenden Verlust verknüpft, zum Ansatz einer Drohverlustrückstellung führen kann. Hier muss der Wert der eigenen Verpflichtung (Kaufpreis) mit dem Wert des Anspruchs des Kaufmannes aufgerechnet werden. Quantitativ entspricht der Anspruch dem Teilwert (beizulegender Wert[247]) oder Börsen-/Marktpreis des bestellten Vermögensgegenstands, wenn er bereits zum Bilanzstichtag zu aktivieren wäre. Handelt es sich um eine nicht aktivierungsfähige Leistung (z.B. Dienstleistung) muss ein Vergleich mit den aktuellen Marktpreisen vorgenommen werden, um den drohenden Verlust berechnen zu können.[248]

Einen Streitpunkt stellt die Tatsache dar, dass unmittelbar aus dem Vertrag kein Verlust entsteht, sondern erst durch Einbeziehung weiterer Vertragsverhältnisse auf der Absatzseite des beschaffenden Unternehmens, der zukünftige Verlust realisiert wird. Trotzdem ist nach BFH und h.M. ein Rückstellungsansatz

---

[246] Vgl. **Rupp**, S. 148
[247] Vgl. **Brönner/Bareis**, IV, Rz. 1522 ; **BFH**, 26.01.1956, in: BStBl. III, S. 113
[248] Vgl. **Christiansen**, S. 83 ff. ; **Kupsch**, Neuere Entwicklungen, S. 12 f. (Betrachtung für Dauerschuldverhältnisse) ; **Baetge/Sicpc**, S. 54 ; **Schmidt/Weber-Grellet**, EStG § 5, Rz. 465 f.

vorzunehmen, da allein aufgrund des Imparitätsprinzips drohende Verluste abzubilden sind.[249]

Im Falle des Absatzgeschäfts können z.b. gestiegene Rohstoffpreise einen drohenden Verlust im schwebenden Geschäft auslösen, d.h. die kalkulierten Kosten können nicht eingehalten werden.[250] Die Ermittlung des Wertes der Gegenleistung zum Zwecke der Saldierung fällt hier leicht; es ist die Geldforderung an den Vertragspartner anzusetzen. Die Bemessung der eigenen Liefer- und Leistungsverpflichtung geschieht üblicherweise durch Ansatz der Selbstkosten[251] (ohne kalkulatorische Kosten). Zu passivieren ist demnach der Verpflichtungsüberschuss, um den die Selbstkosten den vereinbarten Kaufpreis übersteigen.[252] Der Ansatz einer Drohverlustrückstellung im Zusammenhang mit Absatzgeschäften bei Dauerschuldverhältnissen (z.B. Vermietung, Lizenzvergabe, Sukzessivlieferverträge) wurde früher kritischer gesehen, da die Zurechnung von Aufwendungen umstritten war und allein Verträge nicht in der Bilanz gezeigt werden würden. Dieser Standpunkt gilt heute als entkräftet, ein Ansatz ist zulässig.[253]

Auch hier steht das bewusste Eingehen eines Verlustgeschäfts der Bilanzierung als Rückstellung nicht im Wege, da sich jeder Kaufmann von seinem Handeln auf Dauer einen

---

[249] Vgl. **Blenkers/Czisz**, S. 48 ; **BFH**, in: BStBl. II 1986, S. 465 ; **Rupp**, S. 149 f. ; **Knobbe-Keuk**, S.122 ; Gliederungspunkt C.IV.2. zur Bewertungsproblematik

[250] Vgl. **Wöhe**, Handels-/Steuerbilanz, S. 203 f. ; **Wangemann**, S. 82

[251] Vgl. zur Bewertung und Frage des Teil- oder Vollkostenansatzes Gliederungspunkt C.IV.3. ; **Baetge/Siepe**, S. 42 f.

[252] Vgl. Christiansen, S. 87 ; Blenkers/Czisz, S. 50 ; Baetge/Siepe, S. 55 ; Knobbe-Keuk, S. 124

[253] Vgl. **Kupsch**, Neuere Entwicklungen, S. 15 f. ; **Schmidt/Weber-Grellet**, EStG § 5, Rz.461

Vorteil (Vermeidung von Entlassungen, Konkurrenzverdrängung oder Einführung eines neuen Produktes) verspricht.[254]

7. Drohverlust-Rückstellungen begründende Einzelsachverhalte

a. Tabellarische Übersicht

Beispiele möglicher Rückstellungsbildung für drohende Verluste aus schwebenden Geschäften	
Rückstellungsanlass	*Entscheidung / Fundstelle*
Charterverträge	BFH, BStBl. II 1988, S. 661
Devisentermingeschäfte	Clemm/Nonnenmacher, § 249, Rz. 100
Hypothekendamnum	BFH, BStBl. II 1989, S. 722
Inzahlungnahme über Zeitwert	FG BaWü, 31.3.1981, EFG 1981, S. 620
Pachterneuerungsverpflichtung	BFH, BStBl. II 1993, S. 89
Versicherungstechnische Leistungspflicht	BFH, BStBl. II 1992, S. 392
Wechselkursrisiken	Blenkers, S. 358
Quellen[255]	

---

[254] Vgl. **Clemm/Nonnenmacher**, in Beck'scher, § 249, Rz. 75 ; **Grubert**, S. 209
[255] Vgl. **Blenkers**, S. 227 ff. ; **Clemm/Nonnenmacher**, in Beck'scher, § 249, Rz. 100 ; **Kupsch**, Neuere Entwicklungen, S. 14

b. Einzelbetrachtung

(1) Schneeräumungsverpflichtungen

Die existentielle Grundlage einer zur Schneebeseitigung errichteten Unternehmung bilden meist langfristige Verträge mit den Grundbesitzern. Ähnlich wie bei Versicherungsgesellschaften handelt es sich hierbei um ein Dauerschuldverhältnis aus schwebenden Geschäften. Das Risiko eines schneereichen Winters führt dazu, dass bei annähernd gleich bleibenden Erträgen die Aufwendungen im schneereichen Jahr deutlich steigen können. Dieser drohende Verlust muss bilanziell mittels einer Rückstellung antizipiert werden. Als Saldierungsgrundlage dienen die durchschnittlichen Aufwendungen der letzten zehn Jahre und der aktuelle Jahresaufwand. Blieb der Aufwand hinter dem Durchschnittswert zurück, muss eine Rückstellung für drohende Verluste aus dem schwebenden Geschäft in Höhe des Unterschiedsbetrags gebildet werden, welche in den schneereichen Folgejahren erfolgserhöhend aufzulösen ist.

Da die Wahrscheinlichkeit eines schneereichen oder schneearmen Winters vom verpflichteten Unternehmen nicht zu quantifizieren ist, jedoch ein erhöhtes Risiko für die Unternehmung besteht, drückt sich m.E. in diesem Falle das bilanzielle Vorsichtsprinzip besonders aus. Daher werden m.A.n. weiter auch nicht die geschätzten Aufwendungen mit den zukünftigen Erträgen saldiert, sondern es wird vergangenheitsbezogen ein innerbetrieblicher Vergleich mit Durchschnittswerten vorgenommen.[256]

---

[256] Vgl. **RFH**, 09.07.1940, in: RStBl. 1941, S. 84 ; **Blenkers**, S. 345 f.

Bereits der RFH stellte in diesem Fall auf die Restwertbetrachtung der Verpflichtung zum Bilanzstichtag ab.

(2) Schwerbehinderten-Pflichtplätze

Bei der Verpflichtung eines Unternehmens zur Beschäftigung Schwerbehinderter gem. §§ 4 ff. SchwbG muss das Unternehmen eine Drohverlustrückstellung bilden, wenn anzunehmen ist, dass aus dem schwebenden Arbeitsvertrag ein Leistungsungleichgewicht zu erwarten ist. Dies ergibt sich, wenn während der restlichen Beschäftigungszeit der Wert der Arbeitsleistung, welcher nur schwer zu quantifizieren ist, wahrscheinlich unter dem Wert des Arbeitslohnes liegen wird. Allein wegen der Beschäftigung von Schwerbehinderten kann jedoch keine Rückstellung gebildet werden, zumal eine eventuelle Minderleistung üblicherweise bereits bei der Entlohnung berücksichtigt ist. Somit ergibt sich im Bereich der Rückstellungsbildung kein Unterschied zwischen der Beschäftigung von Schwerbehinderten und anderen Arbeitsverhältnissen.[257]

c. Neuere Rechtsprechung

Der BFH entschied 1997 bejahend über die Pflicht zu einer *Drohverlust-Rückstellungsbildung*, im Falle eines KFZ - Händlers, welcher Fahrzeuge nach Ablauf eines *schwebenden KFZ - Leasinggeschäfts* (Dauerschuldverhältnis) von der Leasinggesellschaft zu einem vorher vereinbarten Preis *zurückkaufen musste*.

Das FG hatte in der Vorinstanz eine Rückstellungsbildung dagegen verneint, weil eine Saldierung der Verluste aus einzelnen Rücknahmegeschäften mit den Gewinnen aus anderen Rücknahmegeschäften vorzunehmen sei. Gem. BFH war diese Saldierung jedoch unzulässig. Vielmehr gilt der Grundsatz der Einzelbewertung (§ 252 Abs.1 Nr.3 HGB), wonach auf das einzelne Rücknahmegeschäft abzustellen ist.[258]

Die Frage nach der zutreffenden Bewertung der einzelnen Rücknahmegeschäfte klärte der BFH in einer weiteren Entscheidung im Jahre 2000.[259]

Ebenfalls aus dem Jahr 1997, jedoch von grundlegender Bedeutung für den Saldierungsbereich von Drohverlustrückstellungen, ist die Entscheidung des BFH im „*Apothekerfall*".

Der Apotheker hatte gegenüber seines Ladenlokals Räume zu einem monatlichen Mietzins von 2.000 DM angemietet, und sie an einen Arzt, der sich zum Betrieb einer Praxis in diesen Räumen verpflichtete, für 1.000 DM Miete untervermietet. Aufgrund des monatlichen Verlustes von 1.000 DM setzte der Apotheker eine Drohverlustrückstellung von 246.000 DM (Vertragslaufzeit 20,5 Jahre) an. Grund dieses bewusst eingegangenen Verlustgeschäftes waren erhoffte Standortvorteile durch den zukünftigen Kundenzustrom aus der Arztpraxis.

Einerseits wurde im Vorfeld der Entscheidung argumentiert, dass ein Standortvorteil keinen Vermögensgegenstand darstelle und auch aufgrund seiner Ungewissheit nicht in den Saldierungsbereich miteinbezogen werden dürfe, weshalb ein si-

---

[257] Vgl. **Fumi**, S. 120 ff. ; **Clemm/Nonnenmacher**, in Beck'scher, § 249, Rz. 100 ; **BFH**, in: BStBl. II 1988, S. 999 ; **Blenkers**, S. 140 f.
[258] Vgl. **BFH**, 15.10.1997, in: BStBl. II 1998, S. 249
[259] Vgl. **BFH**, 25.07.2000, VIII R 35/97, in: DStRE, Heft 02/2001, S. 57

cherer Verlust anzunehmen sei. Die andere Meinung plädierte auf die Ausgeglichenheitsvermutung, welche unterstellt, dass ein Kaufmann kaum einen auf Dauer verlustbringenden Vertrag abschließen wird und lehnte die Drohverlustrückstellung ab.

Der große Senat entschied gegen eine Verlustrückstellung aus Mietverhältnissen, da ihr der Vorteil der Weitervermietung grds. im Wege stehe. Damit bezog der BFH vermeintlich auch die nicht unmittelbar vertraglich vereinbarten Wirkungen (Standortvorteil) des gegenseitigen Leistungsaustauschverhältnisses, welche nur subjektiv Geschäftsgrundlage sind, in den Saldierungsbereich mit ein. Dem war jedoch nicht so; vielmehr stellte die vertragliche und damit faktische Zusage des Arztes, die Räume für eine Praxis zu nutzen, den Grund dar, weshalb der BFH den geldwerten Standortvorteil, der sich aus diesem faktischen Anspruch des Apothekers ergibt, in den Saldierungsbereich aufnahm. Der generellen Ausgeglichenheitsvermutung bei schwebenden Geschäften schloss sich der BFH folglich ebenfalls nicht an, sondern bezog m.A.n. eine Position inmitten beider Sichtweisen.[260]

X. Aufwandsrückstellungen

1. Grundlagen

Aufwandsrückstellungen werden gebildet, um solche zukünftigen Ausgaben zu passivieren, die zwar nicht mit einer

---

[260] Vgl. **BFH**, 23.06.1997, in: BStBl. II 1997, S. 735 ; **Hoffmann**, Vermeintliche Verlustantizipation, DStR, S. 546 ; **Altmeier**, S. 103 ff. ; **Baetge/Lederle**, Rückstellungen, S. 62

Verpflichtung gegenüber Dritten korrespondieren, jedoch als Fremdkapital[261] gelten. Es wird demnach zukünftiger rein innerbetrieblicher ‚Aufwand gegen sich selbst' (Innenverpflichtung)[262] bilanziell erfasst, dem sich der Kaufmann jedoch nicht entziehen kann, wenn er das Unternehmen fortführen will. Der Ursprung der Zulässigkeit (BiRiLiG) lag im Wunsche, die Rückstellungsmöglichkeiten denen anderer EG-Länder anzupassen.[263]

Unter den Begriff Aufwandsrückstellungen fallen die Rückstellungen für unterlassene Instandhaltung gem. § 249 Abs.1 S.2 Nr.1 1.Alt. HGB (Pflicht) und § 249 Abs.1 S.3 HGB (Wahl), die Rückstellungen für Abraumbeseitigung gem. § 249 Abs.1 S.2 Nr.1 2.Alt. HGB (Pflicht), sowie genau zu bestimmende Aufwandsrückstellungen (Eigenart-Rückstellungen) gem. § 249 Abs.2 HGB (Wahl).

Gegenüber den Verbindlichkeitsrückstellungen unterscheiden sich Aufwandsrückstellungen dadurch, dass es bei ihnen an einem rechtlichen oder faktischen Grund zum Bilanzstichtag für eine zukünftige Auszahlung an einen Dritten mangelt; tritt eine rechtliche oder faktische Verpflichtung ein[264], so muss eine Verbindlichkeitsrückstellung angesetzt werden. Gegenüber Drohverlustrückstellungen fehlt das Leistungsungleichgewicht zu Lasten des Bilanzierenden.[265]

Auch bei den Aufwandsrückstellungen wurde der Aufwand in einer vergangenen Periode wirtschaftlich verursacht, da es

---

[261] Vgl. **Brönner/Bareis**, IV, Rz. 169
[262] Vgl. **Daub**, S. 111 ; **Wangemann**, S. 101
[263] Vgl. **Clemm/Nonnenmacher**, in Beck'scher, § 249, Rz. 301 ff. ; **Baetge**, Bilanzen, S. 359 ; **Christiansen**, S.123 ff. ; **Crezelius**, Bilanzrecht, S. 76 f. ; **Wöhe**, Handels-/Steuerbilanz, S. 201; **Naumann**, S. 102 f.
[264] Vgl. **Kupsch**, Neuere Entwicklungen, S. 19

jedoch an einer rechtlichen Verpflichtung fehlt, orientieren sich insbesondere Rückstellungen nach § 249 Abs.2 HGB deutlich am dynamischen (wirtschaftliche Verursachung) und nicht am statischen Bilanzbegriff (rechtliche Schulden).[266] Um nach dynamischer Bilanzierung den Periodenerfolg richtig ausweisen zu können, sind folglich Aufwandsrückstellungen nötig, welche aperiodische Auszahlungen (z.b. Großreparaturen) auf die Perioden ihrer wirtschaftlichen Verursachung aufteilen (Gewinnegalisierung) und somit die Vergleichbarkeit der Periodenergebnisse verbessern.

Der dieser Betrachtung inhärente Vorsorgegedanke[267] der Aufwandsrückstellung gewährleistet, dass größere Ausgaben bei Fälligkeit verkraftbar für das Unternehmen sind.[268]

2. Rückstellungsbildung für bestimmte Aufwendungen

Die besondere Problematik der Wahl-Rückstellungen[269] nach § 249 Abs.2 HGB besteht darin, die Sachverhalte, welche eine unzulässige allgemeine Vorsorge (Deckung des Unternehmensrisikos) darstellen würden, von der zulässigen Rückstellungsbildung zur Vorsorge für konkrete Ausgaben abzu-

---

[265] Vgl. **Brönner/Bareis**, IV, Rz. 169 ; **Baetge/Lederle**, Rückstellungen, S. 59 f.

[266] Vgl. **Clemm/Nonnenmacher**, in Beck'scher, § 249, Rz. 301 ff. ; **Christiansen**, S. 123 ff.; **Naumann**, S. 101 ff.

[267] Vgl. **Kessler**, S. 159

[268] Vgl. **Wöhe**, Handels-/Steuerbilanz, S. 201 ; **Baetge/Lederle**, Rückstellungen, S. 62 ; **Daub**, S.111f.

[269] Vgl. **Blenkers**, S. 66 : „Ein Passivierungsgebot ist nicht erwogen worden, weil darin eine ‚Überforderung' der Kaufleute gesehen wurde." ; M.E. nach lag der Grund vielmehr in der steuerlichen Nicht Anerkennung durch das handelsrechtliche Wahlrecht.

grenzen; zur allgemeinen Risikovorsorge wäre nur eine Rücklagenerhöhung statthaft. Verschiedene Meinungen[270] bezeichneten diese allgemeinen Aufwandsrückstellungen als ‚Manövriermasse zur Gewinnmanipulation', oder wiesen auf die Gefahr einer Funktion ‚als Rückstellungen für drohende Gewinne' hin, oder sahen einen deutlichen Widerspruch im Bilanzierungswahlrecht gegenüber einer manipulationsfreien Rechnungslegung.[271]

Fehlt einer Verbindlichkeitsrückstellung lediglich das Konkretisierungskriterium der Außenverpflichtung, also der rechtlichen Entstehung, so kann diese u.U. als Aufwandsrückstellung bilanziert werden, sofern sich der Aufwand nach dem Realisationsprinzip auf den Umsatz früherer Perioden bezieht. Daher gilt die Aufwandsrückstellung nach § 249 Abs. 2 HGB bisweilen als Auffangtatbestand, wenn eine Verbindlichkeitsrückstellung nicht angesetzt werden darf; Aufwandsrückstellungen müssen also nicht zwingend auf reine Innenverpflichtungen Bezug nehmen.[272]

Nach den gesetzlichen Vorschriften in § 249 Abs.2 HGB sind die folgenden einschränkenden Voraussetzungen beim Bilanzansatz kumulativ zu beachten[273]; sie sollen verhindern, dass zukünftiger Aufwand, der keinen Vergangenheitsbezug aufweist,

---

[270] Vgl. **Baetge/Lederle**, Rückstellungen, S. 59 f. ; **Brönner/Bareis**, IV, Rz. 1391 ; **Altmeier**, S.125 ff.; **Clemm/Nonnenmacher**, in Beck'scher, § 249, Rz. 302 ; **Naumann**, S. 127

[271] Vgl. **Clemm/Nonnenmacher**, in Beck'scher, § 249, Rz. 301 ff. ; **Bach**, S. 100 f. ; **Crezelius**, Bilanzrecht, S. 76 f. ; **Brönner/Bareis**, IV, Rz. 169 ; **Baetge/Lederle**, Rückstellungen, S. 62 f., S. 72 ; **Grubert**, S. 323 f.

[272] Vgl. **Wangemann**, S. 181 ; **Kupsch**, Neuere Entwicklungen, S. 19 ; **Daub**, S. 114 ; **BFH**, 08.11.2000, I R 6/96, in: DStR, 08/2001, S. 290 ff.

[273] Vgl. **Bach**, S. 99 ; **Kessler**, S. 157

passiviert wird (unzulässige Selbstfinanzierung), und der Begriff ‚Aufwandsrückstellung' zu weit ausgelegt wird.[274]

a. Voraussetzung der Umschreibung des Aufwands

Gem. § 249 Abs. 2 HGB dürfen Aufwandsrückstellungen nur für ihrer Eigenart nach genau umschriebene Aufwendungen gebildet werden.

In diesem Punkt besteht zwar kein Unterschied zu den anderen Rückstellungsarten, jedoch soll hiermit der allgemeinen Vorsorge dienender, nicht rückstellbarer Aufwand explizit ausgegrenzt werden.[275]

Notwendigkeit, Art, Umfang und betroffenes Objekt, der die Aufwendung bedingenden durchzuführenden Maßnahmen müssen zwar zum Bilanzstichtag genau bestimmbar und überprüfbar sein, jedoch bleibt dem bilanzierenden Kaufmann ein gewisser Freiheitsgrad beim Bilanzansatz, zumal der vorauszusetzende hohe Genauigkeitsgrad[276] der Umschreibung gesetzlich nicht festgestellt wird.[277]

Der Gesetzgeber stellt jedoch durch diese Voraussetzung, welche für alle Rückstellungen Geltung hat, sicher, dass die Konkretisierbarkeit der Aufwandsrückstellung in diesem Punkt

---

[274] Vgl. **Bach**, S. 100 f. ; **Eder**, S. 85 ; **Crezelius**, Bilanzrecht, S. 76 f. ; **Baetge/Lederle**, Rückstellungen, S. 62 f., S. 72
[275] Vgl. **Clemm/Nonnenmacher**, in Beck'scher, § 249, Rz. 305
[276] Vgl. **Altmeier**, S. 128
[277] Vgl. **Heymann/Jung**, § 249, Rz. 121 ; **Eder**, S. 56 f. ; **Clemm/Nonnenmacher**, in Beck'scher, §249, Rz. 305 ; **Kessler**, S. 163 ; **Bleukers**, S. 66 ; **Bach**, S. 102 ; **Baetge/Lederle**, Rückstellungen, S. 63 ; **Naumann**, S. 133

nicht niedriger sein darf, als bei Verbindlichkeitsrückstellungen.[278]

b. Voraussetzung der Zuordnung zum Geschäftsjahr

Zweite Voraussetzung ist die Möglichkeit der Zuordnung des Aufwands zum bilanzierten Geschäftsjahr oder einem früheren Geschäftsjahr. Dieses Kriterium bereitet die größten Probleme[279], zumal zwei grundsätzliche Auffassungen hierzu existieren.

Einerseits wird von den Anhängern der Alimentationstheorie eine Zuordnung der entsprechenden Ausgaben, wie im Falle der Verbindlichkeitsrückstellung, nach dem Realisationsprinzip gefordert, demgemäß Aufwendungen passivierbar sind, wenn sie vergangenen Umsätzen zugerechnet werden können. BORSTELL[280] spricht von einer ‚konkret und intersubjektiv nachprüfbaren Kausalität zwischen den realisierten Erträgen und den später dafür anfallenden Ausgaben'. Einziger Unterschied zu Verbindlichkeitsrückstellungen wäre die fehlende Außenverpflichtung.[281]

Andererseits erwartet man von Aufwandsrückstellungen eine über das bilanzielle Vorsichtsprinzip hinausgehende Vorsorge- und Finanzierungsfunktion, wonach Aufwendungen nicht nach dem Realisationsprinzip zuzuordnen, sondern an den Zwecken der Erfolgsglättung und Gewinnegalisierung auszurichten seien; ergo sollen auch zukünftigen Erträgen zurechenbare

---

[278] Vgl. **Kessler**, S. 162 ; **Bach**, S. 101
[279] Vgl. **Naumann**, S. 135
[280] Vgl. **Bach**, S. 103, Zitat Borstell, Fn. 350
[281] Vgl. **Kessler**, S. 165 f., 168 ff. ; **Clemm/Nonnenmacher**, in Beck'scher, § 249, Rz. 306 ; **Eder**, S.90 ff. ; **Altmeier**, S. 130

Aufwendungen rückstellungsfähig sein. Hier hatte man insbesondere die zukünftigen Erträgen dienenden Großreparaturen[282] im Blick, welche Nutzenpotential schaffen, das erst nach der Reparatur verbraucht wird. Nach dieser Sichtweise gelten Aufwendungen als dem Geschäftjahr oder einem früheren zuordenbar, wenn sie sich auf die vergangene Geschäftstätigkeit beziehen und der gleichmäßigen Verteilung über folgende Rechnungsperioden dienen.[283]

Im Ergebnis ist die Bemühung des Realisationsprinzips abzulehnen, da bereits beim Wertansatz der betreffenden Vermögensgegenstände diesem Rechnung getragen wurde; zudem würde der beabsichtigte Normzweck des § 249 Abs.2 HGB, die Rückstellungsbildung für Großreparaturen vereitelt werden. Ferner existiert kein Kausalzusammenhang[284] (wie von BORSTELL gefordert) zwischen den Erträgen und Aufwendungen einer Periode. Ausgaben ergeben sich hier vielmehr aus unternehmerischen Entscheidungen und sind nicht Ursache von Erträgen.[285]

Wie dargelegt unterscheiden sich die Meinungen im Schrifttum jedoch deutlich.

Fraglich ist ferner die Formulierung des Gesetzgebers der ‚vergangenen Geschäftsjahre' im Hinblick auf bestehende Nachholverbote unterlassener Rückstellungen. Dies muss wohl so auszulegen sein, dass der Wertaufhellungstheorie zufolge neue Erkenntnisse berücksichtigungsfähig sein sollen, bzw. dass die Ansammlung von Aufwandsrückstellungen ermöglicht wird,

---

[282] Vgl. Gliederungspunkt A.X.6.b)aa)
[283] Vgl. **Altmeier**, S. 129 ; **Clemm/Nonnenmacher**, in Beck'scher, § 249, Rz. 306
[284] Vgl. **Kinzius**, S. 52
[285] Vgl. **Altmeier**, S. 130 ; **Kinzius**, S. 52 f. ; **Bach**, S. 103

die in ihrer Gesamtheit in mehreren Geschäftsjahren verursacht wurden. Eine Nachholung ist auch insofern damit nicht gemeint, wie sie dem Periodisierungskonzept des Realisationsprinzips widerspräche, da eine eindeutige Zuordnung der zukünftigen Ausgaben zu den entsprechenden Umsätzen nicht mehr möglich wäre. Eine Erlaubnis zur Nachholung ist demnach nicht aus dem Wortlaut des Gesetzes zu schließen.[286]

c. Voraussetzung der Wahrscheinlichkeit oder Sicherheit

Hinter der im Gesetzeswortlaut geforderten Wahrscheinlichkeit oder Sicherheit steht die Intention des Gesetzgebers, dass nur Aufwendungen in die Rückstellung eingehen, die tatsächlich erfüllt werden müssen und das Ergebnis belasten.[287]

Die Beurteilung der Wahrscheinlichkeit oder Sicherheit einer zukünftigen Ausgabe wird aufgrund der fehlenden Außenverpflichtung zum ersten dadurch geschehen, indem geklärt wird, ob sich der Kaufmann der Ausgabe entziehen und gleichzeitig sein Unternehmen unverändert fortführen kann. Eine außerplanmäßige Abschreibung statt einer Aufwandsrückstellung wäre demnach vorzunehmen, wenn vor Durchführung einer Großreparatur der Vermögensgegenstand aufgrund unverhältnismäßig hoher Reparaturkosten verkauft oder verschrottet werden soll.[288]

Zum zweiten wird gefordert, dass eine bestehende Wahrscheinlichkeit hinreichenden Charakter - über 50% der Gründe

---

[286] Vgl. **Kessler**, S. 164 ; **Eder**, S. 58 ; **Altmeier**, S. 129 f. ; **Bach**, S. 107 f. ; anders hierzu: **Pilhofer**, S. 127 f.
[287] Vgl. **Bach**, S. 109
[288] Vgl. **Clemm/Nonnenmacher**, in Beck'scher, § 249, Rz. 307 ; **Altmeier**, S. 135

sprechen für die künftige Ausgabe - haben muss und die zukünftigen Ausgaben nicht zu aktivieren sind. Dies zeigt die Notwendigkeit einer ähnlichen Beurteilung der Wahrscheinlichkeit wie bei Verbindlichkeitsrückstellungen.[289] Jedoch ergibt sich auch hier wieder erheblicher Spielraum für den Bilanzierenden in der Einschätzung der Wahrscheinlichkeit, zumal Fehlbeurteilungen nicht durch Fristen zur Nachholung von der Gesetzgebung zeitlich begrenzt sind.[290]

Eine Rückstellung für nur vage mögliche zukünftige Aufwendungen ist folglich ausgeschlossen.[291]

Absolute Sicherheit kann aufgrund des Zukunftsbezugs niemals vorliegen, lediglich eine an Sicherheit grenzende Wahrscheinlichkeit.[292]

Die Wahrscheinlichkeit kann aber auch fremdbestimmt sein, wenn der Kaufmann Verträge mit Dritten zur Erfüllung einer passivierungsfähigen Innenverpflichtung abgeschlossen hat, eine Verbindlichkeitsrückstellung aber noch nicht anzusetzen ist. Dann hat der Kaufmann keinen Einfluss auf die Wahrscheinlichkeit des Eintritts des Aufwandes, z.B. Sicherheitsinspektionen bei Flugzeugen aufgrund öffentlich-rechtlicher Verpflichtung.[293]

---

[289] Vgl. **Kessler**, S. 176 ; **Clemm/Nonnenmacher**, in Beck'scher, § 249, Rz. 307 ; **Brönner/Bareis**, IV, Rz. 187 ; **Eder**, S. 59
[290] Vgl. **Eder**, S. 58 ; **Heymann/Jung**, § 249, Rz. 123
[291] Vgl. **Baetge/Lederle**, Rückstellungen, S. 64
[292] Vgl. **Naumann**, S. 134 ; **Eder**, S. 59
[293] Vgl. **Kessler**, S. 175 ; **Bach**, S. 109, 224 ; **BFH**, 19.05.1987, in BStBl. II 1987, S. 848

d. Voraussetzung der Unbestimmtheit in Höhe oder Zeitpunkt

Das letzte Kriterium, die Unbestimmtheit hinsichtlich der Höhe oder des Zeitpunktes des Eintritts, soll lediglich verdeutlichen, dass hierüber keine Gewissheit gefordert ist. BRÖNNER/BAREIS[294] bezeichnen diese Forderung, nimmt man sie wörtlich, gar als ‚unsinnig', NAUMANN[295] als ‚sinnwidriges Ereignis'. Als Voraussetzung ist diese Unbestimmtheit regelmäßig gegeben, zumal die Aufwendungserwartung eine Unbestimmtheitskomponente bereits durch ihren zukünftigen und damit nur wahrscheinlichen Charakter enthält.[296]

Selbst, und erst recht dann[297], wenn Höhe und Zeitpunkt genau festliegen, die Maßnahme aber erst in der Zukunft getätigt werden wird, schließt dieses Kriterium nach BRÖNNER/BAREIS die Rückstellung nicht aus.[298]

Ein Grund für die Aufrechterhaltung dieser Bedingung im Gesetzestext liegt darin, dass das Bilanzrecht nicht zwischen sicheren und unsicheren Innenverpflichtungen unterscheidet, womit ohne diese Vorschrift eine Aufwandsrückstellung nicht möglich wäre, wenn eine zukünftige Ausgabe dem Grunde und der Höhe nach gewiss und nur der Zeitpunkt ungewiss wäre.[299]

---

[294] Vgl. **Brönner/Bareis**, IV, Rz. 188
[295] Vgl. **Naumann**, S. 135
[296] Vgl. **Clemm/Nonnenmacher**, in Beck'scher, § 249, Rz. 308 ; **Eder**, S. 59 ; **Kessler**, S. 177
[297] Vgl. **Eder**, S. 59
[298] Vgl. **Brönner/Bareis**, IV, Rz. 188 ; ähnlich: **Bach**, S.111, **Kessler**: S. 135
[299] Vgl. **Altmeier**, S. 135 f. ; **Bach**, S. 111

e. Nicht kodifizierte Voraussetzungen

Neben den genannten vier Ansatzvoraussetzungen, welche allesamt vorliegen müssen, kann man weitere aus dem spezifischen Zweck des § 249 Abs. 2 HGB und seiner Stellung im System der allgemeinen GoB ableiten.

Nach dem Grundsatz der Wesentlichkeit dürfen Aufwandsrückstellungen nur für solche Ausgaben gebildet werden, deren bilanzielle Erfassung für die Beurteilung der Vermögens- und Ertragslage im Unternehmen von Bedeutung ist. Dies meint aber nicht, dass nur sehr hohe Aufwendungen zu berücksichtigen sind.[300]

Eine weitere Einschränkung ist Ergebnis der Stellung des § 249 Abs. 2 HGB in der gesetzlichen Rückstellungskonzeption. Bei wörtlicher Auslegung der Vorschrift kann man auch durch andere Rückstellungsarten gedeckte Sachverhalte unter den Anforderungen einer Aufwandsrückstellung subsumieren. Hier kommen insbesondere Verbindlichkeitsrückstellungen in Frage, da Verpflichtungen gegenüber Dritten nicht wörtlich ausgeschlossen sind. Deshalb ist eine entsprechend enge Auslegung des § 249 Abs.2 HGB geboten, zumal die Folgen eines Wahlrechts und einer Ansatzpflicht schon im Hinblick auf die Steuerbilanz unterschiedlich sind. Außerdem haben die Aufwandsrückstellungen in der Handelsbilanz die spezielle Aufgabe inne, Ausgaben zu erfassen, die das Fortführungsvermögen des Unternehmens belasten, aber keine Schulden im rechtlichen Sinne darstellen, und für die deshalb Vorsorge zu treffen ist. Des Weiteren dürfen die anfallenden zukünftigen Ausgaben bei Fälligkeit nicht aktivierungsfähig sein, was die Aufwandsrückstel-

---

[300] Vgl. **Eder**, S. 75 ; **Kessler**, S. 179

lungen auch deutlich von den Rücklagen, welche der allgemeinen Vorsorge dienen, abgrenzt.[301]

3. Rückstellungen für unterlassene Instandhaltung

Die im § 249 Abs.1 S.2 Nr.1 und Abs.1 S.3 HGB kodifizierten Vorschriften für Rückstellungen für im Geschäftsjahr unterlassene Aufwendungen für Instandhaltung dienen der Antizipation künftiger Verpflichtungen, welche zum Bilanzstichtag nicht gegenüber Dritten bestehen (Innenverpflichtungen). Hieraus ergibt sich ihre Zuordnung zu den Aufwandsrückstellungen. Besteht eine Außenverpflichtung (Abschluss eines Vertrages) muss dagegen eine Verbindlichkeitsrückstellung passiviert werden.[302]

Instandhaltungsmaßnahmen sind nach KINZIUS in drei Klassen einzuordnen:

- Inspektion (Verschleißbeobachtung)
- Wartung (Verschleißhemmung)
- Instandsetzung (Verschleißbeseitigung durch Reparatur einschließlich Erneuerung, Veränderung oder Erweiterung)[303]

Eine Rückstellungsbildung scheidet aus, wenn der unterlassene Instandhaltungsaufwand bereits durch eine außerplanmäßige Abschreibung auf den niedrigeren beizulegenden Wert

---

[301] Vgl. **Eder**, S. 75 ; **Kessler**, S. 179 ff. ; **Bach**, S. 112 f.
[302] Vgl. **Daub**, S. 93 ; **Clemm/Nonnenmacher**, in Beck'scher, § 249, Rz. 101 ; **Pilhofer**, S. 120
[303] Vgl. **Kinzius**, S. 75

gem. § 253 Abs.2 S.3 HGB erfolgt ist; andernfalls wäre der Aufwand doppelt berücksichtigt.[304]

Wichtigste Fallgruppe der nachzuholenden Instandhaltung sind abnutzbare Sachanlagen, aber auch immaterielle Vermögensgegenstände, wie Software bei unterlassener notwendiger Aktualisierung, kommen in Frage. Eine Aktivierungsfähigkeit des Wirtschaftsgutes ist nicht notwendig.[305]

Die Unterscheidung zwischen Ansatzpflicht und Ansatzwahlrecht abhängig vom Zeitpunkt der Nachholung ist mit der Absicht der steuerlichen Anerkennung bei Nachholung der Instandhaltungsmaßnahme innerhalb der ersten drei Monate zu erklären, da Instandhaltungsrückstellungen nicht durch einen GoB gedeckt und somit auch nicht ins Steuerrecht zu übernehmen sind.[306]

Eine genauere Betrachtung verdient die Wahrscheinlichkeit des Eintritts der Vermögensbelastung im folgenden Geschäftsjahr. Da es sich um Innenverpflichtungen handelt kann von einem geringen Verpflichtungsdruck ausgegangen werden, und damit von einer geringeren Wahrscheinlichkeit als bei einer Außenverpflichtung. Für den Ansatz muss folglich der Instandhaltungsaufwand hinreichend objektivierbar sein, was das Gesetz durch die Zwölf-Monatsfrist zur Nachholung auszudrücken versucht; bei Nachholung innerhalb von drei Monaten kann der Instandhaltungsaufwand stets als hinreichend objektiviert angesehen werden. Da die Wahrscheinlichkeit bei Instandhaltungsaufwendungen im Gesetz nicht explizit erwähnt ist, wird

---

[304] Vgl. **Christiansen**, S. 126 ; **Clemm/Nonnenmacher**, in Beck'scher, § 249, Rz. 102

[305] Vgl. **Clemm/Nonnenmacher**, in Beck'scher, § 249, Rz. 103

[306] Vgl. **Crezelius**, Bilanzrecht, S. 77 , **Heymann/Jung**, § 249, Rz. 101 ; **BFH**, in: BStBl. III 1955, S.177 ; **BFH**, in: BStBl. II 1984, S. 277

deutlich, dass der Gesetzgeber eine an Sicherheit grenzende Wahrscheinlichkeit voraussetzt.[307]

Es gilt auch hier der Grundsatz der Einzelbewertung, wonach jede Instandhaltungsmaßnahme für sich zu betrachten ist.[308]

a. Nachholung innerhalb von drei Monaten

Es besteht Ansatzpflicht gem. § 249 Abs.1 S.2 Nr.1 1.Alt. HGB für Rückstellungen für unterlassenen Instandhaltungsaufwand, wenn dieser innerhalb der ersten drei Monate des nächsten Geschäftsjahres nachgeholt wird.

Hierbei sind die folgenden Ansatzvoraussetzungen kumulativ zu beachten:[309]

- Es muss sich um *Erhaltungsaufwand* handeln, da zu aktivierender Herstellungsaufwand nicht rückstellungsfähig ist.[310]
- Der *Instandhaltungsaufwand* muss *unterlassen* worden sein, obwohl eine betriebswirtschaftliche Notwendigkeit der Durchführung vorlag. Dies ergibt sich bspw. aus Wartungsplänen, welche aus betrieblichen Gründen nicht eingehalten wurden.[311]

---

[307] Vgl. **Daub** S. 95 ff.
[308] Vgl. **Heymann/Jung**, § 249, Rz. 104
[309] Vgl. **Heymann/Jung**, § 249, Rz. 104
[310] Vgl. **Christiansen**, S. 125 ; BFH, in: BStBl. II 1981, S. 660 ; **Brönner/Bareis**, IV, Rz. 177 ; **Pilhofer**, S. 122 f.
[311] Vgl. **Clemm/Nonnenmacher**, in Beck'scher, § 249, Rz. 105 ; **Heymann/Jung**, § 249, Rz. 104 ; **Brönner/Bareis**, IV, Rz. 176

- Es muss sich um *im letzten Geschäftsjahr* unterlassenen Instandhaltungsaufwand handeln, was ein Nachholverbot für in früheren Jahren entstandenen Aufwand impliziert. Ebenso lässt der Wortlaut des Gesetzes auf ein Auflösungsgebot für im Vorjahr gebildete unverbrauchte Rückstellungen schließen, diese können aber regelmäßig als Rückstellung nach § 249 Abs.2 HGB fortgeführt werden, wenn die Kosten später noch anfallen werden.[312]
- Die Aufwendungen für im letzten Geschäftsjahr unterlassenen Instandhaltungsaufwand müssen *innerhalb von drei Monaten nachgeholt* werden, wobei die Arbeiten durch das Unternehmen selbst oder Fremde innerhalb der drei Monate abgeschlossen sein müssen.[313]

b. Nachholung nach drei Monaten

Es besteht ein Ansatzwahlrecht gem. § 249 Abs.1 S.3 HGB für Rückstellungen für unterlassenen Instandhaltungsaufwand, wenn dieser zwar im nächsten Geschäftsjahr, aber erst ab dem vierten Monat nachgeholt wird.

Die Ansatzvoraussetzungen sind mit denen bei Nachholung innerhalb von drei Monaten identisch, außer dass der Instand-

---

[312] Vgl. **Altmeier**, S. 122 f. ; **Brönner/Bareis**, IV, Rz. 190 ; **Clemm/Nonnenmacher**, in Beck'scher, §249, Rz. 106 ; **Heymann/Jung**, § 249, Rz. 104 ; **Baetge/Lederle**, Rückstellungen, S. 61

[313] Vgl. **Meyer**, S. 164 ; **Clemm/Nonnenmacher**, in Beck'scher, § 249, Rz. 106

haltungsaufwand *innerhalb des vierten bis zwölften Monats* des folgenden Geschäftsjahrs *nachgeholt werden muss*.[314] Durch das Hinauszögern der Instandhaltungsmaßnahme kann demnach die Rückstellungspflicht umgangen werden, was die Sonderstellung der Aufwandsrückstellung gegenüber den Verbindlichkeitsrückstellungen unterstreicht.[315]

Eine Rückstellungsbildung ist ausgeschlossen, wenn die Nachholung im nächsten Geschäftsjahr bei vernünftiger kaufmännischer Beurteilung unmöglich erscheint.[316]

4. Rückstellungen für unterlassene Abraumbeseitigung

Die gem. § 249 Abs.1 S.2 Nr.1 2.Alt. HGB zu bildenden Rückstellungen für im Geschäftsjahr unterlassene Aufwendungen für Abraumbeseitigung sind ansatzpflichtig, wenn sie im folgenden Geschäftsjahr nachgeholt werden und keine Außenverpflichtung vorliegt. Sie stellen einen klassischen Fall der Aufwandsrückstellung dar.

Zweifel an dieser Einordnung hegte jedoch NAUMANN, der sie aufgrund früherer Rechtsprechung möglicherweise auch als Verbindlichkeitsrückstellung zu klassifizieren ansah.[317]

Es gelten prinzipiell die erläuterten Ansatzvoraussetzungen der Rückstellungen für unterlassenen Instandhaltungsaufwand, mit Ausnahme der Erweiterung des Zeitraums auf ein Geschäftsjahr, in dem bei Nachholung Rückstellungspflicht eintritt.

---

[314] Vgl. **Clemm/Nonnenmacher**, in Beck'scher, § 249, Rz. 106 ; **Heymann/Jung**, § 249, Rz. 112
[315] Vgl. **Brönner/Bareis**, IV, Rz. 180
[316] Vgl. **Heymann/Jung**, § 249, Rz. 110
[317] Vgl. **Naumann**, S. 125 ff. ; **Pilhofer**, S. 124

Die explizite Erwähnung im Gesetz gründet auf der steuerlichen Anerkennung.[318]

Bei späterer Nachholung als innerhalb des nächsten Geschäftsjahres kann eine Passivierung nach § 249 Abs.2 HGB durchgeführt werden.[319]

Besteht jedoch eine (öffentlich-)rechtliche Verpflichtung zur Abraumbeseitigung, so kommt nur eine Rückstellung nach § 249 Abs.1 S.1 1.Alt. HGB in Frage, mit der Folge, dass auch für in späteren Rechnungsperioden nachgeholten Aufwand eine Rückstellung angesetzt werden muss.[320]

Ein klassischer Anwendungsfall dieser Rückstellungsart ist notwendige Abraumbeseitigung aus betrieblichen Gründen (bei Fehlen einer Beseitigungspflicht) im Kohle-/ und Bergbau. Dies kann im Ergebnis als indirekte Wertberichtigung auf die Abraumvorräte als Erzeugnisbestand gelten.[321]

5. Ansatzverbote

Wegen der Auslegungsbedürftigkeit des Begriffs ‚Aufwandsrückstellung' sollen einige Sachverhalte aufgezeigt werden, bei welchen Ansatzverbot herrscht. Es handelt sich um nicht durch das Realisationsprinzip gedeckte Zwecke, womit das in § 249 Abs.3 HGB kodifizierte Verbot der Rückstellungsbildung greift.[322]

---

[318] Vgl. **Altmeier**, S. 124 ; **Naumann**, S. 124 ; **Heymann/Jung**, § 249, Rz. 107
[319] Vgl. **Clemm/Nonnenmacher**, in Beck'scher, § 249, Rz. 100
[320] Vgl. **Heymann/Jung**, § 249, Rz. 108 ; **Clemm/Nonnenmacher**, in Beck'scher, § 249, Rz. 100
[321] Vgl. **Brönner/Barcis**, IV, Rz. 179 ; **Christiansen**, S. 127
[322] Vgl. **Eder**, S. 153

Bei Dauerschuldverhältnissen mit zeitabhängig voraussichtlich steigenden Aufwendungen darf keine Rückstellung nach § 249 Abs.2 HGB angesetzt werden, da z.b. ein steigender Marktzinssatz bei Krediten ohne Festzins nicht als Aufwand der Vergangenheit zugerechnet werden kann.[323]

Für Forschungs- und Entwicklungsaufwendungen ebenso wie für Werbung oder preissteigerungsbedingte Substanzerhaltung wird ebenfalls wegen des fehlenden Vergangenheitsbezuges keine Rückstellungsbildung möglich sein. Die Aufwendungen sind allein künftigen Erträgen zurechenbar.[324]

6. Aufwandsrückstellungen begründende Einzelsachverhalte

a. Tabellarische Übersicht

Beispiele möglicher Rückstellungsbildung für Aufwendungen	
Rückstellungsanlass	*Entscheidung / Fundstelle*
Abbruchkosten	Clemm/Nonnenmacher, §249, Rz. 323
freiwillige Abschlussprüfung	Brönner/Bareis, IV, Rz. 192
Entlassungsentschädigungen / Abfindungen	Baetge/Lederle, S. 66 f.
freiwillige Entsorgungsmaßnahmen	Clemm/Nonnenmacher, §249, Rz. 323
Gebäuderenovierung	Blenkers, S. 67

---

[323] Vgl. **Brönner/Bareis**, IV, Rz. 194
[324] Vgl. **Eder**, S. 154 ff. ; **Brönner/Bareis**, IV, Rz. 196

Generalüberholungen	Brönner/Bareis, IV, Rz. 192
Katastrophenrisiko	Maus, S. 21
Mehrjährige FuE-Projekte	Clemm/Nonnenmacher, §249, Rz. 323
Stilllegungs-/Umstrukturierungsmaßnahmen	Pilhofer, S. 126

Der Ansatz als Aufwandsrückstellung ist in den oben genannten Sachverhalten jeweils nur zulässig, wenn keine Aktivierungspflicht der Kosten, keine öffentlich-rechtliche oder vertragliche Pflicht besteht, und aus diesen oder anderen Gründen eine Verbindlichkeits-/ oder Drohverlustrückstellung anzusetzen wäre.

b. Einzelbetrachtung

(1) Großreparaturen und Generalüberholungen

Dieser am häufigsten vertretene Anlass der Rückstellungsbilanzierung nach § 249 Abs.2 HGB unterscheidet sich von unterlassenen Instandhaltungsaufwendungen dadurch, dass die Maßnahmen nicht schon im abgelaufenen Geschäftsjahr planmäßig durchzuführen gewesen wären, der Verschleiß jedoch in der Leistungsabgabe zur Erzielung von Erträgen in der Vergangenheit begründet ist.

Wichtig bei Großreparaturen ist die Abgrenzung zwischen zu aktivierendem Herstellungsaufwand[325] (Zweitherstellung, we-

---

[325] Vgl. **BFH**, 19.08.1998, in: BStBl. II 1999, S. 18

sentliche Verbesserung oder Wesensänderung[326]) und rückstellungsfähigem Erhaltungsaufwand.

Ferner liegen hohe Konkretisierungsanforderungen an die Abgrenzbarkeit und Nachprüfbarkeit auf bestimmte Anlagegüter und bestimmte Erhaltungsmaßnahmen vor, d.h. das Objekt und die Art der anfallenden Aufwendungen (z.B. Personalkosten, Fremdleistungen) müssen i.d.R. genau bestimmbar sein.

Weiterhin ist eine zeitproportionale Aufteilung des Aufwandes auf die betroffenen Geschäftsjahre, entsprechend ihrem verhältnismäßigen Anteil an der Verursachung, vorzunehmen.

Das Kriterium der Wahrscheinlichkeit oder Sicherheit kann nur durch eine Regelmäßigkeit der durchzuführenden Reparaturen (z.B. turnusmäßige Generalüberholungen) hinreichend erfüllt werden.

Ebenso liegt ein Verbot der Nachholung für bewusst unterlassene Rückstellungsbildung vor.[327]

(2) Modellwechselkosten

Wenn ein aktuelles Produkt regelmäßig durch ein neues ersetzt wird, z.B. weil es der Markt erfordert wie bei Modellwechseln der Automobilindustrie, sind für den Anlaufzeitraum des neuen Modells zusätzliche Kosten abzusehen.

Diesen Kosten, z.B. Lohnkosten, steht i.d.R. keine Leistung gegenüber, sie treten jedoch sicher bei jedem Modellwechsel

---

[326] Vgl. **Ellrott/Schmidt-Wendt**, in Beck'scher, § 255, Rz. 375
[327] Vgl. **Baetge/Lederle**, Rückstellungen, S. 65 f. ;
 Clemm/Nonnenmacher, in Beck'scher, § 249, Rz.316 ff.

auf und sind daher ihrer Art nach zu bestimmen, in Zeitpunkt und Höhe jedoch unbestimmt.[328]

Sie können nach LEDERLE den Erträgen der Geschäftsjahre zugeordnet werden, in welchen das vorherige Modell produziert wurde, da jedes Modell ersetzt werden muss. LEDERLE plädiert daher für die Zulässigkeit einer Aufwandsrückstellung nach § 249 Abs.2 HGB, um den Aufwand auf verschiedene Geschäftsjahre zu verteilen, und eine einmalige Ergebnisbelastung im Jahre seines Eintritts zu vermeiden.[329]

M.E. fehlt es jedoch zum ersten an einer hinreichenden Konkretisierung bei der Umschreibung des Aufwands. Es soll hier eine Aufwandsrückstellung gebildet werden, um nicht vorher zu konkretisierende etwaige Fehler bei der Produktionsplanung - und damit Folgekosten – auszugleichen. Die Rückstellung dürfte demnach eher der allgemeinen Risikovorsorge dienen. Zum zweiten erscheint m.A.n. eine Zuordnung zu den vergangenen Geschäftsjahren nicht möglich, denn nicht jedes Modell oder Produkt muss ersetzt werden, es kann auch auslaufen; ebenso werden die Modellwechselkosten kausal durch das neue Modell, also in der Zukunft, wirtschaftlich verursacht. Ein Bezug zur vergangenen Geschäftstätigkeit und zum Umsatz früherer Perioden erscheint mir daher nicht gerechtfertigt, eine Aufwandsrückstellung nicht möglich.

Zur neueren Rechtsprechung im Bereich der Aufwandsrückstellungen sei auf zwei, die bisherige Rechtsprechung nur bestätigende, Urteile hingewiesen.

Zum ersten wurde auf die Unzulässigkeit der Rückstellungsbildung für zu aktivierenden Aufwand hingewiesen, zum zweiten wurde die Möglichkeit der Bildung einer Aufwands-

---

[328] Vgl. **Baetge/Lederle**, Rückstellungen, S. 67 f.

rückstellung nach § 249 Abs. 2 HGB bei betrieblich bedingter Abfallentsorgung ohne öffentlich-rechtliche Verpflichtung bestätigt. Letzteres geschah innerhalb der Entscheidung eines anderen Sachverhaltes.[330]

XI. Sonderfall: Öffentlich-rechtliche Verpflichtungen

Öffentlich-rechtliche Verpflichtungen können sich aufgrund eines Gesetzes, einer Verwaltungsanweisung oder eines Verwaltungsaktes ergeben, wodurch dem Unternehmen eine bestimmte Handlungspflicht auferlegt wird. Grundsätzlich kann man zwischen öffentlich-rechtlichen Abgabeverpflichtungen und öffentlich-rechtlichen Lasten unterscheiden.

Bei Abgabeverpflichtungen ist eine Verbindlichkeitsrückstellung unumstritten, da sich die Belastungswirkung durch Steuern, Gebühren und Beiträge nicht von bürgerlich-rechtlichen Vertragsverhältnissen unterscheidet.[331] Bei öffentlich-rechtlichen Lasten jedoch werden durch die Rückstellung Verpflichtungen antizipiert, welche keine konkreten Leistungen an einen forderungsberechtigten Dritten zum Inhalt haben, sondern Unternehmen ein bestimmtes Verhalten bzw. eine konkrete Maßnahme abverlangen; Grund der Rückstellungsbildung ist in diesem Falle keine schuldrechtliche Beziehung, sondern eine bestehende Obliegenheit. Öffentlich-rechtliche Lasten wurden letztendlich als zur Rückstellungsbegründung zulässig

---

[329] Vgl. **Baetge/Lederle**, Rückstellungen, S. 67 f.
[330] Vgl. **BFH**, 19.08.1998, in: BStBl. II 1999, S. 18 ; **BFH**, 08.11.2000, in: BStBl. II 2001, S. 570
[331] Vgl. **Kessler**, S. 92 ; **Bach**, S. 121 ; **Blenkers**, S. 321 f.

erklärt durch das ‚Jahresabschlusskosten-Urteil' des BFH vom 20.03.1980.[332]

Kritisch, da gesetzlich nicht gestützt, werden die Entscheidungen des BFH[333] gesehen, auf gesetzlichen Vorschriften beruhende Rückstellungen nur zuzulassen, wenn ein inhaltlich genau bestimmtes Handeln innerhalb eines bestimmten Zeitraums vorgeschrieben ist, und bei Verletzung der öffentlich-rechtlichen Verpflichtung Sanktionen erfolgen. Die bloße Ankündigung einer Maßnahme durch die Behörde reicht nicht aus.

Bejaht man die Notwendigkeit dieser besonders hohen Konkretisierungsanforderungen des BFH bei öffentlich-rechtlichen Verpflichtungen, räumt man ihnen ein gesetzlich nicht gestütztes Sonderrecht[334] gegenüber zivilrechtlichen Verbindlichkeiten ein. So urteilt auch die vorherrschende Meinung[335] im Schrifttum.

Die Problematik ergibt sich aus nur dem Grunde nach ungewissen Verbindlichkeiten, welche nach der Systematik der ständigen Rechtsprechung nicht rückstellungsfähig sind. De facto hat der BFH weiterhin in seinem Urteil vom 19.10.1993 bei der Beurteilung der Wahrscheinlichkeit der Inanspruchnahme die 51%-Regel vernachlässigt. Es komme nur darauf an, dass

---

[332] Vgl. **Kessler**, S. 93 ; **BFH**, in: BStBl. II 1980, S. 297 ; **Naumann**, S. 89 ; **Wangemann**, S. 166 ff.

[333] Vgl. **BFH**, 28.3.2000, in: BStBl. II 2000, S. 612 ; **BFH**, 08.11.2000, in: BStBl. II 2001, S. 570 ; **BFH**, 12.12.1991, in: BStBl. II 1992, S. 600 ; **BFH**, 25.03.1992, in: BStBl. II 1992, S. 1010

[334] Vgl. **Schmidt/Weber-Grellet**, EStG § 5, Rz. 365

[335] Vgl. kritisch hierzu: **Scheffler**, Teil A, StuB, S. 492 ; SCHEFFLER sieht hierin kein Sonderrecht, sondern „eine vertretbare Umschreibung des für die abstrakte Bilanzierungsfähigkeit generell erforderlichen Merkmals der hinreichenden Konkretisierung" ; ebenso kritisch: **Happe**, StuB, S.537

der Gläubiger (meist die Behörde) Kenntnis von seinem Recht gegen das bilanzierende Unternehmen hat; dies kann jedoch nach h.M. kein ausreichendes Kriterium sein. Ebenso würde damit das Gebot des vollständigen Schuldenausweises gem. § 246 Abs.1 S.1 HGB verletzt werden, mit der Folge einer Überbewertung des bilanziellen Vermögens.[336]

Da kein Sonderrecht für öffentlich-rechtliche Verpflichtungen aus dem Handelsgesetz ersichtlich wird, darf man die Anforderungen des BFH nicht zu eng auslegen. Es ist vielmehr dann von einer Rückstellungspflicht auszugehen, wenn der Grund für ein im öffentlichen Interesse liegendes Tätigwerden des Bilanzierenden erkennbar geworden ist. Ferner sollte in der geforderten Sanktionsbewehrung eher ein Indiz für die Rückstellungsfähigkeit als eine Passivierungsvoraussetzung gesehen werden. Die restriktive Rechtsprechung des BFH scheint in erster Linie die Vereitelung der Bildung einer eigentlichen Aufwandsrückstellung (welche in der Steuerbilanz aufgrund des Wahlrechts in § 249 Abs.2 HGB nicht anerkannt wird) mittels § 249 Abs.1 S.1 1.Alt. HGB, im Blick zu haben.[337]

Letztendlich kann für die Pflicht einer Verbindlichkeitsrückstellung aufgrund öffentlich-rechtlicher Verpflichtung nur ausschlaggebend sein, ob mit der Inanspruchnahme bei Unternehmensfortführung ernsthaft zu rechnen ist.[338]

---

[336] Vgl. **Kessler**, S. 94 f. ; **BFH**, 25.08.1989, in: BStBl. II 1989, S. 893 ; **BFH**, 26.10.1977, in: BStBl. II 1978, S. 97 ; **BFH**, 19.10.1993, in: DB 1994, S. 18 ; **Clemm/Nonnenmacher**, in Beck'scher, §249, Rz. 29 ; **Crezelius**, Rückstellungen, S.12 ; **Blenkers**, S. 94 f.; **Daub**, S. 83f.; **Bach**, S.123

[337] Vgl. **Kessler**, S. 95 f. ; **Crezelius**, Rückstellungen, S. 12 f. ; **Wangemann**, S. 166 ff.

[338] Vgl. **Clemm/Nonnenmacher**, in Beck'scher, § 249, Rz. 29

Beispiele öffentlich-rechtlicher Verpflichtungen sind Umweltschutzverpflichtungen (z.b. Rekultivierung, Altlastensanierung), Nachweis-, Prüfungs- und Erklärungspflichten (z.b. Aufstellung, Prüfung und Veröffentlichung des Jahresabschlusses) sowie Unfallverhütungs-/ und Sicherheitsverpflichtungen (z.b. Gebäuderenovierung).[339]

XII. Gliederungs- und Ausweisvorschriften für Rückstellungen

Gem. § 247 Abs.1 HGB sind Schulden in der Bilanz gesondert auszuweisen und hinreichend aufzugliedern. Ferner müssen die Bilanzierungsgrundsätze des vollständigen Schuldenausweises gem. § 246 Abs.1 S.1 HGB und der periodengerechten Aufwandsabgrenzung gem. § 252 Abs.1 Nr.5 HGB beachtet werden.

Unter einer hinreichenden Aufgliederung der Schuldposten für Einzelkaufleute und Personengesellschaften kann man eine Trennung von Verbindlichkeiten und Rückstellungen erwarten.[340]

Der Grad der weiteren Aufgliederung orientiert sich an der Größe des Unternehmens, einer eventuellen Konkretisierung im Gesellschaftsvertrag und an den Grundsätzen der Klarheit, Stetigkeit und Übersichtlichkeit der Bilanz, womit zumindest ein gesonderter Ausweis der Pensionsrückstellungen meist einhergeht.

In den speziellen Vorschriften für Kapitalgesellschaften enthält § 266 Abs.1 HGB für große und mittelgroße Kapitalgesell-

---

[339] Vgl. **Blenkers**, S. 321
[340] Vgl. **Maus**, S. 22 ; **Clemm/Nonnenmacher**, in Beck'scher, § 247, Rz. 241 ; **Daub**, S. 69

schaften gem. § 267 Abs.3, 2 HGB eine Aufgliederungspflicht (§ 266 Abs.3 B HGB) in ‚Rückstellungen für Pensionen und ähnliche Verpflichtungen', ‚Steuerrückstellungen' und ‚sonstige Rückstellungen', wobei letztere, wenn keine genauere Untergliederung gem. § 265 Abs.5 HGB stattfindet und ihr Umfang nicht unerheblich ist, im Anhang gem. § 285 Nr.12 HGB zu erläutern sind.[341]

Rückstellungen für Pensionen und ähnliche Verpflichtungen umfassen sämtliche ungewissen Verbindlichkeiten aus der Altersversorgung, Steuerrückstellungen Rückstellungen für Steuern, bei denen das Unternehmen selbst Steuerschuldner ist (insbesondere Gewerbe-, Körperschafts-, Umsatzsteuer). Ist das Unternehmen nur Haftungsschuldner (Lohnsteuerverbindlichkeiten) sind Rückstellungen unter dem Sammelposten ‚sonstige Rückstellungen' auszuweisen, welcher auch die übrigen Arten der Verbindlichkeits-, sowie die Drohverlust-, und Aufwandsrückstellungen umfasst.

Kleine Kapitalgesellschaften gem. § 267 Abs.1 HGB brauchen lediglich eine gesonderte Ausweisung von Rückstellungen und Verbindlichkeiten vornehmen (§ 266 Abs.1 S. 3 HGB).[342]

Ferner muss die Rückstellung für Steuerabgrenzung gem. § 274 Abs.1 S.1 HGB gesondert in Bilanz oder Anhang aufgeführt werden; aufgrund der fehlenden Aufgliederungspflicht für kleine Kapitalgesellschaften kann diese Unterteilungspflicht für letztere wohl entfallen.[343]

---

[341] Vgl. **Kinzius**, S. 157 f. ; **Clemm/Nonnenmacher**, in Beck'scher, § 247, Rz. 241 ; **Daub**, S. 69 ; **Wöhe**, Handels-/Steuerbilanz, S.207 ff.
[342] Vgl. **Clemm/Nonnenmacher**, in Beck'scher, § 266, Rz. 200 ff. ; **Maus**, S. 22 f.
[343] Vgl. **Clemm/Nonnenmacher**, in Beck'scher, § 266, Rz. 202, 205

XIII. Auflösung von Rückstellungen

Aufgelöst werden dürfen Rückstellungen gem. § 249 Abs.3 S.2 HGB nur, soweit deren Grund entfallen ist; da sie ohne Grund jedoch nicht bilanziert werden dürfen, ergibt sich ein Auflösungsgebot, wenn der Rückstellungsgrund entfallen ist.[344]

Gleiches gilt aufgrund der Maßgeblichkeit (§ 5 Abs.1 S.1 EStG) für die Steuerbilanz.

Ergo kommt es zur Auflösung, wenn bis zur Bilanzaufstellung bekannt ist, dass mit einer Inanspruchnahme nicht mehr zu rechnen ist, oder die Kosten und der Zeitpunkt feststehen. Aufwandsrückstellungen gem. § 249 Abs.2 HGB sind z.b. aufzulösen, wenn sich eine Großreparatur sich als undurchführbar erweist.[345]

Die Auflösung erfolgt unter gleichzeitigem Ausweis einer Verbindlichkeit, oder die eintretenden Aufwendungen werden erfolgsneutral gebucht (Verbrauch der Rückstellung).

Ebenso sind aufgrund von Bilanzierungsfehlern (Gefahr der Nichtigkeit der Bilanz[346]) zu Unrecht gebildete Rückstellungen aufzulösen und überhöhte Rückstellungen zu mindern. Ein Beibehaltungswahlrecht für Rückstellungen existiert nicht.[347]

Eine vorliegende Wertaufhellung ist zu berücksichtigen; d.h. werden nach dem Bilanzstichtag, aber vor der Bilanzaufstellung, Umstände bekannt, aufgrund welcher mit einer Inan-

---

[344] Vgl. **Christiansen**, S. 41 ; **Altmeier**, S. 13 ; **Clemm/Nonnenmacher**, in Beck'scher, § 249, Rz.326, 327
[345] Vgl. **Clemm/Nonnenmacher**, in Beck'scher, § 249, Rz. 21, 312, 326
[346] Vgl. **Kessler**, S. 155 ff.
[347] Vgl. **Maus**, S. 33 ; **Blenkers/Czisz**, S. 79 f. ; **Clemm/Nonnenmacher**, in Beck'scher, § 249,   Rz. 21, 312

spruchnahme nicht mehr zu rechnen ist, muss die Rückstellung gewinnerhöhend aufgelöst werden.[348]

Das Auflösungsgebot gilt sowohl dem Grunde als auch der Höhe nach; so muss zu jedem Bilanzstichtag auch der Wertansatz überprüft und die Rückstellung eventuell um Teilbeträge gekürzt werden.[349]

Werden Rückstellungen im Rahmen einer Betriebsaufgabe oder Betriebsveräußerung gewinnerhöhend aufgelöst, zählt dieser Betrag dann nicht zum begünstigten Veräußerungs-/ Aufgabegewinn, wenn lediglich ein gewisser zeitlicher Zusammenhang mit der Betriebsaufgabe, aber kein rechtlicher oder ursächlicher, besteht.[350]

Steuerrechtliche Sondervorschriften zur Auflösung werden in Punkt C.III.2. und C.III.3. sowie C.V.I. behandelt.

---

[348] Vgl. **Blenkers/Czisz**, S. 80 ; **BFH**, in: BStBl. II 1973, S. 320
[349] Vgl. **Clemm/Nonnenmacher**, in Beck'scher, § 249, Rz. 23 ; **Christiansen**, S. 41
[350] Vgl. **Maus**, S. 36 f. ; **BFH**, in: BStBl. II 1980, S.150

C. Rückstellungsbilanzierung in der Steuerbilanz

I. Grundlagen

Die Funktion der Steuerbilanz ist die periodengerechte Ermittlung des Gewinns gem. §§ 4-7k EStG als Bemessungsgrundlage für Einkommensteuer und Körperschaftssteuer (§ 8 Abs.1 KStG). Ziel der Steuerbilanz ist es, eine gesetzeskonforme und gleichmäßige Besteuerung nach der wirtschaftlichen Leistungsfähigkeit des Unternehmens sicherzustellen; das bedeutet auch, eine unterschiedslose Besteuerung gleicher Tatbestände zu gewährleisten. Das Leistungsfähigkeitsprinzip muss heute aus dem allgemeinen Gleichheitssatz gem. Art. 3 Abs.1 GG abgeleitet werden, da es weder steuer- noch verfassungsrechtlich kodifiziert ist.[351] Der Begriff der wirtschaftlichen Leistungsfähigkeit lässt sich als Fähigkeit, Zahlungen an Dritte erbringen zu können, definieren.[352]

Im Übrigen besteht keine Verpflichtung zur Erstellung einer eigenständigen Steuerbilanz, es muss lediglich eine an die steuerlichen Vorschriften angepasste Handelsbilanz beim Finanzamt eingereicht werden.[353]

Als Gewinnermittlungsmethode bei gesetzlich (z.B. § 238 HGB, § 141 AO) zur Buchführung verpflichteten Kaufleuten dient der Betriebsvermögensvergleich (§ 4 Abs.1,3 EStG). Er

---

[351] Vgl. **Schmidt/Weber-Grellet**, EStG § 5, Rz. 21 ; **Weber-Grellet**, Gewinnermittlungsvorschriften, DB, S. 166 ; **Crezelius**, Steuerrecht II, S. 21 f., Rz. 3 ff.; **Naumann**,S.62 ff.
[352] Vgl. **Kessler**, S. 455
[353] Vgl. **Wangemann**, S. 29 ; § 60 Abs.2 EStDV

stellt basierend auf der Vermögensübersicht (Bilanz) gem. § 4 Abs.2 EStG das Endvermögen (Schlussbilanz) eines Wirtschaftsjahres dem Anfangsvermögen (Eröffnungsbilanz) bzw. dem Endvermögen des vorhergehenden Wirtschaftsjahres gegenüber. Der Gewinnbegriff des Bilanzsteuerrechts erfasst somit positive wie negative Betriebsergebnisse.[354]

Gem. § 5 Abs.1 S.1 EStG entspricht das anzusetzende Betriebsvermögen in der Steuerbilanz dem nach handelsrechtlichen GoB auszuweisenden Betriebsvermögen (Maßgeblichkeit[355]), vorbehaltlich der in § 5 Abs.6 EStG genannten Einschränkungen. Modifiziert wird das handelsrechtliche Ergebnis, das einen ‚vorsichtig ermittelten Gewinn' ausweist, durch einkommensteuerrechtliche Sondervorschriften, welche zur Erfassung des ‚vollen Gewinns'[356] in der Steuerbilanz nötig sind. Sind in den steuerrechtlichen Vorschriften Wahlrechte enthalten, so sind diese bei der Gewinnermittlung (Ansatz und Bewertung) in Übereinstimmung mit der Handelsbilanz auszuüben (umgekehrte Maßgeblichkeit gem. § 5 Abs.1 S.2 EStG).[357]

Konzeptionell bildet die Steuerbilanz folglich keine betriebswirtschaftliche Kostenrechnung ab, sondern sie dient der objektivierten Erfassung des zu besteuernden Vermögens.[358]

Um dem zu entsprechen müssen einige handelsrechtliche Bilanzierungsprinzipien bilanzsteuerrechtlich interpretiert wer-

---

[354] Vgl. **Clemm/Nonnenmacher**, in Beck'scher,§ 249,Rz. 14; **Schmidt/Weber-Grellet**, EStG § 5, Rz.21 ; **Crezelius**, Steuerrecht II, S. 124 ff., Rz. 1 ff.
[355] Vgl. Gliederungspunkt B.II.
[356] Vgl. **Weber-Grellet**, Gewinnermittlungsvorschriften, DB, S. 167 ; **BFH-Beschluss**, 03.02.1969, in:BStBl.II 1969, S. 291 ; **Schmidt/Weber-Grellet**, EStG § 5, Rz.27
[357] Vgl. **Schmidt/Weber-Grellet**, EStG §5, Rz. 21 ; **Knobbe-Keuk**, S. 11 ff. ; **Wangemann**, S. 29 f. ; **Kessler**, S. 45 ;
[358] Vgl. **Wöhe**, Handels-/Steuerbilanz, S. 207 ; **Fumi**, S. 10 ff.

den. Während das *Vorsichtsprinzip* handelsrechtlich vor allem dem Gläubigerschutz dient, muss es bilanzsteuerrechtlich unter dem Aspekt des Eingriffsrechts des Staates und als Ausfluss des Leistungsfähigkeitsprinzips verstanden werden. Aus dieser Sicht kann eine wahrscheinliche Verbindlichkeit bereits eine verminderte Leistungsfähigkeit bedeuten. Die *wirtschaftliche Verursachung* bezieht sich nach WEBER-GRELLET bilanzsteuerrechtlich nicht auf (unerfüllte) Rechtsverhältnisse, sondern nur auf konkretisierte und realisierte Sachverhalte, womit künftige Erlöse, die sich auf künftige Ereignisse beziehen bei der Rückstellungsbilanzierung[359] ausscheiden müssen. Die *Prinzipien des Bilanzzusammenhangs* und der *Stetigkeit* gewährleisten, dass es bilanzsteuerrechtlich auch bei unterschiedlicher Bewertung im Einzelfall letztendlich zu einem identischen Ergebnis kommt.[360]

Deshalb müssen an die steuerrechtliche Anerkennung von Rückstellungen besonders strenge Maßstäbe angelegt werden. Willkürliche Gewinnverlagerungen in andere Rechnungsperioden sind zu verhindern.[361]

Zwar kennt das Ertragsteuerrecht ausgehend von der Maßgeblichkeit zunächst keinen vom Handelsrecht abweichenden Rückstellungsbegriff, womit über § 5 Abs.1 EStG die handelsrechtliche Rückstellungsbilanzierung die Grundlage für die steuerrechtliche Rückstellungsinterpretation liefert. Jedoch ist zum ersten die von der grundsätzlichen Maßgeblichkeit des Handelsrechts abweichende Rechtsprechung des BFH zu beachten und zum zweiten die in den §§ 5 Abs.3, 5 Abs.4, 5

---

[359] Vgl. Verbot der Drohverlustrückstellung gem. § 5 Abs.4a EStG: Gliederungspunkt C.V.1., C.VIII.
[360] Vgl. **Weber-Grellet**, Gewinnermittlungsvorschriften, DB, S. 167 ; **Fumi**, S. 13 ff.
[361] Vgl. **Wöhe**, Handels-/Steuerbilanz, S. 207 ; **Fumi**, S. 10 ff.

Abs.4a, 5 Abs. 4b und 6a EStG enthaltenen Sondervorschriften für den steuerrechtlichen Rückstellungsansatz, welche Vorrang vor der Maßgeblichkeit haben.[362]

II. Maßgeblichkeitsprinzip

1. Materielle Maßgeblichkeit

Das Maßgeblichkeitsprinzip (synonym: ‚Maßgeblichkeitsgrundsatz', ‚Maßgeblichkeit der Handelsbilanz' oder ‚materielle Maßgeblichkeit') ist in § 5 Abs.1 S.1 EStG gesetzlich verankert. Es besagt, dass zur Buchführung verpflichtete Gewerbetreibende in der Steuerbilanz das Betriebsvermögen anzusetzen haben, das nach den handelsrechtlichen GoB anzusetzen ist. Dies stellt aufgrund der fehlenden eigenen Buchführungssystematik des Bilanzsteuerrechts eine Notwendigkeit dar.[363]

Durch das Maßgeblichkeitsprinzip werden nur die handelsrechtlichen GoB Bestandteil des Steuerrechts und bilden das Bindeglied zwischen beiden Bilanzen. Ebenso wenig wie eine Übernahme der gesamten Handelsbilanz ist nach dem Wortlaut des Gesetzes eine Übernahme der unterhalb der GoB angesiedelten Vorschriften gemeint; diese können allenfalls analog in die Steuerbilanz übernommen werden.[364]

Soweit keine steuerrechtlichen Sondervorschriften bestehen, bestimmen demnach die handelsrechtlichen Grundsätze

---

[362] Vgl. **Kessler**, S. 45 f. ; **Maus**, S. 10
[363] Vgl. **Schmidt/Weber-Grellet**, EStG § 5, Rz. 26 ; **Knobbe-Keuk**, S. 18 ; **Fumi**, S. 12
[364] Vgl. **Fumi**, S. 12 ; **Schmidt/Weber-Grellet**, EStG § 5, Rz. 28

den Steuerbilanzansatz dem Grunde und der Höhe nach (§ 60 EStDV); selbst wenn den GoB innerhalb der Handelsbilanz nicht gefolgt wurde.[365]

Kritik am Maßgeblichkeitsprinzip ergab sich vor allem aufgrund der unterschiedlichen Zielsetzungen der handelsrechtlichen und steuerrechtlichen Gewinnermittlung. Während die Handelsbilanz auf dem Zivilrecht basierend als Ausschüttungsbilanz zu sehen ist, soll durch die Steuerbilanz, welche auf einem Eingriffsrecht (EStG) gründet, auf Grundlage des objektiven Nettoprinzips die Ermittlung des ‚wirklichen' Gewinns einer Periode als Indikator der wirtschaftlichen Leistungsfähigkeit erfolgen.[366]

Die den Maßgeblichkeitsgrundsatz außer Kraft setzende ständige Rechtsprechung des BFH hat insbesondere auf die Rückstellungsbildung gravierende Auswirkungen. So wurde erlassen, dass steuerrechtlich eine Passivierung nur möglich und dann verpflichtend ist, wenn eine handelsrechtliche Passivierungspflicht besteht.[367] Ein handelsrechtliches Passivierungswahlrecht hingegen führt gem. BFH zu einem steuerrechtlichen Passivierungsverbot. Ebenso führt ein handelsrechtliches Aktivierungswahlrecht zu einer steuerrechtlichen Aktivierungspflicht[368] und nur ein Aktivierungsverbot in der Handelsbilanz zu einem steuerrechtlichen Aktivierungsverbot. Eine Abwei-

---

[365] Vgl. **Crezelius**, Steuerrecht II, S. 126 f., Rz. 4 f. ; **Fumi**, S. 12
[366] Vgl. **Schmidt/Weber-Grellet**, EStG § 5, Rz. 27 ; **Weber-Grellet**, Gewinnermittlungsvorschriften, DB, S. 167 f.
[367] Vgl. **BFH** (GrS), 03.02.1969, in: BStBl. II 1969, S. 291 ; **Knobbe-Keuk**, S. 29 ; **Crezelius**, Steuerrecht II, S. 126 f., Rz. 4 f. ; **BFH**, 19.07.1983, in: BStBl. II 1984, S. 36
[368] Vgl. bereits: **RFH**, in: RStBl. 1928, S. 260

chung zwischen Handels- und Steuerbilanz ist folglich nur bei handelsrechtlichen Wahlrechten regelmäßig gegeben.[369]

Ziel dieser Zurückdrängung des Maßgeblichkeitsprinzips ist zu verhindern, dass durch die Übernahme handelsrechtlicher Wahlrechte Manipulationsmöglichkeiten geschaffen werden, und eine Besteuerung nicht mehr dem Gleichheitsgrundsatz entspricht; schließlich muss der ‚wirkliche' Periodengewinn des Unternehmens als Bemessungsgrundlage dienen, und der Kaufmann darf sich nicht selbst durch einen Wahlansatz von Rückstellungen ärmer machen als er ist.[370]

Im Ergebnis gilt steuerrechtliche *Passivierungspflicht* für folgende Rückstellungen:[371]

- Rückstellungen für ungewisse Verbindlichkeiten § 249 Abs.1 S.1 1.Alt. HGB
- Rückstellungen für im Geschäftsjahr unterlassene Aufwendungen für Instandhaltung bei Nachholung innerhalb von drei Monaten im folgenden Geschäftsjahr § 249 Abs.1 S.2 Nr.1 HGB
- Rückstellungen für im Geschäftsjahr unterlassene Abraumbeseitigung bei Nachholung im folgenden Geschäftsjahr § 249 Abs.1 S.2 Nr.1 HGB
- Rückstellungen für Gewährleistung ohne rechtliche Verpflichtung § 249 Abs.1 S.2 Nr.2 HGB

---

[369] Vgl. **Schmidt/Weber-Grellet**, EStG § 5, Rz. 31 ; **Knobbe-Keuk**, S. 21 f. ; **BFH** (GrS), 03.02.1969, in: BStBl. II 1969, S. 291 ; **BFH**, 20.03.1980, in: BStBl. II 1980, S. 297 ; **BFH**, in: BStBl. II 1994, S. 176

[370] Vgl. **Knobbe-Keuk**, S. 19 ff., kritisch hierzu: S. 22 f. ; **Hofbauer**, S. 59 ; **Crezelius**, Steuerrecht II, S.127, Rz. 4 ; **BFH** (GrS), 03.02.1969, in: BStBl. II 1969, S. 291

[371] Vgl. **Schmidt/Weber-Grellet**, EStG § 5, Rz. 352

Ein steuerrechtliches *Passivierungsverbot* gilt für die handelsrechtlichen Wahlrückstellungen:[372]

- Rückstellungen für im Geschäftsjahr unterlassene Aufwendungen für Instandhaltung bei Nachholung innerhalb des vierten und zwölften Monats des folgenden Geschäftsjahrs § 249 Abs.1 S.3
- Aufwandsrückstellungen gem. § 249 Abs.2 HGB

Selbstverständlich findet das in § 249 Abs.3 HGB kodifizierte Verbot Rückstellungen für andere Zwecke zu bilden im Steuerrecht gleichermaßen Anwendung.

Das Verbot der Drohverlustrückstellung sowie die weiteren Sondervorschriften sind nicht Ergebnis der Rechtsprechung, sondern der Steuergesetzgebung, bedeuten jedoch ebenso eine Einschränkung des Maßgeblichkeitsgrundsatzes.[373]

Im Ergebnis stellt die materielle Maßgeblichkeit keine strikte Regel dar, sondern nur ein Prinzip, das von Ausnahmen durchsät ist.[374]

2. Formelle / umgekehrte Maßgeblichkeit

Die umgekehrte Maßgeblichkeit (synonym heute: ‚formelle Maßgeblichkeit') ist seit 1990 im § 5 Abs.1 S. 2 EStG normiert. Er besagt, dass steuerrechtliche Wahlrechte bei der Gewinner-

---

[372] Vgl. **Schmidt/Weber Grellet**, EStG § 5, Rz. 353
[373] Vgl. **Wangemann**, S. 33
[374] Vgl. **Rupp**, S. 51

mittlung in Übereinstimmung mit der Handelsbilanz auszuüben sind.[375]

Würde man nur von der Maßgeblichkeit der Handelsbilanz ausgehen, wären die Ausübung von steuerrechtlichen Wahlrechten und deren Anerkennung insofern mit Problemen verbunden, wie eine Kongruenz zwischen Handels- und Steuerbilanz nicht mehr gewährleistet wäre.[376]

Daher verpflichtet die umgekehrte Maßgeblichkeit dazu, steuerrechtliche Bilanzansatz-/ oder Bewertungswahlrechte (z.B. steuerfreie Rücklage) auch in die Handelsbilanz zu übernehmen. Hierdurch wuchs die Dominanz der Steuerbilanz[377], woran heftige Kritik[378] geübt wurde - bisweilen sprach man von einer ‚Deformation der Handelsbilanz' -, da man keine Notwendigkeit der Übernahme steuerrechtlicher Wahlrechte in die Handelsbilanz erkennen konnte.[379]

Voraussetzung für die Anwendung der umgekehrten Maßgeblichkeit sind handelsrechtlich korrespondierende Wahlrechte[380], die entweder ausdrücklich oder über Öffnungsklauseln gegeben sind (z.B. §§ 253 Abs.2 S.3, 254 HGB, oder § 247 Abs.3 i.V.m. § 273 HGB). Durch sie öffnet sich das Handelsgesetz gegenüber dem EStG, und aus einem ursprünglichen handelsrechtlichen Gebot kann ein handelsrechtliches Wahlrecht werden, und die umgekehrte Maßgeblichkeit kommt zum Zuge. Kein Anwendungsfall der umgekehrten Maßgeblichkeit sind

---

[375] Vgl. **Knobbe-Keuk**, S. 24 ; **Schmidt/Weber-Grellet**, EStG § 5, Rz. 40, 41
[376] Vgl. **Crezelius**, Steuerrecht II, S. 128, Rz. 6 f.
[377] Vgl. **Dziadkowski**, DStZ, S. 9
[378] Vgl. **Knobbe-Keuk**, S. 26, m.w.N.
[379] Vgl. **Schmidt/Weber-Grellet**, EStG § 5, Rz. 41, 43 ; **Wangemann**, S. 36
[380] Vgl. **BFH**, in: BStBl. II 1994, S. 176

ausschließlich einkommensteuerrechtliche Wahlrechte (z.B. § 4 Abs. 8 EStG), die im Handelsrecht kein Pendant finden.[381]

Im Ergebnis gelangt man wieder zum Maßgeblichkeitsprinzip, da faktisch die handelsrechtliche Bilanzierung nach Wahlrechtsausübung in die Steuerbilanz übernommen wird.

Die umgekehrte Maßgeblichkeit hebelt jedoch das von der Rechtsprechung errichtete Verbot der steuerrechtlichen Passivierungspflicht bei handelsrechtlichem Passivierungswahlrecht nicht aus, da sie nur Geltung für die Übernahme rein steuerrechtlicher Wahlrechte in die Handelsbilanz hat und nicht umgekehrt.[382]

Für den Bilanzansatz der Rückstellungen hat die formelle Maßgeblichkeit unmittelbar keine Bedeutung, weil keine steuerrechtlichen Wahlrechte in diesem Bereich existieren (Ausnahme: steuerrechtliches Passivierungswahlrecht bei Altzusagen[383]).

Die seit der erstmaligen Einschränkung des Maßgeblichkeitsprinzips durch die Rechtsprechung 1969 erfolgten gesetzgeberischen Maßnahmen zur Begrenzung der Rückstellungsbildung werden im folgenden anhand der bekannten drei Rückstellungsarten und der Pensionsrückstellungen behandelt.

---

[381] Vgl. **Schmidt/Weber-Grellet**, EStG § 5, Rz. 41, 43 ; **Wangemann**, S. 36
[382] Vgl. **Crezelius**, Steuerrecht II, S. 128 f., Rz. 7 ; **Schmidt/Weber-Grellet**, EStG § 5, Rz. 43
[383] Vgl. hierzu : Gliederungspunkt B.VI.

III. Rückstellungen für ungewisse Verbindlichkeiten

1. Grundlagen

Aufgrund des Maßgeblichkeitsprinzips im § 5 Abs.1 S.1 EStG gilt die handelsrechtliche Ansatzpflicht für Verbindlichkeitsrückstellungen auch in der Steuerbilanz. Die erläuterten sachlichen Ansatzvoraussetzungen[384] werden durch das Ertragsteuerrecht nicht weiter modifiziert.[385]

Zu beachten ist das steuerrechtliche Ansatzverbot einer Rückstellung für solche Verbindlichkeiten, die (z.B. gem. § 4 Abs.5 EStG) einem steuerrechtlichen Passivierungsverbot unterliegen.[386]

Der Grundsatz der Wesentlichkeit gilt auch im Steuerrecht, wonach für Nebenpflichten, die nur geringen Aufwand bedingen, eine Rückstellungspflicht entfällt.[387]

Die wirtschaftliche Verursachung im abgelaufenen Wirtschaftsjahr ist wesentliches Objektivierungskriterium der Verbindlichkeitsrückstellung in der Steuerbilanz. Die Rechtsprechung und h.M. orientiert sich hier am Realisationsprinzip[388], am Vorsichtsprinzip und am Prinzip der wirtschaftlichen Betrachtungsweise, wonach realisierte Aufwendungen stets als wirtschaftlich verursacht gelten, künftige Aufwendungen nur, wenn sie realisierten Erträgen zuzurechnen sind; ansonsten greift die ‚rückstellungsbegrenzende Wirkung des Realisations-

---

[384] Vgl. hierzu : Gliederungspunkt A.VIII.2.
[385] Vgl. auch: **Clemm/Nonnenmacher**, in Beck'scher, § 249, Rz. 116
[386] Vgl. **Schmidt/Weber-Grellet**, EStG § 5, Rz. 361, 368 ; Gliederungspunkt C.VII.
[387] Vgl. **Schmidt/Weber-Grellet**, EStG § 5, Rz. 370

prinzips'. Diese Betrachtungsweise ist nötig, um dem statischen Charakter der Steuerbilanz zu genügen, sprich, die vollständigen Schulden des Unternehmens zum Bilanzstichtag auszuweisen.[389]

Bei Pauschalrückstellungen für Garantieleistungen könnte § 6 Abs.1 Nr.3a Buchst. a) EStG für den Bilanzansatz relevant sein. Danach ist bei Rückstellungen für gleichartige Verpflichtungen, auf der Grundlage der Erfahrungen in der Vergangenheit aus der Abwicklung solcher Verpflichtungen, die Wahrscheinlichkeit zu berücksichtigen, dass der Steuerpflichtige nur zu einem Teil der Summe dieser Verpflichtungen in Anspruch genommen wird. Eigentlich Bewertungsvorschrift ist hier auch die Bilanzierung dem Grunde nach betroffen, indem der Kaufmann den Teil auszugrenzen hat, bei welchem er nicht mit einer Inanspruchnahme rechnet. Darin besteht letztendlich jedoch keine Abweichung vom Maßgeblichkeitsprinzip, da die Vorschrift lediglich klarstellenden Charakter besitzt und die bisherige Rechtsprechung bestätigt, wonach als objektivierter Maßstab zur Beurteilung der Wahrscheinlichkeit der Inanspruchnahme die Erfahrungen der Vergangenheit gelten dürfen.[390]

Zur Nachholung einer unterlassenen Rückstellung in der Steuerbilanz siehe Gliederungspunkt B.VI.2., zur Auflösung B.XIII. .

Die einschränkend wirkenden steuerrechtlichen Sonderregelungen beim Ansatz von Verbindlichkeitsrückstellungen werden nachfolgend dargelegt. Mit ihnen will die Steuergesetzge-

---

[388] Vgl. hierzu : Gliederungspunkt B.VIII.2.d)
[389] Vgl. **Fumi**, S. 37 ff. ; **Schmidt/Weber-Grellet**, EStG § 5, Rz. 381 ff.
[390] Vgl. **Kessler/Ranker**, StuB, S. 328 f. ; hierzu: **EuGH-Urteil**, 14.09.1999, in: DStR 1999, S. 1645

bung bestimmte Mindestvoraussetzungen für den Ansatz der Verbindlichkeitsrückstellungen in der Steuerbilanz statuieren, was unbedenklich erscheinen kann, sofern durch sie allgemeine Objektivierungsanforderungen zum Ausdruck gebracht werden. Ziel der Sonderregelungen ist auch mit Blick auf die oft lange Laufzeit und die beträchtliche Höhe, eine größere Rechtssicherheit für beide Seiten zu schaffen.[391]

Zu Pensionsrückstellungen siehe Gliederungspunkt C.VI., steuerrechtliche Ansatzverbote erläutert Abschnitt C.V..

2. Rückstellungen wegen Verletzung fremder Schutzrechte

Durch den 1983[392] eingeführten § 5 Abs.3 EStG werden Verbindlichkeitsrückstellungen für die Verletzung fremder Schutzrechte im Besonderen geregelt. Das Maßgeblichkeitsprinzip und damit die handelsrechtlichen GoB sind für den Regelungsbereich dieser Spezialvorschrift eingeschränkt, jedoch entspricht die Regelung hinsichtlich der Maßgeblichkeit nach Meinung SCHEFFLERS dem Objektivierungsgedanken.[393]

Unter einer Verletzung fremder Schutzrechte sind rechtswidrige Eingriffe in die Rechte Dritter zu verstehen, wobei § 5 Abs.3 S.1 EStG die erfassten Schutzrechte abschließend aufführt. Hierin liegt auch der Grund für die explizite Regelung im Steuerrecht; es handelt sich um einseitige und nicht vertragliche

---

[391] Vgl. **Kessler**, S. 61
[392] Vgl. Ausgangspunkt der Regelung: **BFH**, 11.11.1981, in: BStBl. II 1982, S. 748 ; **Naumann**, S. 78
[393] Vgl. **Wangemann**, S. 159 ; **Schmidt/Weber-Grellet**, EStG § 5, Rz. 391 ; **Scheffler**, Teil A, StuB, S. 491 f. ; **Schroeder**, S.17

Leistungsverpflichtungen, die den Bilanzierenden nur bei Kenntnis des Verletzten belasten können.[394]

Die besonderen Voraussetzungen des Steuerrechts bzgl. der Wahrscheinlichkeit der Inanspruchnahme für die Rückstellungsbildung und -beibehaltung können entweder dadurch erfüllt werden, dass der Rechteinhaber Ansprüche wegen der Rechtsverletzung gegen den Bilanzierenden geltend gemacht hat (§ 5 Abs.3 S.1 Nr.1 EStG), oder alternativ, dass mit einer Inanspruchnahme ernsthaft zu rechnen ist (§ 5 Abs.3 S.1 Nr.2 EStG).[395]

§ 5 Abs.3 S.2 EStG enthält ein Auflösungsgebot der gebildeten Rückstellungen für ungewisse Verbindlichkeiten aufgrund der in § 5 Abs.3 S.1 EStG erläuterten Zwecke spätestens für die Bilanz des dritten auf ihre erstmalige Bildung folgenden Wirtschaftsjahres; dies lässt sich auch als Passivierungsverbot deuten. Bedeutung hat dieses Fortführungsverbot nur, wenn die Rückstellung gem. § 5 Abs.3 S.1 Nr.2 EStG gebildet wurde, und bis zum Bilanzstichtag keine Ansprüche aus der Rechtsverletzung geltend gemacht wurden.[396] Werden Ansprüche aus der Schutzrechtsverletzung geltend gemacht, entfällt das Auflösungsgebot demnach.[397]

Für die Verletzung eines spezifischen Schutzrechts darf eine Rückstellung nur einmal gebildet werden und muss einschließlich zwischenzeitlicher Erhöhung spätestens nach der genannten Frist aufgelöst werden, außer es kommt zu einer Geltendmachung durch den in seinen Schutzrechten Verletzten, dann

---

[394] Vgl. **Schmidt/Weber-Grellet**, EStG § 5, Rz. 391 ; **Scheffler**, Teil A, StuB, S. 491

[395] Vgl. **Schmidt/Weber-Grellet**, EStG § 5, Rz. 392 ; **Blenkers/Czisz**, S. 25

[396] Vgl. **Schmidt/Weber-Grellet**, EStG § 5, Rz. 391 f.

[397] Vgl. **Kessler**, S. 61 ff. ; **Schmidt/Weber-Grellet**, EStG § 5, Rz. 394

darf die Verbindlichkeitsrückstellung nach § 5 Abs.3 S.1 Nr.1 EStG erneut angesetzt werden.[398]

Natürlich müssen wenn Ansprüche geltend gemacht werden (S.1 Nr.1) auch die übrigen Voraussetzungen für eine Verbindlichkeitsrückstellung gegeben sein; so müssen das Bestehen der Verbindlichkeit und eine Leistungspflicht daraus wahrscheinlich sein, außerdem muss eine hinreichend konkretisierte Schuld vorliegen.

Die Ernsthaftigkeit der Inanspruchnahme (S.1 Nr.2) drückt sich wieder über eine hinreichende Wahrscheinlichkeit des Bestehens und der Inanspruchnahme aufgrund objektivierter, am Bilanzstichtag oder bis zur Bilanzaufstellung erkennbarer Tatbestände aus. Hat der in seinen Schutzrechten Verletzte zwar Kenntnis, ist eine Leistungspflicht aber nicht wahrscheinlich, z.B. wegen laufender Geschäftsbeziehungen, darf keine Rückstellung angesetzt werden.[399]

Die Höhe der rückgestellten Verbindlichkeit ergibt sich aus den erwarteten Schadenersatzverpflichtungen aus der Schutzrechtsverletzung, womit als Ansatzvoraussetzung auch ein Schaden des Rechteinhabers oder eine ungerechtfertigte Bereicherung der Verletzenden wahrscheinlich sein muss.[400]

Die verletzten Schutzrechte finden sich z.B. im PatG, GebrMG, MarkenG oder UrhG.[401]

Eine Durchbrechung der Maßgeblichkeit ließe sich nach SCHEFFLER durch § 5 Abs.3 EStG nur dann annehmen, wenn man den der Regelung inhärenten Objektivierungsgedanken

---

[398] Vgl. **Schmidt/Weber-Grellet**, EStG § 5, Rz. 393 f.
[399] Vgl. **Scheffler**, Teil A, StuB, S. 491 ; **Schmidt/Weber-Grellet**, EStG § 5, Rz. 395
[400] Vgl. **Schmidt/Weber-Grellet**, EStG § 5, Rz. 396
[401] Vgl. **Schmidt/Weber-Grellet**, EStG § 5, Rz. 398 f.

zurückdrängt und von einer rein fiskalpolitisch motivierten Regelung ausgeht; die Regelung lässt sich aber durchaus mit den handelsrechtlichen GoB begründen. Betont man beim handelsrechtlichen Ansatz die Bewertungsvorsicht stärker als den Objektivierungsgedanken, lässt sich vermuten, dass eine solche Rückstellung zu Unrecht gebildet wird. Dann wäre jedoch nicht § 5 Abs.3 EStG zu kritisieren, sondern die Vorgehensweise in der Handelsbilanz. Nach Meinung KESSLERS stellt jedoch gerade das in § 5 Abs. 3 S.2 EStG festgeschriebene Auflösungsgebot eine Auswirkung fiskalpolitischer Erwägungen dar, wobei dieser Meinung weite Teile des Schrifttums folgen; schließlich war aus fiskalischer Sicht gerade die lange Laufzeit dieser Rückstellungen problematisch.[402]

3. Rückstellungen für Dienstjubiläen

§ 5 Abs.4 EStG trifft eine steuerrechtliche Sonderregelung für den Ansatz von Rückstellungen für die Verpflichtung zu einer Zuwendung anlässlich eines Dienstjubiläums; auch diese Regelung gilt vorrangig vor den handelsrechtlichen GoB.

Zunächst besteht aufgrund des Charakters einer Verbindlichkeitsrückstellung in Handels- wie Steuerbilanz Ansatzpflicht. Grund für die steuerrechtlichen Zusatzvoraussetzungen seit 1990 in § 5 Abs.4 EStG war eine sich wandelnde Rechtsprechung.[403]

---

[402] Vgl. **Scheffler**, Teil A, StuB, S. 491 f. ; kritisch : **Kessler**, S. 61, **Naumann**, S. 78 f.

[403] Vgl. **BFH**, in: BStBl. II 1987, S. 845 ; **Schmidt/Weber-Grellet**, EStG § 5, Rz. 406 f. ; **Fumi**, S. 133; **Crezelius**, Steuerrecht II, S. 150 f., Rz. 44 ; *Hinweis:* § 52 Abs.6 EStG mit Regelungen zur Auflösung von in der Vergangenheit nach altem Recht vor 1990 gebil-

Wörtlich bestimmt das EStG in § 5 Abs.4, dass eine derartige Rückstellung nur gebildet werden darf, wenn das Dienstverhältnis mindestens zehn Jahre bestanden hat, das Dienstjubiläum das Bestehen eines Dienstverhältnisses von mindestens 15 Jahren voraussetzt, die Zusage schriftlich erteilt ist und soweit der Zuwendungsberechtigte seine Anwartschaft nach dem 31.12.1992 erwirbt.

Zu beachten ist hierbei, dass das ‚dürfen' sich nicht auf ein steuerrechtliches Wahlrecht bezieht, sondern bei Nichterfüllung der Voraussetzungen ein Passivierungsverbot vorliegt. Ebenfalls wurde bemängelt, dass hier nicht generell Fragen des Erfüllungsrückstandes[404] geregelt wurden, sondern Einzelfallgesetzgebung stattfand.[405]

Die Voraussetzung des mindestens zehn Jahre bestehenden Dienstverhältnisses ist erfüllt, wenn ein Arbeits- bzw. Anstellungsvertrag bzw. ein Dienstvertrag selbständig Tätiger für diesen Zeitraum vorliegt.[406]

Die Voraussetzung der (rechtsverbindlichen, unwiderruflichen und vorbehaltslosen) Verpflichtung zu einer Zuwendung gilt als erfüllt, wenn anlässlich eines mindestens 15 jährigen Dienstjubiläums Geld- oder Sachzuwendungen versprochen werden, die nur bei Erreichen des fraglichen Zeitpunkts geschuldet werden. Die Frage der Zulässigkeit einer Rückstellung für Zuwendungen anlässlich eines Firmenjubiläums wurde bis-

---

deten Rückstellungen wurde aufgehoben und teilweise in § 5 Abs.4 EStG integriert.

[404] Vgl. **Fumi**, S. 136 : Ein Erfüllungsrückstand liegt hier vor, da der Arbeitgeber Arbeitsleistung empfangen hat, für die ein Teil der Jubiläumszuwendung noch zu zahlen bleibt.

[405] Vgl. **Scheffler**, Teil A, StuB, S. 492 ; **Schmidt/Weber-Grellet**, EStG § 5, Rz. 409 ; **Fumi**, S. 133 f.

[406] Vgl. **Schmidt/Weber-Grellet**, EStG § 5, Rz. 411, 415

her verneint, der BFH entschied kürzlich jedoch positiv, insbesondere hinsichtlich der wirtschaftlichen Verursachung in der Vergangenheit und ordnete eine Rückstellungspflicht unter Nichtbeachtung des § 5 Abs.4 EStG an, sofern eine rechtsverbindliche Zusage vorlag.[407]

Die dritte Voraussetzung, der Erwerb der Anwartschaft nach dem 31.12.1992, ist regelmäßig durch Abschluss eines Dienstvertrags erfüllt, welcher aufgrund einer Kollektivregelung (z.B. Tarifvertrag) eine Dienstjubiläumszuwendung vorsieht.[408]

Ist auch die letzte Voraussetzung, die schriftliche Form der Zusage, erfüllt, wird auch steuerrechtlich eine Verbindlichkeitsrückstellung anzusetzen sein.[409]

In Durchbrechung der Maßgeblichkeit enthält § 5 Abs.4 EStG für Neuzusagen demnach eine steuerrechtliche Passivierungsbeschränkung für Bilanzstichtage nach dem 31.12.1992. Während die h.M. dies als verfassungswidrig[410] ansieht, entbehrt sie nach WEBER-GRELLET[411] hinsichtlich der neueren Rechtsprechung und der ‚nur vorläufigen Natur' der Rückstellung jedoch einer Willkür.

Gegenargumente zu diesem Standpunkt: Eine über die Dauer der Betriebszugehörigkeit ratierlich zu bildende Rückstellung ist entsprechend den Rechten der Arbeitnehmer grundsätzlich geboten, auch wenn die Inanspruchnahme unsicher ist.[412] Danach stellen Jubiläumszusagen aperiodisch ausbe-

---

[407] Vgl. **Schmidt/Weber-Grellet**, EStG § 5, Rz. 412, 415 ; **BFH**, 29.11.2000, I R 31/00, in: DStR, Heft 13/2001, S.523ff. ; **Fumi**, S. 170
[408] Vgl. **Schmidt/Weber-Grellet**, EStG § 5, Rz. 413, 415
[409] Vgl. **Schmidt/Weber-Grellet**, EStG § 5, Rz. 415
[410] Vgl. **Fumi**, S. 134, m.w.N.
[411] Vgl. **Schmidt/Weber-Grellet**, EStG § 5, Rz. 409
[412] Vgl. **Beckmann**, BBK, S. 6456 ; **Fumi**, S. 136

zahltes Entgelt für vergangene Arbeitsleistung dar, womit eine wirtschaftliche Verursachung in der Vergangenheit erklärt ist und dem (Netto-)Realisationsprinzip genügt wird. In der Folge führen die steuerrechtlichen Einschränkungen des § 5 Abs.4 EStG zur Außerachtlassung der handels- und steuerrechtlichen Periodisierungsregeln, sodass im Ergebnis das Maßgeblichkeitsprinzip aus rein fiskalpolitischen Gründen durchbrochen wird. Ebenfalls sind keine Gründe für die Nichtberücksichtigung der vor dem 31.12.1992 liegenden Dienstjahre ersichtlich. Die Notwendigkeit der Schriftform der Zusage kann als zu starke Betonung des Objektivierungsgedankens und somit als unsinnig betrachtet werden, zumal der Arbeitgeber durch aus Gründen der Gleichberechtigung, ohne schriftliche Fixierung, gewährte Jubiläumszuwendungen wirtschaftlich genauso belastet ist.[413]

Im übrigen ist durch die temporäre Differenz zwischen Handels- und Steuerbilanz aufgrund der steuerrechtlichen Einschränkung grds. ein Ansatz latenter Steuern geboten.[414]

IV. Aufwandsrückstellungen

1. Passivierungspflicht

Aufgrund der Maßgeblichkeit besteht für handelsrechtlich ansatzpflichtige Aufwandsrückstellungen auch in der Steuerbilanz Passivierungspflicht.

---

[413] Vgl. **Baetge/Groh**, Rückstellungen, S. 82 f. ; **Scheffler**, Teil A, StuB, S. 492 f. ; **Beckmann**, BBK, S. 6456 ; **Naumann**, S. 82 f.
[414] Vgl. **Günkel/Fenzl**, DStR, S. 649

Solange es sich um ‚Aufwand gegen sich selbst' handelt, also keine (ungewisse) Verbindlichkeit gegenüber einem Dritten besteht, ist eine Aufwandsrückstellung und keine Verbindlichkeitsrückstellung geboten. Die Ansatzvoraussetzungen[415] werden durch das Steuerrecht nicht weiter modifiziert.[416] Steuerrechtlich passivierungspflichtig sind demnach Rückstellungen für unterlassene Instandhaltung bei Nachholung innerhalb von drei Monaten gem. § 5 Abs.1 S.1 EStG i.V.m. § 249 Abs.1 S.2 Nr.1 1.Alt. HGB und für Abraumbeseitigung bei Nachholung innerhalb eines Jahres gem. § 5 Abs.1 S.1 EStG i.V.m. § 249 Abs.1 S.2 Nr.1 2. Alt. HGB. Hingewiesen sei nochmals darauf, dass § 249 Abs.1 S.2 Nr.1 HGB seine Existenz vor allem der Sicherstellung der steuerlichen Anerkennung verdankt.[417]

Die Auflösung muss auch in der Steuerbilanz bei Entfall der Gründe gem. § 5 Abs.1 EStG i.V.m. § 249 Abs.3 S.2 HGB erfolgen, maßgeblich sind die Kenntnisse zum Bilanzstichtag.[418]

2. Passivierungsverbot

Werden Aufwandsrückstellungen in der Handelsbilanz nur durch Ausübung eines Wahlrechts angesetzt, tritt steuerrechtlich ein Passivierungsverbot ein. Die Maßgeblichkeit der Handelsbilanz wird hier durch ständige BFH-Rechtsprechung außer Kraft gesetzt.[419]

---

[415] Vgl. Gliederungspunkt A.X.2.
[416] Vgl. **Schmidt/Weber-Grellet**, EStG § 5, Rz. 472 ff. ;
   Clemm/Nonnenmacher, in Beck'scher, § 249, Rz. 109 f.
[417] Vgl. **Crezelius**, Steuerrecht II, S. 150, Rz. 44
[418] Vgl. **Brönner/Bareis**, IV, Rz. 214 ; **BFH**, in: BStBl. II 1973, S. 320
[419] Vgl. exemplarisch: **BFH** (GrS), 03.02.1969, in: BStBl. II 1969, S. 291 ; **BFH**, in: BStBl. II 1984, S.277 ; **BFH**, in: BStBl. II 1992, S.600 ; **Schmidt/Weber-Grellet**, EStG § 5, Rz. 474 ; **Brön-**

Einem steuerrechtlichen Passivierungsverbot unterliegen demnach Rückstellungen für unterlassene Instandhaltung bei Nachholung innerhalb des vierten und zwölften Monats des folgenden Geschäftsjahres gem. § 5 Abs.1 S.1 EStG i.V.m. § 249 Abs.1 S.3 HGB, sowie Aufwandsrückstellungen gem. § 5 Abs.1 S.1 EStG i.V.m. § 249 Abs.2 HGB.

Die Rechtsprechung lehnt die gewinnmindernde Berücksichtigung der handelsrechtlichen Wahlrückstellungen in der Steuerbilanz aus zwei Gründen ab. Zum ersten sind Aufwandsrückstellungen im Bereich der dynamischen Bilanztheorie angesiedelt, welche der BFH in jüngerer Rechtsprechung als Auslegungsmaßstab für das Bilanzrecht verworfen hat; zudem besteht zum zweiten in der Handelsbilanz nur ein Wahlrecht, was, durch das Urteil vom 03.02.1969 und die darin manifestierten Grundsätze bestätigt, nur zu einem steuerrechtlichen Passivierungsverbot führen kann.[420]

Insbesondere die steuerliche Nichtanerkennung von notwendigen, regelmäßig wiederkehrenden Aufwendungen, wie Wartung von Flugzeugen, erscheint kaum vertretbar, weshalb auch Stimmen laut wurden, welche eine Passivierungspflicht in § 249 Abs.2 HGB fordern. Das Problem müsste somit von der Handelsgesetzgebung oder handelsrechtlichen Rechtsprechung aufgegriffen werden; der BFH (mit seiner gefestigten Rechtsprechung im Bereich der handelsrechtlichen Passivierungswahlrechte) als oberstes Steuergericht sieht jedenfalls keine

---

ner/Bareis, IV, Rz. 215 ; **Blenkers/Czisz**, S. 26 ; **Meyer**, S. 164 ; **R 31c Abs.1, 3, 11 EStR**

[420] Vgl. **Bach**, S. 115 ff. ; **Kessler**, S. 185 ff., wobei KESSLER hierin eine Fehlinterpretation des Maßgeblichkeitsgrundsatzes sieht und die rein statische Bilanzinterpretation des BFH schon aufgrund der Existenz des § 249 Abs.2 HGB und seines dynamischen Charakters nicht mehr vertreten werden könne.

Veranlassung, innerhalb der steuerrechtlichen Rechtsprechung über einen handelsrechtlichen Ansatz von Aufwandsrückstellungen zu befinden.[421]

V. Ansatzverbote

1. Drohverluste aus schwebenden Geschäften

Durch das Gesetz zur Fortsetzung der Unternehmenssteuerreform vom 29.10.1997[422] wurde § 5 Abs.4a EStG erlassen. Er verbietet die Übernahme einer handelsrechtlich gebildeten Rückstellung für drohende Verluste aus schwebenden Geschäften[423] in die Steuerbilanz, womit eine weitere Durchbrechung des Maßgeblichkeitsgrundsatzes durch den Gesetzgeber erwirkt wurde. Von dieser Neuregelung sind sowohl Dauerschuldverhältnisse als auch Einzelrückstellungen betroffen.[424]

Gem. § 52 Abs.13 EStG galt dieses Verbot erstmals für das Wirtschaftsjahr, welches nach dem 31.12.1996 endete. Zuvor steuerrechtlich zulässig gebildete Drohverlustrückstellungen mussten im folgenden Wirtschaftsjahr mit mind. 25 % und in den fünf Folgejahren mit je mind. 15 % aufgelöst werden, womit m.A.n. bis Ende des Jahres 2002 Drohverlustrückstellungen als Steuerbilanzposten verschwunden sein werden.[425] Offenkundiger Zweck dieses Verbotes ist die Unterstützung der Ge-

---

[421] Vgl. **Daub**, S. 69 ; ähnlich: **Wangemann**, S. 181
[422] Vgl. **Gesetz** vom 29.10.1997, in: BGBl. I 1997, S. 2590 sowie in: BStBl. I 1997, S. 928 ; **BT-Drs.** 13/8325
[423] Vgl. Gliederungspunkt A.IX.
[424] Vgl. **Schmidt/Weber-Grellet**, EStG § 5, Rz. 450
[425] Vgl. **Altmeier**, S. 18 ; **Schmidt/Weber-Grellet**, EStG § 5, Rz. 450

genfinanzierung von Entlastungen aus dem StEntlG 1999 ff. sowie der Abschaffung der Gewerbesteuer vom Kapital innerhalb des Gesetzes zur Fortsetzung der Unternehmenssteuerreform.[426]

Vor Inkrafttreten des § 5 Abs.4a EStG beurteilte der BFH die Anforderungen an eine Drohverlustrückstellung bereits anders als die an eine Verbindlichkeitsrückstellung, obwohl in beiden Fällen eine Außenverpflichtung vorliegt. So musste aus Sicht der Rechtsprechung bei einem bindenden Vertragsangebot nicht nur mit einer ernsthaften sondern mit einer sicheren Annahme zu rechnen sein; demnach war eine an Sicherheit grenzende Wahrscheinlichkeit gefordert. Ferner durften die Verluste nicht nur ‚drohend' sein, vielmehr mussten sie, anhand konkreter Anhaltspunkte für ihren Eintritt, als objektiv zu erwartend gelten. Diese Differenzierung durch den BFH traf auf heftige Kritik, zumal es keinen wesentlichen Unterschied bei den Anforderungen an die Wahrscheinlichkeit des Entstehens und der Inanspruchnahme machen kann, ob eine Verbindlichkeits- oder eine Drohverlustrückstellung bilanziert wird.[427]

Während WEBER-GRELLET dieses steuerrechtliche Ansatzverbot und Auflösungsgebot als ‚systemgerecht' und ‚verfassungsrechtlich unbedenklich' bezeichnet, häuft sich andernorts die Kritik; so spricht man von einem ‚Verstoß gegen elementare Grundsätze'.[428] MOXTER beurteilt dieses Gesetz als einen ‚fiskalischen Beutezug' und nicht als eine auf systematischen Überle-

---

[426] Vgl. **Baetge**, Arbeitskreis, DB, S. 681 ; **Scheffler**, Teil A, StuB, S. 493
[427] Vgl. **Daub**, S. 91 ; **BFH**, in: BStBl. II 1983, S. 361 ; **BFH**, in: BStBl. II 1997, S. 735
[428] Vgl. **Schmidt/Weber-Grellet**, EStG § 5, Rz. 450, m.w.N.

gungen gründende Vorschrift. Ferner weist er darauf hin, dass selbiges einen Verstoß gegen den Gleichheitssatz darstellt. Hier habe sich der Steuergesetzgeber über die handelsrechtliche Passivierungspflicht hinweggesetzt, welche unmittelbarer Ausfluss des Imparitätsprinzips, also eines zentralen GoB, sei.[429]

Durch das Ansatzverbot der Drohverlustrückstellung entfernt man sich von einer an der Steuergerechtigkeit, an der Leistungsfähigkeit und der Willkürfreiheit orientierten Unternehmensbesteuerung, womit eine rein fiskalpolitische Motivation klar wird.[430]

Auf eine besondere Inkonsequenz des Steuergesetzgebers weist HOFFMANN hin. Durch die Abschaffung der Drohverlustrückstellung und die gleichzeitige Beibehaltung der Teilwertabschreibung sei abhängig von der Finanzierungsform eines Wirtschaftsguts ein dem Investment inhärenter Verlust steuerrechtlich zu berücksichtigen, oder es bleibt eine Anerkennung versagt. Geschieht die Finanzierung über Bankkredit, und wird das Wirtschaftsgut beim Bilanzierenden aktiviert, erweist sich jedoch als Fehlinvestition, so darf bei dauernder Wertminderung, weiterhin auch steuerrechtlich anerkannt, eine Teilwertabschreibung durchgeführt werden. Wählt der Bilanzierende jedoch den Weg des Leasings (schwebendes Geschäft) zur Finanzierung und wird, wie üblich, das Wirtschaftsgut beim Leasinggeber aktiviert, so kann fortan für den in der Leasingverpflichtung enthaltenen Verlust keine Drohverlustrückstellung mehr angesetzt werden, obwohl unabhängig von der Finanzierungs-

---

[429] Vgl. **Moxter**, zur Abgrenzung, DB, S. 1477 ff.
[430] Vgl. **Daub**, S. 92

form ein Verlust vorhanden ist und ‚nicht gerade antizipiert wird'.[431]

Ein weiteres Beispiel wären im Rahmen von schwebenden Beschaffungsgeschäften eingekaufte Wirtschaftsgüter, die kurz vor dem Bilanzstichtag ausgeliefert werden. Auch hier besteht wenn nötig die Möglichkeit einer Teilwertabschreibung. Werden selbige jedoch erst kurz nach dem Abschlussstichtag ausgeliefert, findet die Wertminderung durch das Verbot der Drohverlustrückstellung steuerlich keine Berücksichtigung. Offensichtlich gilt das Imparitätsprinzip in der Steuerbilanz in diesem Fall nur noch der Höhe nach (bei voraussichtlich dauernden Wertminderungen) und nicht mehr dem Grunde nach. HOFFMANN stellt abschließend die rhetorische Frage, ob der Kaufmann ‚nun leistungsfähiger im Sinne des Steuerrechts sei, nur weil er auf Jahre hinaus für nicht mehr nutzbare Wirtschaftsgüter Leasingraten und nicht gleich hohe Zins- und Tilgungsleistungen zu erbringen hat'.[432]

SIEGEL hingegen sieht in der unterschiedlichen Behandlung von Drohverlustrückstellung und Teilwertabschreibung kein Problem, wenn die steuerliche Leistungsfähigkeit im Sinne der Vermögenszugangstheorie auf Zahlungen zurückgeführt wird. Ferner kenne die Steuerbilanz keinen Gläubigerschutz weswegen eine Drohverlustrückstellung zu Recht nicht mehr gezeigt werden dürfe.[433]

---

[431] Vgl. **Hoffmann**, Lehren aus Holzmann, DStR, S. 16 ; **Scheffler**, Teil A, StuB, S. 493 ; **Hoffmann**, Vermeintliche Verlustantizipation, DStR, S. 1549

[432] Vgl. **Hoffmann**, Lehren aus Holzmann, DStR, S. 16 ; **ders.**, Vermeintliche Verlustantizipation, DStR, S. 1549 ; **Scheffler**, Teil A, StuB, S. 493

[433] Vgl. **Siegel**, Rückstellungen, StuB, S. 29 ff.

ARNDT/WIESBROCK wiederum sehen § 5 Abs.4a EStG verfassungsrechtlich bedenklich und fordern eine nach neuen Kriterien vorzunehmende Abgrenzung und exakte Definition der Drohverlust- und der Verbindlichkeitsrückstellung, um zu verhindern, dass die Leistungsfähigkeit überschätzt werde, und um die Steuergerechtigkeit wiederherzustellen. Ferner sehen sie einen gesetzlichen Spielraum, den Anwendungsbereich der Verbindlichkeitsrückstellung zu Lasten des steuerlichen Verbotes der Drohverlustrückstellung auszudehnen, um somit Verfassungskonformität (wieder)herzustellen. Insbesondere kritisieren sie das Auflösungsgebot des § 52 Abs.13 EStG, durch welches nicht realisierte Gewinne der Besteuerung unterworfen werden, womit der Zweck des Vorsichtsprinzips, das ehemals Auslöser für eine großzügige Rückstellungsbildung war, ins Gegenteil verkehrt wird, sofern keine neue Abgrenzung von der Verbindlichkeitsrückstellung erfolgt.[434]

Im Ergebnis kommt es durch § 5 Abs.4a EStG zu einem ‚konzeptionellen Unterschied' zwischen Handels- und Steuerbilanz. Eine Einheitsbilanzierung wird unmöglich und der Maßgeblichkeitsgrundsatz verliert weiter an Bedeutung für den Steuerbilanzansatz von Rückstellungen und damit für die imparitätische Behandlung zukünftiger Verluste.[435] Die Diskussion dürfte jedenfalls weiter anhalten.

---

[434] Vgl. **Arndt/Wiesbrock**, DStR, S. 718 ff.
[435] Vgl. **Scheffler**, Teil A, StuB, S. 493 ; **Baetge**, Arbeitskreis, DB, S. 681 ff. ; Gliederungspunkt B.VIII.

2. Rückstellungen für Anschaffungs- und Herstellungskosten

Gem. § 5 Abs.4b S.1 EStG, welcher durch Gesetz vom 24.03.1999[436] eingeführt wurde, sind in der Steuerbilanz Rückstellungen für Aufwendungen, die Anschaffungs- oder Herstellungskosten (oder Teil davon) für ein Wirtschaftsgut sind, nicht mehr zur Neubildung zulässig. Bereits bestehende Rückstellungen für solche Zwecke mussten zum nächsten Bilanzstichtag gem. § 52 Abs.14 EStG gewinnerhöhend und vollständig in der Steuerbilanz aufgelöst werden. Von diesem Verbot werden insbesondere Verbindlichkeitsrückstellungen erfasst.[437]

Dieses bereits vor Einführung des § 5 Abs.4b S.1 EStG prinzipiell von der Rechtsprechung[438] aufgestellte Ansatzverbot gilt nunmehr auch wenn die künftigen Herstellungskosten ausnahmsweise keine künftigen Erträge alimentieren, sondern zu wertlosen Wirtschafsgütern führen und sie der Beseitigung von in der Vergangenheit verursachten Schäden dienen, oder zwischenzeitlich verkaufte Wirtschaftsgüter betreffen. Ebenso greift das Verbot bei künftigem Erhaltungsaufwand.

Anschaffungs- oder Herstellungskosten, welche sich auf fremde Wirtschaftsgüter beziehen, stellen jedoch nach WEBER-GRELLET schädlichen Drittaufwand dar.[439]

Diese theoretische Erweiterung des Umfanges der betroffenen Sachverhalte rührt von der früheren Rechtsprechung, nach welcher nur Rückstellungen für sofort abziehbare Ausgaben zu-

---

[436] Vgl. **Gesetz**, in: BGBl. I 1999, S. 402
[437] Vgl. **Günkel/Fenzl**, DStR, S. 650 ; **Ernst & Young, o.V.**, S. 38
[438] Vgl. **BFH**, in: BStBl. II 1981, S. 660 ; **BFH**, in: BStBl. II 1995, S. 772 ; **BFH**, 19.08.1998, in: BStBl. II 1999, S.18 ; **Happe**, StuB, S. 537
[439] Vgl. **Schmidt/Weber-Grellet**, EStG § 5, Rz. 369

lässig waren.[440] Handelsrechtlich behält man die Meinung, eine derartige Rückstellung sei dann möglich, wenn kein Nutzen für das Unternehmen durch die Ausgabe entstehen wird, bspw. bei Investitionen, die der Beseitigung von Umweltaltlasten dienen.[441]

Sinn und Zweck des § 5 Abs.4b S.1 EStG beziehen sich auf Anschaffungskosten, die in künftigen Wirtschaftsjahren zu aktivieren sind. Kommt es z.B. im Zusammenhang mit Bauleistungen nach Abnahme des Werkes zu einer Zahlungsverpflichtung in noch ungewisser Höhe, da nur ein Kostenvoranschlag vorliegt, und ist das Wirtschaftsgut daher bereits im aktuellen Geschäftsjahr aktiviert, so kann eine Verbindlichkeitsrückstellung angesetzt werden.[442] In diesem Zusammenhang ist auch die Neufassung des § 5 Abs.4b S.1 EStG zu sehen, wonach Rückstellungen für Aufwendungen, die in künftigen Wirtschaftsjahren als Anschaffungs- oder Herstellungskosten eines Wirtschaftsguts zu aktivieren sind, nicht gebildet werden dürfen. Der Gesetzgeber hat durch diese Klarstellung das Passivierungsverbot m.E. lediglich weiter konkretisiert. Eine Rückstellung im Zusammenhang mit der Aktivierung eines Wirtschaftsgutes ist demnach stets dann zulässig, wenn im Wirtschaftsjahr der Aktivierung eine der Höhe nach ungewisse Verbindlichkeit besteht. Klassischer Fall ist der noch nicht in Rechnung gestellte Kaufpreis.[443]

Nicht nur dem BFH, auch der h.M. zu Folge, waren Rückstellungen für Anschaffungs- und Herstellungskosten schon vor Einführung des § 5 Abs.4b S.1 EStG auch handelsrechtlich nicht anzusetzen, da diese Ausgaben bei ihrem Anfall nur zu

---

[440] Vgl. **Happe**, StuB, S. 537
[441] Vgl. **Günkel/Fenzl**, DStR, S. 650
[442] Vgl. **OFD München**, 19.07.2000, in: DStR, Heft 32/2000, S. 1348
[443] Vgl. **Gesetz** vom 22.12.2001, in: BGBl. I 2001, S. 3795

einer erfolgsneutralen Vermögensumschichtung durch Aktivierung führen. Der eigentliche Aufwand entsteht so erst in der Zukunft durch Abschreibung der Wirtschaftsgüter und kann deshalb nicht durch eine Rückstellung antizipiert werden. Folglich steht der Verpflichtung des Bilanzierenden eine gleichwertige Gegenleistung entgegen; es fehlt an einer wirtschaftlichen Verursachung der Aufwendungen im abgelaufenen Wirtschaftsjahr. Zudem alimentieren Herstellungskosten typischerweise zukünftige Erträge, sind also zukunftsbezogen und können damit zum Bilanzstichtag noch nicht wirtschaftlich verursacht sein, wie es die Verbindlichkeitsrückstellung erfordert; das Kriterium der rechtlichen Entstehung wird durch diese Argumentation verworfen."

Im Ergebnis scheint eine Einschränkung des Maßgeblichkeitsprinzips durch diese steuergesetzliche Regelung in nur sehr subtilem Umfang stattgefunden zu haben, da die Vorschrift lediglich die fehlende abstrakte Bilanzierungsfähigkeit bestätigt und den handels- und steuerrechtlichen Periodisierungsgrundsätzen entspricht. Nach WEBER-GRELLET beinhaltet sie nur eine ‚bilanzsteuerrechtliche Selbstverständlichkeit'."

3. Rückstellungen für Verwertung radioaktiver Reststoffe

Rückstellungen für die Verpflichtung zur schadlosen Verwertung radioaktiver Reststoffe sowie ausgebauter oder abgebauter radioaktiver Anlagenteile dürfen gem. § 5 Abs.4b S.2 EStG nicht gebildet werden, soweit Aufwendungen im Zusam-

---

[444] Vgl. **Happe**, StuB, S. 537 ; **Scheffler**, Teil A, StuB, S. 494 ; **Weber-Grellet**, Gewinnermittlungsvorschriften, DB, S. 168 f.

menhang mit der Bearbeitung oder Verarbeitung von Kernbrennstoffen stehen, die aus der Aufarbeitung bestrahlter Kernbrennstoffe gewonnen worden sind und keine radioaktiven Abfälle darstellen. § 52 Abs. 14 EStG ist zur Auflösung gebildeter Rückstellungen analog anzuwenden.

Mit diesem steuerrechtlichen Rückstellungsverbot sind insbesondere Aufwendungen gemeint, die zur Gewinnung werthaltiger wiederverwendbarer Brennelemente (z.B. MOX-Brennelemente) führen. Für diesen Fall liegt ein spezielles Aufteilungsverbot vor, da bei der Aufarbeitung zwischen einem Entsorgungs- und einem Herstellungsvorgang steuerrechtlich nicht unterschieden wird.[446]

Um diese Vorschrift nach dem Maßgeblichkeitsprinzip beurteilen zu können, muss man zwei Sachverhalte unterscheiden. Zum einen können die Aufwendungen für die Aufarbeitung in etwa den Ausgaben bei Erwerb vergleichbarer, neuer Brennelemente gleichen. Damit entspricht das Passivierungsverbot den GoB, da mangels wirtschaftlicher Verursachung vor dem Bilanzstichtag keine Schuld im bilanziellen Sinne vorliegt. Folglich stellen die Ausgaben aktivierungsfähige Herstellungskosten dar, und es ist auf die Ausführungen des vorhergehenden Abschnitts zu verweisen. Es liegt erneut lediglich eine Bestätigung der abstrakten Bilanzierungsfähigkeit vor. Zu einer Durchbrechung des Maßgeblichkeitsprinzips kommt es jedoch, wenn die Ausgaben bei der Wiederaufbereitung den Preis einer

---

[445] Vgl. **Scheffler**, Teil A, StuB, S. 491 ; **BFH**, in: BStBl. II 1995, S. 772 ; **Weber-Grellet**, Gewinnermittlungsvorschriften, DB, S. 168
[446] Vgl. **Schmidt/Weber-Grellet**, EStG § 5, Rz. 369 ; **Weber-Grellet**, Gewinnermittlungsvorschriften, DB, S.165

vergleichbaren Neuanschaffung übersteigen. Hier wird die konkrete Bilanzierungsfähigkeit enger als die abstrakte gefasst.[447]

In der Regel trifft der letztgenannte Sachverhalt zu, sodass bisher handels- und steuerrechtlich für diesen Verpflichtungsüberhang zu Recht eine entsprechende Rückstellung angesetzt wurde. Auf die Besteuerung nach dem Leistungsfähigkeitsprinzip bezogen, ist diese Vorschrift äußerst bedenklich, da Gewinne besteuert werden, die nicht als verdient gelten können und es zu einem unzutreffenden Ausweis der Vermögenslage kommt. Ferner werden die Gleichmäßigkeit der Besteuerung und der Gleichbehandlungsgrundsatz verletzt, da es aufgrund des Fehlens einer Übergangsregelung zu einer sofortigen Mehrbelastung der betroffenen Unternehmen kommt, und sich das Verbot nur auf Unternehmen mit einer bestimmten Geschäftstätigkeit bezieht.[448]

Eine Begründung mittels handels- oder steuerrechtlicher Bilanzierungsgrundsätze ist nicht möglich, das Verbot beruht ausschließlich auf energiepolitischen Erwägungen.[449]

4. Passivierungsverbot des § 5 Abs.2a EStG

Ein weiteres rein steuerrechtliches Passivierungsverbot ist in § 5 Abs.2a EStG kodifiziert. Es untersagt den Ansatz einer Rückstellung oder Verbindlichkeit für Verpflichtungen, welche nur aufgrund künftiger noch nicht entstandener Einnahmen oder Gewinnen zu tilgen sind. Es wurde im Rahmen des StBe-

---

[447] Vgl. **Scheffler**, Teil A, StuB, S. 491, 494 ; **Günkel/Fenzl**, DStR, S. 650 f.
[448] Vgl. **Günkel/Fenzl**, DStR, S. 650 f.
[449] Vgl. **Scheffler**, Teil A, StuB, S. 494 ; **Günkel/Fenzl**, DStR, S. 650 f.

reinG 1999 eingeführt und widersprach der bisherigen Rechtsprechung.[450]

PRINZ beurteilt diesen Passivierungsaufschub als das Vorsichtsprinzip zusätzlich einschränkend sowie ‚steuersystematisch fragwürdig' und bemängelt, dass gewinnmindernde Effekte zeitlich hinausgeschoben werden.

Betroffen sind hiervon in erster Linie Scheinverbindlichkeiten und nur bedingt rückzahlbare Zuwendungen.[451]

VI. Pensionsrückstellungen

1. Grundlagen

Ursprünglicher Ausgangspunkt der Einführung des § 6a EStG[452], welcher Ansatz und Bewertung von Pensionsrückstellungen regelt, war die Rechtsprechung des RFH. Handelsrechtlich passivierungspflichtig wurden Pensionsrückstellungen – aufgrund ihres Verbindlichkeitscharakters – für Neuzusagen durch das BiRiLiG ab 1987 mit § 249 Abs.1 S.1 HGB. Der Rechtsprechung des EUGH, dem EU-Recht und den darauf folgenden Anpassungen im deutschen Recht sind die Verpflichtungen, bei Männern die gleichen Altersgrenzen anzuwenden wie bei Frauen und grds. Männern unter den gleichen Voraus-

---

[450] Vgl. **Schmidt/Weber-Grellet**, EStG § 5, Rz. 315 ; **Happe**, StuB, S. 540 f.
[451] Vgl. **Prinz**, DStR, S. 669
[452] Vgl. **Gesetz** vom 16.12.1954, in: BStBl. I, S. 575

setzungen wie Frauen Anspruch auf Versorgungsleistungen zu gewähren, zuzurechnen.[453]

Pensionszusagen stellen unabhängig von ihrer Leistungsart[454] nach h.M. Wirtschaftgüter dar, welche jedoch aufgrund der unterschiedlichen Risiken, die durch die Pensionsverpflichtung abgedeckt werden, nicht als einheitliche Wirtschaftsgüter zu behandeln sind.[455]

Wird handelsrechtlich[456] eine Pensionsrückstellung angesetzt (Pflicht bei Neuzusagen), so greift über das Maßgeblichkeitsprinzip § 6a EStG. In diesem Fall besteht tatsächlich kein steuerrechtliches Ansatzwahlrecht, wie es der Wortlaut des Gesetzes vermuten lässt, sondern über § 249 Abs.1 S.1 HGB i.V.m. § 5 Abs.1 S.1 EStG Rechtspflicht für den Rückstellungsansatz.

Die Formulierung des Wahlrechts in § 6a EStG hat ihren Grund in der Bilanzierung der Altzusagen. Da vor Einführung des § 249 Abs.1 S.1 HGB handelsrechtlich keine Rückstellungspflicht bestand, wäre aufgrund der erwähnten Rechtsprechung[457] in der Steuerbilanz kein Rückstellungsansatz möglich gewesen.

Die in § 6a Abs.1, 2 EStG genannten Voraussetzungen müssen jedoch für Alt- wie Neuzusagen kumulativ erfüllt sein, um einen steuerrechtlichen Ansatz zu ermöglichen.[458]

Diese Voraussetzungen[459] seien kurz umrissen. Zum ersten muss der Pensionsberechtigte einen *Rechtsanspruch* auf einma-

---

[453] Vgl. **Schmidt/Seeger**, EStG § 6a, Rz.1
[454] Vgl. Gliederungspunkt B.VIII.4.c)
[455] Vgl. **Schmidt/Seeger**, EStG § 6a, Rz.2
[456] Vgl. Gliederungspunkt B.VIII.4.
[457] Vgl. Gliederungspunkt C.II.1.
[458] Vgl. **Schmidt/Seeger**, EStG § 6a, Rz.2 ff. ; **Ellrott/Rhiel**, in Beck'scher, § 249, Rz. 161 ; **Knobbe-Keuk**, S. 114 ; **Blenker**s, S. 165 ff.

lige oder laufende Pensionsansprüche haben (§ 6a Abs.1 Nr.1 EStG). Hier wird ein einklagbarer am Bilanzstichtag vorliegender Rechtsanspruch zugrunde gelegt.[460] Zum zweiten dürfen *keine Widerrufsvorbehalte* und *keine von zukünftigen Gewinnen abhängigen Vorbehalte* mit dem Pensionsanspruch verknüpft sein (§ 6a Abs.1 Nr.2 EStG). Formulierungen wie ‚freiwillig' oder ‚Widerruf möglich' deuten auf Steuerschädlichkeit hin. Selbiges gilt bei Übertragung der Pensionsverpflichtung auf eine außerbetriebliche Einrichtung ohne Rechtsanspruch des Arbeitnehmers oder eine Haftungsbeschränkung auf das Betriebsvermögen.[461] Zum dritten ist die Pensionszusage *schriftlich* zu erteilen (§ 6a Abs. 1 Nr.3 EStG). Allein betriebliche Übung reicht hier nicht aus; wohl aber in der Handelsbilanz.[462]

Einen steuerschädlichen Vorbehalt stellt bspw. die Vertragsvereinbarung dar, statt einer laufenden Pension bei Eintritt des Versorgungsfalles nur eine einmalige Kapitalabfindung zum Teilwert zu gewähren. Bei Inanspruchnahme dieses Wahlrechts durch das Unternehmen wäre der Abfindungsbetrag dem Wert des (gesamten) Versorgungsversprechens nicht mehr äquivalent.[463]

Durch Gesetz vom 22.12.2001 wurde § 6a Abs.1 Nr.3 EStG ergänzt, wonach zukünftig die Pensionszusage auch eindeutige Angaben zu Art, Form, Voraussetzungen und Höhe der in Aussicht gestellten zukünftigen Leistungen enthalten muss. Dies bedeutet m.E. zwar weitere Einschränkungen hinsichtlich des

---

[459] Vgl. **Kussmann**, S. 373 f., Rz. 1051 f.
[460] Vgl. **Ellrott/Rhiel**, in Beck'scher, § 249, Rz. 176 ff. ; **Blenkers**, S. 167 f.
[461] Vgl. **Ellrott/Rhiel**, in Beck'scher, § 249, Rz. 179 ff. ; **Blenkers**, S. 168 ff.
[462] Vgl. **Ellrott/Rhiel**, in Beck'scher, § 249, Rz. 186 ff. ; **Blenkers**, S. 170
[463] Vgl. **BFH**, 10.11.1998, in: DStR 1999, S. 313 ; **Happe**, StuB, S. 544

Spielraumes bei der Gestaltung der Pensionszusage, dient jedoch der weiteren Konkretisierung der Rückstellungsvoraussetzungen und somit der Objektivierung der steuerlichen Gewinnermittlung.[464]

Der Zeitpunkt der Rückstellungsbildung wird durch § 6a Abs.2 EStG festgelegt. Nr.1 bestimmt, dass eine erstmalige Bildung vor Eintritt des Versorgungsfalles, im Wirtschaftsjahr der Zusage möglich ist, frühestens jedoch in dem Wirtschaftsjahr, bis zu dessen Mitte der Pensionsberechtigte das 30. Lebensjahr vollendet hat. Hierdurch soll die Summe der Pensionsverpflichtungen im Unternehmen verringert werden, begründet durch die hohe Fluktuationsrate bei jungen Arbeitnehmern. Nr.2 des § 6 Abs.2 EStG regelt, dass nach Eintritt des Versorgungsfalls, ohne Rücksicht auf das Alter des Berechtigten, eine Rückstellung in dem Wirtschaftsjahr zulässig ist, in dem der Versorgungsfall eintritt.[465]

Eine unterlassene Pensionsrückstellung für Neuzusagen kann regelmäßig nicht nachgeholt werden, außer die Rückstellung wurde aufgrund früher entgegenstehender, aber zwischenzeitlich geänderter Rechtsprechung[466] unterlassen, oder ein ausscheidender Arbeitnehmer besitzt ein unverfallbares Pensionsanwartschaftsrecht, oder der Versorgungsfall tritt ein (§ 6a Abs.4 i.V.m. § 6a Abs.2 Nr.2 EStG). Ebenfalls können neue biometrische Grundlagen Auslöser für eine zulässige Nachholung sein (§ 6a Abs.4 S.2 EStG).[467]

---

[464] Vgl. **Gesetz** vom 22.12.2001, in: BGBl. I 2001, S. 3795
[465] Vgl. **Schmidt/Seeger**, EStG § 6a, Rz. 42 ff. ; **Kussmann**, S. 375, Rz. 1056
[466] Vgl. **BFH**, in: BStBl. II 1994, S. 740
[467] Vgl. **Schmidt/Seeger**, EStG § 6a, Rz. 42, 61 f., 51

Das in § 249 Abs.3 S.2 HGB kodifizierte Auflösungsgebot erfasst auch Altzusagen.[468]

Im Ergebnis kann von einer Durchbrechung des Maßgeblichkeitsprinzips im Bereich der speziellen Bilanzansatzvorschriften des § 6a EStG gesprochen werden, wenn auch die Pensionsrückstellung im Handelsrecht nicht explizit anders geregelt ist. Exemplarisch wäre eine nichtschriftliche Pensionszusage zu nennen, hier besteht handelsrechtlich Ansatzpflicht, steuerrechtlich Ansatzverbot. Die Einschränkung erscheinen jedoch verständlich, zumal bisher häufig von auflösend bedingten Pensionszusagen Gebrauch gemacht wurde (z.b. Zahlung nur bei ausreichender wirtschaftlicher Leistungsfähigkeit des Unternehmens). Dies wollte der Gesetzgeber unterbinden und sprach diesen Zusagen eine Rechtsqualität ab, da sie aufgrund des Vorbehalts keinen wirtschaftlich erfassbaren Wert darstellen.[469]

2. Pensionszusagen an Gesellschafter-Geschäftsführer

Auch für Gesellschafter-Geschäftsführer einer Kapitalgesellschaft[470] können, unabhängig davon, ob sie eine beherrschende Stellung haben, steuerrechtlich Pensionsrückstellungen gebildet werden. Grund hierfür ist das Trennungsprinzip, wonach Anteilseigner und Körperschaft unabhängige Rechtssubjekte darstellen und welches die steuerliche Anerkennung von Verträgen zwischen beiden Rechtssubjekten sicherstellt.[471]

---

[468] Vgl. **Schmidt/Seeger**, EStG § 6a, Rz. 68
[469] Vgl. **Naumann**, S. 85 ; **Ziemba**, b&b, S. 306
[470] Vgl. Gliederungspunkt B.VIII.4.d)
[471] Vgl. **Schmidt/Seeger**, EStG § 6a, Rz. 17

Ansatzvoraussetzung ist die *betriebliche Veranlassung*[472] der Pensionszusage; ansonsten wäre von einer Veranlassung im Gesellschafterverhältnis auszugehen. Es muss sich um eine angemessene Pensionshöhe handeln, welche einem betriebsexternen oder betriebsinternen (mit nicht beteiligten Geschäftsführern) Drittvergleich[473] standhält. Die *Angemessenheit* drückt sich auch durch eine Pensionszusage unterhalb der vom BFH[474] statuierten Überversorgungsgrenze aus, ansonsten kann eine vGA vorliegen. Überversorgung ist gem. BFH anzunehmen, wenn die Versorgungsbezüge im Vergleich zu den Aktivbezügen unangemessen hoch sind. Ferner muss eine *Ernsthaftigkeit* (z.B. durch Rückdeckungsversicherung) der Pensionszahlung nachgewiesen werden. Weiteres Element der betrieblichen Veranlassung ist die *Erdienbarkeit* der Pension. Voraussetzung der Erdienbarkeit ist eine gewisse Mindestdauer des Arbeitsverhältnisses im Zeitpunkt der Pensionszusage. Um die Möglichkeit einer Erdienbarkeit zu bejahen, müssen folgende Zeitgrenzen eingehalten werden. Das Arbeitsverhältnis muss bei Zusage mind. zwei bis drei Jahre[475] (Probezeit) bestehen. Bei beherrschender Position muss die Zusage mind. zehn Jahre[476] vor Pensionseintritt erteilt werden, bei nichtbeherrschender Stellung muss eine Tätigkeit des Gesellschafter-Geschäftsführers von mind. 12 Jahren vor Zusage und noch von mind. drei Jahren nach Zusage[477] vorliegen. Ferner darf das Pensionierungsalter 70

---

[472] Vgl. **BMF-Schreiben**, 14.05.1999, in: DStR 1999, S. 1031
[473] Vgl. **BFH**, in: BStBl. II 1999, S. 316
[474] Vgl. Schuler, DStR, S. 2129 ; **BFH**, 16.05.1995, in: BStBl. II 1995, S. 873 ; **BFH**, 17.05.1995, in: BStBl. II 1996, S. 420
[475] Vgl. **BMF-Schreiben**, in: BStBl. I 1999, S. 512
[476] Vgl. **BMF-Schreiben**, in: BStBl. I 1996, S. 1138
[477] Vgl. **BFH**, in: BStBl. II 1997, S. 440

Jahre[478] nicht überschreiten. Zur betrieblichen Veranlassung gehört auch die *Finanzierbarkeit* der Pensionszusage, d.h. die zugesagten Leistungen müssen vom Unternehmen auch erbracht werden können.[479] Ist jedoch die Versorgungsverpflichtung gegenüber dem Gesellschafter-Geschäftsführer im Zeitpunkt der Zusage nicht finanzierbar, d.h. die Passivierung des Barwerts der Pensionsverpflichtung würde zu einer Überschuldung der Gesellschaft im insolvenzrechtlichen Sinne führen, so stellen die Zuführungen zu der zu bildenden Pensionsrückstellung gem. BFH-Urteil eine vGA dar.[480] Verschlechterten sich die wirtschaftlichen Verhältnisse erst nach der Pensionszusage, liegt eine verdeckte Gewinnausschüttung nur vor, wenn ein ordentlicher und gewissenhafter Geschäftsleiter in der neuen Situation eine einem Fremdgeschäftsführer erteilte Pensionszusage an die veränderten Verhältnisse angepasst hätte.[481] Sind alle genannten Voraussetzungen der betrieblichen Veranlassung erfüllt, kann auch eine beherrschende Stellung des Gesellschafter-Geschäftsführers dadurch, dass er mehr als 50 % der Gesellschaftsanteile besitzt oder bei gleichgerichteten Interessen zusammen mit anderen die Stimmrechtsmehrheit innehat, einer steuerrechtlichen Anerkennung der Rückstellung nicht mehr im Wege stehen.[482]

---

[478] Vgl. **BFH**, in: BStBl. II 1995, S. 419
[479] Vgl. **Schmidt/Seeger**, EStG § 6a, Rz. 18, 20 ff. ; **Blenkers**, S. 177 ff. ; **Happe**, StuB, S. 543 f.
[480] Vgl. **BFH**, 07.11.2001, I R 79/00, http://www.bundesfinanzhof.de/www/entscheidungen/2002.1.09/1R 7900.html
[481] Vgl. **BFH**, 08.11.2000, I R 70/99, in: DStR Heft 14/2001, S. 571
[482] Vgl. **Schmidt/Seeger**, EStG § 6a, Rz. 19

Steuerrechtlich nicht rückstellungsfähig sind Pensionszusagen bei herrschender Stellung des Gesellschafter-Geschäftsführers, wenn sie als Nachzahlung gewährt werden.[483]

Sind die genannten speziellen Voraussetzungen oder die erläuterten Grundvoraussetzungen des § 6a EStG nicht erfüllt, liegt steuerrechtlich eine vGA gem. § 8 Abs.3 S.2 KStG vor; ist die Pensionszusage lediglich überhöht, gilt der Unterschiedsbetrag als vGA.[484]

Ähnlich spezielle, gesetzlich nicht kodifizierte Ansatzvoraussetzungen für Pensionsrückstellungen in der Steuerbilanz liegen für Pensionszusagen an Mitunternehmer einer Personengesellschaft, an Arbeitnehmerehegatten, an Nichtarbeitnehmer (z.B. Handelsvertreter) oder an sonstige nahe Angehörige vor.[485]

VII. Neuere Rechtsprechung

Die Rechtsprechung zu Rückstellungen erfolgt meist durch den BFH als oberstes Steuergericht, wie schon die in Teil A. zitierten Urteile belegen. Geltung finden die Entscheidungen jedoch sowohl im Handelsrecht als auch über die Maßgeblichkeit im Steuerrecht, weshalb im Folgenden nur eine Entscheidung mit speziell steuerrechtlichem Bezug für die Rückstellungsbildung erörtert wird.

Nach einem BFH-Urteil im Jahre 1983, welches den Abzug von Geldbußen als Betriebsausgaben sanktionierte, wurde kurz darauf § 4 Abs.5 S.1 Nr.8 EStG erlassen. Er bestimmt, dass

---

[483] Vgl. **Blenkers**, S. 179 ff. ; **Schmidt/Seeger**, EStG § 6a, Rz. 18 ; **BFH**, in: BStBl. II 1993, S. 604
[484] Vgl. **Schmidt/Seeger**, EStG § 6a, Rz. 17
[485] Vgl. **Blenkers**, S. 171 ff. ; **Schmidt/Seeger**, EStG § 6a, Rz. 33 ff. ; **Kussmann**, S. 374, Rz.1055

Geldbußen, Ordnungsgelder u.ä. zu den nicht abzugsfähigen Betriebsausgaben gehören.

Für diese steuerlich nicht abziehbaren Ausgaben darf gem. BFH[486] auch keine Verbindlichkeitsrückstellung in der Steuerbilanz gebildet werden.

Zwar gelte grds. das Maßgeblichkeitsprinzip gem. § 5 Abs.1 S.1 EStG für die Steuerbilanz, jedoch müsse neben der betrieblichen Veranlassung der Rückstellung insbesondere geprüft werden, ob nicht steuerliche Abzugsverbote, z.B. § 4 Abs.5 EStG, vorliegen, die der Passivierung entgegenstehen. Die Rückstellung darf ebenso wenig wie der betreffende Betriebsausgabenabzug über die steuerrechtlichen Abzugsverbote hinausgehen. Es gelten dieselben tatbestandlichen Voraussetzungen. Daher muss eine zu diesem Zweck handelsrechtlich gebildete Rückstellung in der Steuerbilanz neutralisiert werden.

Ähnlich urteilte der BFH bereits in einer früheren Entscheidung.[487]

Zu einer Ausnahme von diesem Abzugsverbot kommt es, wenn die zuständigen Behörden bei der Festsetzung des Bußgelds die steuerliche Belastung, welche auf dem gesetzeswidrig erlangten wirtschaftlichen Vorteil lastet, nicht berücksichtigt haben. Daher bestimmt seit 1990 § 4 Abs.5 S.1 Nr.8 S.4 EStG, dass das Abzugsverbot nicht gilt, soweit der wirtschaftliche Vorteil, der durch den Gesetzesverstoß erlangt wurde, abgeschöpft worden ist, wenn die Steuern vom Einkommen und Ertrag, die auf den wirtschaftlichen Vorteil entfallen, nicht abgezogen worden sind. Die tatbestandlichen Voraussetzungen für die Aus-

---

[486] Vgl. **BFH**, 09.06.1999, in: BStBl. II 1999, S. 656
[487] Vgl. **BFH**, in: BStBl. III 1966, S. 590

nahme vom Abzugsverbot müssen jedoch am Bilanzstichtag objektiv vorliegen.[488]

Davon ausgehend - das Abzugsverbot greift nicht - ist auch der Ansatz einer Rückstellung möglich; dies entschied der BFH in einem weiteren Urteil. Es wurde erlassen, dass derartige Rückstellungen für als Betriebsausgaben abziehbare Geldbußen nur gebildet werden dürfen, wenn am Bilanzstichtag die Maßstäbe bekannt sind, nach denen die Bußgeldbehörde das Bußgeld festsetzen wird[489]; dies bedeutet letztendlich nur eine Konkretisierung des erstgenannten Urteils in Richtung des Tatbestands, dass die Steuerbelastung unberücksichtigt bleibt.

VIII. Beurteilung hinsichtlich des Maßgeblichkeitsprinzips

Wie in den vorherigen Abschnitten ersichtlich wurde, zeichnen Rechtsprechung und Steuergesetzgebung für eine stets fortschreitende Aushöhlung des Maßgeblichkeitsgrundsatzes verantwortlich. Insbesondere die steuergesetzgeberischen Maßnahmen im Bereich der Rückstellungen für Jubiläumszusagen, das Verbot der Drohverlustrückstellungen und die Einschränkung der Rückstellungen für die schadlose Verwertung radioaktiver Stoffe sind auf den ersten Blick fiskalpolitisch motiviert; es scheinen keine Besteuerungs- oder Bilanzierungsprinzipien[490] enthalten zu sein. Bisweilen wird bereits von einem ‚Nichtmehrvorhandensein der Maßgeblichkeit' gesprochen.[491] Zu

---

[488] Vgl. **BFH**, 09.06.1999, in: BStBl. II 1999, S. 656 , in: DStR 1999, S. 1521 f.
[489] Vgl. **BFH**, 15.03.2000, in: DStRE 2001, S. 169 f.
[490] Vgl. **Prinz**, DStR, S. 662
[491] Vgl. **Baetge**, Arbeitskreis, DB, S. 681 ff. ; **Scheffler**, Teil A, StuB, S. 490

Recht, wenn man WEBER-GRELLET folgt: „Handels- und Steuerbilanz sind inkompatibel". Ferner dürfte nach W-G steuerrechtlich kein zukünftiger Verlust antizipiert werden, dies wäre systemfremd, da die Steuer abschnittsweise erhoben wird.[492]

Von einigen Seiten wird daher eine grundlegende Reform des Steuerrechts mit einer Erweiterung des steuerlichen Normenbestandes oder ein völlig eigenständiges Steuerrecht und damit eine Aufgabe des traditionell engen Zusammenhangs zwischen Handels- und Steuerbilanz gefordert. Andere[493] wollen den Maßgeblichkeitsgrundsatz unbedingt erhalten wissen, da z.B. nach CREZELIUS[494] das Leistungsfähigkeitsprinzip zu vage sei, als dass es generell Vorrang vor dem Maßgeblichkeitsgrundsatz beanspruchen könnte.

Argumente für eine Neuausrichtung sind insbesondere die Notwendigkeit der Beseitigung ungerechtfertigter Vorteile in der Steuerbilanz, sowie die Angleichung an internationale Entwicklungen und Rechnungslegungsgrundsätze wie IAS oder US-GAAP, die jedoch z.T. sehr unscharf und lückenhaft im Vergleich zu deutschem Recht sind. Auch die Kritikpunkte in der Begründung des StEntlG 1999 ff. weisen in diese Richtung; es wird von einer Gewinnverlagerung in die Zukunft, einer Überbetonung des Gläubigerschutzes, einer Behinderung von Globalisierungsbemühungen und einer unzureichenden Erfassung der tatsächlichen Leistungsfähigkeit im deutschen Steuerbilanzrecht gesprochen.[495]

---

[492] Vgl. **Weber-Grellet**, zit. in: **Hoffmann**, Vermeintliche Verlustantizipation, DStR, S. 1545
[493] Vgl. **Altmeier**, S. 17, m.w.N.
[494] Vgl. **Crezelius**, Maßgeblichkeitsgrundsatz, DB, S. 691
[495] Vgl. **Scheffler**, Teil A, StuB, S. 489 ; **Baetge**, Arbeitskreis, DB, S. 684 ; **Weber-Grellet**, Gewinnermittlungsvorschriften, DB, S. 167 f.

Kritisiert wird jedoch, dass durch die Vielzahl der Neuerungen die verfassungsrechtlich zu fordernde Verlässlichkeit des Rechts stark beeinträchtigt wird. Diese Unstetigkeit der Gesetzgebung verdeutlicht auch das mit dem StEntlG 1999 ff. eingeführte[496] - für die Nachholung von Rückstellungen relevante - strikte Bilanzänderungsverbot gem. § 4 Abs.2 S.2 EStG, das umgehend wieder dahingehend modifiziert[497] wurde, dass eine Fehlerkorrektur weiterhin möglich ist. Eine Aushöhlung der Maßgeblichkeit ist auch hier zu beobachten.[498]

Die Möglichkeit zur Aufstellung einer Einheitsbilanz wurde jedenfalls durch die dargelegten Einschränkungen (steuerliche Zusatzvoraussetzungen) und Durchbrechungen (steuerliche, nicht mit handelsrechtlichen GoB zu vereinbarende Vorschriften) des Maßgeblichkeitsprinzips vernichtet. Probleme ergeben sich hieraus durch den zusätzlichen Aufwand vor allem für kleine Unternehmen.[499]

Die zunehmende Objektivierung der steuerlichen Gewinnermittlung durch die Steuergesetzgebung wird dennoch von der h.M. als den steuerrechtlichen Grundprinzipien zuträglich eingeschätzt; auch wird gelegentlich eine noch stärkere Objektivierung durch Annäherung an die Grundsätze der Einnahmen-Überschuss-Rechnung bei der steuerlichen Gewinnermittlung -

---

; **Prinz**, DStR, S. 662 ; **Moxter**, Rückstellungen nach IAS, BB, S. 519 ; **Altmeier**, S. 16 ff.

[496] Vgl. **Gesetz** vom 24.03.1999, in: BGBl. I 1999, S. 402

[497] Vgl. **Gesetz** vom 22.12.1999, in: BGBl. I 1999, S. 2601

[498] Vgl. **Prinz**, DStR, S. 664 f. ; **Weber-Grellet**, Gewinnermittlungsvorschriften, DB, S. 166

[499] Vgl. **Baetge**, Arbeitskreis, DB, S. 681 ff. ; **Scheffler**, Teil A, StuB, S. 490

als Alternative zum Betriebvermögensvergleich – gefordert, was zumindest nach DZIADKOWSKI eine Überlegung wert ist.[500]

So bedeuten z.b. die Neuregelungen des StEntlG 1999 ff., auch im Bereich der Rückstellungsbilanzierung (§ 5 Abs.4b EStG), einen erheblichen bilanzsteuerrechtlichen Fortschritt in Richtung der Willkürfreiheit, der Gleichbehandlung und der Besteuerung nach der Leistungsfähigkeit.[501]

Die Findung einer sachgerechten, dauerhaften Neuordnung der steuerlichen Bilanzierung dürfte aber durch die Globalisierungstendenzen und die zunehmend grenzüberschreitenden Unternehmensaktivitäten nicht leichter werden.[502] Ebenso kann es nach SIEGEL auf die Frage, wie Rückstellungen in der Steuerbilanz zu berücksichtigen sind, ‚keine richtige sondern nur eine zweckmäßige Antwort geben'[503], was auch in Zukunft Meinungsverschiedenheiten bedingen dürfte.

Es besteht kein Anlass, an steuerrechtlichen Eingriffen in den Bilanzansatz von Rückstellungen und damit an einer weiteren Aushöhlung des Maßgeblichkeitsprinzips grds. Kritik zu üben. Vielmehr sollten stets die speziellen Aufgaben der Steuerbilanz, insbesondere eine Besteuerung nach der Leistungsfähigkeit, dem Gleichheitsgrundsatz und der Gleichmäßigkeit, bei Gesetzesänderungen nicht aus den Augen verloren werden, auch wenn es in erster Linie um eine ‚Verbreiterung der Bemessungsgrundlage' (StEntlG 1999 ff.) geht. Die Regelung des § 5 Abs. 4b S.2 EStG verstößt von allen Neuerungen der letzten Jahre im Bereich der Rückstellungsbilanzierung am gewichtigs-

---

[500] Vgl. **Scheffler**, Teil A, StuB, S. 489 ; **Prinz**, DStR, S. 662 ; **Weber-Grellet**, Gewinnermittlungsvorschriften, DB, S. 167 f. ; **Dziadkowski**, DB, S. 9 ff. ; **Ziemba**, b&b, S. 306
[501] Vgl. **Weber-Grellet**, Gewinnermittlungsvorschriften, DB, S. 167 f.
[502] Vgl. **Dziadkowski**, DB, S. 16
[503] Vgl. **Siegel**, Rückstellungen, StuB, S. 29 ; **Dziadkowski**, DB, S. 13

ten gegen steuerbilanzielle Grundsätze und zeugt von einer rein umweltpolitisch motivierten und den Einnahmen des Fiskus zuträglichen Änderung des Ertragsteuerrechts, was mit Sicherheit nicht zu einer zweckkonformen, internationalen Normen[504] entsprechenden Steuerbilanz führen kann.

---

[504] Vgl. **Dziadkowski**, DB, S. 15

D. Bewertung von Rückstellungen

I. Grundsätze der Bewertung von Rückstellungen in der Handelsbilanz

1. Grundlagen

Im dritten Titel des zweiten Unterabschnitts über den Jahresabschluss kodifiziert das HGB im § 252 Abs.1 die von allen Kaufleuten zu befolgenden allgemeinen Bewertungsgrundsätze des handelsrechtlichen Jahresabschlusses. Zusammen mit § 253 Abs.1 S.2 HGB bilden sie die maßgeblichen Vorschriften für den Wertansatz aller Rückstellungen. Zusätzlich sind in § 252 HGB nicht erfasste GoB aufgrund § 243 Abs.1 HGB zu berücksichtigen; dies wird verdeutlicht durch die Eingangsformulierung ‚insbesondere' in § 252 Abs.1 HGB und die Erlaubnis eines begründeten Abweichens (Abs.2) von den in Abs.1 aufgestellten Regeln - nicht aber von den GoB.[505]

§ 253 Abs.1 S.2 HGB regelt für Rückstellungen, dass diese nur in Höhe des Betrages anzusetzen sind, der nach vernünftiger kaufmännischer Beurteilung notwendig ist und grenzt damit den Beurteilungsrahmen des Kaufmannes objektiv ein. Da dies aufgrund der Rückstellungen inhärenten Unsicherheit mit einer unvermeidbaren Schätzung bei der Rückstellungsbewertung einhergeht, ist bei Verbindlichkeitsrückstellungen regelmäßig vom Erfüllungsbetrag (Rückzahlungsbetrag) als eigentlichem

Bewertungsmaßstab auszugehen, genau wie bei ‚normalen' Verbindlichkeiten. Für Drohverlustrückstellungen ergibt sich ein Wertansatz in Höhe des Verpflichtungsüberschusses.[506]

Die vernünftige kaufmännische Beurteilung ist einzig zulässiger Bewertungsmaßstab. Ihr zufolge greift das Höchstwertprinzip bei den beiden genannten Rückstellungsarten, indem bei gestiegenem Erfüllungsbetrag (oder Verpflichtungsüberschuss) der Wertansatz nach oben korrigiert wird, sodass der Erfüllungsbetrag nicht unterschritten wird. Das Anschaffungswertprinzip - d.h. der Zugangswert entspricht der Wertuntergrenze - gilt jedoch bei Rückstellungen nicht; eine Wertkorrektur nach unten muss bei Notwendigkeit aufgrund kaufmännischer Vernunft durchgeführt werden, um den Erfüllungsbetrag nicht zu überschreiten; die Anwendung beider Prinzipien auf Rückstellungen ist jedoch umstritten.[507]

Aufwandsrückstellungen mit Passivierungswahlrecht erlauben wegen fehlender Außenverpflichtung auch einen niedrigeren Wertansatz als er nach kaufmännischer Vernunft angezeigt wäre. Als Wertobergrenze dient wie bei Verbindlichkeitsrückstellungen der Erfüllungsbetrag, es kann jedoch auch ein niedrigerer Wert angesetzt werden, wenn dieser nicht willkürlich erscheint.[508]

Die wesentliche Einschränkung des kaufmännischen Beurteilungsspielraums stellt nicht § 253 Abs.1 S.2 HGB dar, son-

---

[505] Vgl. **Budde/Geißler**, in Beck'scher, § 252, Rz.1 f. ; **Bach**, S. 244 ff.
[506] Vgl. **Clemm/Nonnenmacher**, in Beck'scher, § 253, Rz. 151 ; **Meyer**, S. 165 ; **Kessler**, S. 399 f. ; **Schroeder**, S. 24 ; **Kessler/Ranker**, StuB, S. 328
[507] Vgl. **Clemm/Nonnenmacher**, in Beck'scher, § 253, Rz. 152 ; **Christiansen**, S. 42 f. ; **Bach**, S.253; zu den verschiedenen Ansichten: **Hofbauer**, S. 42, Fn. 153

dern sie liegt in den allgemeinen Bewertungsgrundsätzen des §
252 Abs.1 HGB, welche nachfolgend erläutert werden.[508]

2. Kaufmännische Vernunft und Vorsicht

Vernünftige kaufmännische Beurteilung als Schätzmaßstab meint, dass der Betrag zu passivieren ist, den die Unternehmung mit der höchsten Wahrscheinlichkeit zu leisten hat, wobei praktisch nicht nur ein objektiv richtiger Betrag in Frage kommen wird, sondern eine Bandbreite (Schätzspielraum) möglicher Inanspruchnahmen. Hierbei sind alle bei Bilanzaufstellung bekannten Informationen über die tatsächlichen Verhältnisse und vorhersehbaren Risiken zu berücksichtigen. Innerhalb der genannten Bandbreite zwischen Bewertungsuntergrenze und Bewertungsobergrenze muss der risikoneutrale Kaufmann sodann einen konkreten Wertansatz bestimmen.[510] Aufgrund der Selbstverständlichkeit vernünftiger Bewertung wird dieser Passus in § 253 HGB bisweilen auch als überflüssig bezeichnet.[511]

Die vernünftige kaufmännische Bewertung bezieht sich insbesondere auf das Vorsichtsprinzip[512] gem. § 252 Abs.1 Nr.4 HGB mit seinen Ausprägungen des Realisations- und Imparitätsprinzips. Gewinne sind demnach nur zu berücksichtigen, wenn sie am Abschlussstichtag realisiert sind, Verluste jedoch

---

[508] Vgl. **Bach**, S. 245 f. ; **Eder**, S. 165 ; **Kessler**, S. 398 f. ; **Niemann**, S. 15
[509] Vgl. **Kessler**, S. 397 f.
[510] Vgl. **Clemm/Nonnenmacher**, in Beck'scher, § 253, Rz. 151 f., 154 ; **Bach**, S. 245 ; **Kessler**, S.399f. ; **BFH**, 27.04.1965, in: BStBl. III, S. 410 ; **Heymann/Jung**, § 253, Rz. 288 ; **Schroeder**, S. 25
[511] Vgl. **Niemann**, S. 14
[512] Vgl. **Budde/Geißler**, in Beck'scher, § 252, Rz. 29 ff.

auch dann, wenn sie noch nicht realisiert, jedoch zum Abschlussstichtag entstanden sind (imparitätische Behandlung von Gewinnen und Verlusten). Damit sollen künftige Geschäftsjahre frei von vorhersehbaren Verlusten bleiben.

Eine weitere Ausprägung des Vorsichtsprinzips mit tragender Bedeutung ist die Bewertungsvorsicht. Sie stellt dem Bilanzierenden verbindliche Entscheidungsregeln bereit, anhand derer er aus dem durch die vernünftige kaufmännische Beurteilung abgesteckten Ermessensspielraum einen bestimmten Wertansatz treffen muss.

Vorsichtig bewertet der Kaufmann eine Rückstellung, wenn er eine der Höhe nach ungewisse Verpflichtung mit dem Betrag der höchsten Wahrscheinlichkeit und nicht mit dem ungünstigsten Betrag bewertet. Schließlich soll der Kaufmann im Interesse eines zutreffenden Ausweises der Ertrags- und Vermögenslage des Unternehmens keine übervorsichtige, sondern eine realistische Bewertung der Risiken vornehmen. Erscheinen mehrere Beträge gleich wahrscheinlich, muss nach dem Vorsichtsprinzip der höchste, also ungünstigste Betrag die Höhe der Rückstellung bestimmen.[513]

Liegt eine Ungewissheit nur dem Grunde nach vor, muss nach h.M. der volle Erfüllungsbetrag angesetzt werden. Liegen mehrere solcher Verpflichtungen vor, ist bei der Bewertung die Wahrscheinlichkeit zu berücksichtigen, dass nur ein Teil der Verpflichtungen zu einer Inanspruchnahme führt (z.B. bei einem Musterprozess).[514]

---

[513] Vgl. **Clemm/Nonnenmacher**, in Beck'scher, § 253, Rz. 155 ; **BFH**, 19.02.1975, in: BStBl. II, S.480; **Bach**, S. 252 ; **Christiansen**, S. 25 ; **Hofbauer**, S. 14 ; **Knobbe-Keuk**, S. 213 ff. ; **Kessler**, S.409 ff.

[514] Vgl. **Clemm/Nonnenmacher**, in Beck'scher, § 253, Rz. 155 ; **Hofbauer**, S. 11

Die grundsätzlich zu vermeidende Subjektivität bei der vernünftigen kaufmännischen Beurteilung wird jedoch durch die Ungewissheit von Prognosen und die Tatsache, dass Schätzungen nur einen Wahrscheinlichkeitswert ermitteln können, nicht gänzlich verhindert.[515]

Wertaufhellende Tatsachen, welche nach dem Bilanzstichtag, aber vor Bilanzaufstellung eintreten, müssen, da sie genaueren Aufschluss über die Vermögenssituation zum Bilanzstichtag geben, in die Rückstellungsbewertung einbezogen werden. Dies ergibt sich aus dem Vorsichtsprinzip. Wertbeeinflussende Informationen dürfen jedoch nicht berücksichtigt werden, da sie die Verhältnisse am Bilanzstichtag selbst ändern (z.B. nach dem Bilanzstichtag vorhandene Schulden entfallen). Eine Abgrenzung bereitet jedoch oft Probleme.[516]

3. Bilanzkontinuität

Die in § 252 Abs.1 Nr.1 HGB geforderte Übereinstimmung der Wertansätze der Eröffnungsbilanz mit den Wertansätzen in der Schlussbilanz des vorhergehenden Geschäftsjahres (formelle Bilanzkontinuität) sorgt für eine GoB-konforme Bilanzidentität. Es darf demnach keine Buchung und keine Bilanzinhaltsänderung oder Bewertungsänderung zwischen Schluss- und Eröffnungsbilanz vorgenommen werden.

Durch die Bilanzkontinuität wird sichergestellt, dass der Totalgewinn mehrerer Perioden der Summe der Einzelgewinne entspricht, und sich letztendlich höhere oder niedrigere Wert-

---

[515] Vgl. **Niemann**, S. 14 ; **Clemm/Nonnenmacher**, in Beck'scher, § 253, Rz. 155 ; **Christiansen**, S.25

ansätze im Gesamtzeitraum gegenseitig ausgleichen.[517] Wurde durch den Ermessensspielraum bei der Rückstellungsbewertung bspw. eine zukünftige ungewisse Verbindlichkeit zu niedrig geschätzt, stellt der Grundsatz der Bilanzkontinuität m.E. sicher, dass diese Fehleinschätzung spätestens bei Realisierung des Tatbestands Niederschlag in der Bilanz findet.

4. Prinzip der Unternehmensfortführung (going-concern)

Gem. § 252 Abs.1 Nr.2 HGB muss von der Fortführung der Unternehmenstätigkeit ausgegangen werden, sofern nicht tatsächliche oder rechtliche Gegebenheiten entgegenstehen. Damit muss auch bei der Bewertung von Rückstellungen von diesem Regelfall des Unternehmensfortbestandes über den Bilanzstichtag hinaus ausgegangen werden.[518]

Bei der Schätzung der angemessenen Rückstellungshöhe ist folglich eine planmäßige Erfüllung der jeweiligen Verpflichtung im Rahmen der zukünftigen Unternehmenstätigkeit anzunehmen. Hierzu muss sich der Kaufmann am gewöhnlichen Geschäftsverlauf des nach dem Stichtag fortbestehenden, seine Ziele beibehaltenden Unternehmens, orientieren. Dieser im angelsächsischen Raum auch als ‚going-concern-concept/principle' bekannte Bewertungsgrundsatz stellt einen wichtigen Grund dar, weshalb auch faktische Verpflichtungen zur Rückstellungsbildung führen.[519]

---

[516] Vgl. **Baetge**, Bilanzen, S. 371 ; **Naumann**, S. 188 ff. ; **Hofbauer**, S. 11 ff.
[517] Vgl. **Budde/Geißler**, in Beck'scher, § 252, Rz. 3 ff. ; **Heymann/Jung**, § 252, Rz.1
[518] Vgl. **Budde/Geißler**, in Beck'scher, § 252, Rz. 9 ; **Kessler**, S. 407
[519] Vgl. **Bach**, S. 250 ff. ; **Christiansen**, S. 26 ; **Kessler**, S. 408

Bedeutung findet dieser Grundsatz bei der Rückstellungsbewertung insbesondere dann, wenn der Erfüllungsbetrag der Verpflichtung fremdbestimmt erhöht werden kann (z.B. strengere gesetzliche Umweltschutzvorschriften).[520]

5. Stichtagsprinzip

§ 252 Abs.1 Nr.3 HGB sieht eine Bewertung der Vermögensgegenstände und Schulden zum Abschlussstichtag vor, da sich handels- wie steuerrechtlich der bilanzielle Periodengewinn aus dem Vergleich zweier Stichtagsvermögen als Vermögensdifferenz ergibt.

Nach h.M. gebietet die Formulierung des Gesetzes eine Bewertung der Rückstellungen nach den Verhältnissen, wie sie sich am Abschlussstichtag objektiv darstellen, nachträglich eintretende Umstände sind – außer bei Wertaufhellung – nicht zu berücksichtigen. Unbeantwortet für die Frage der Rückstellungsbewertung bleibt jedoch, ob die Preise des Stichtags[521] oder die Preisverhältnisse aus Sicht des Stichtags maßgeblich sind.[522]

6. Einzelbewertung und Sammelrückstellung

§ 252 Abs.1 Nr.3 HGB fordert auch eine einzelne Bewertung jedes Vermögensgegenstandes und jeder Schuld. Dem wird durch die Bildung einer Einzelrückstellung und ihrer isolierten Bewertung Genüge getan; auch dies eine Ausprägung

---

[520] Vgl. **Kessler**, S. 408 f.
[521] Vgl. hierzu: Gliederungspunkt D.III.4.

des Vorsichtsprinzips. Durch dieses Postulat soll verhindert werden, dass Rückstellungen aufgrund vorhandener stiller Reserven unterlassen oder mit Gewinnen aus anderen Geschäften verrechnet werden.[523]

Kein Saldierungsverbot liegt vor, soweit die wirtschaftliche Entstehung der ungewissen Verbindlichkeit kausal mit einer zukünftigen Forderung verbunden ist, z.B. bei vollwertigen Rückgriffsansprüchen gegenüber einer Versicherung. Hier kann der Wert der Rückstellung aus dem Saldo von Verpflichtung und Forderung ermittelt werden.[524]

Insbesondere bei Garantierückstellungen, Wechselobligo oder Rückerstattungspflichten lässt sich jedoch oft eine vernünftige objektive kaufmännische Bewertung und ein vollständiger Schuldenausweis nur durch Bildung einer Sammelrückstellung und damit einer Sammelbewertung erreichen, was zu einem begründeten Ausnahmefall gem. § 252 Abs.2 HGB führt. Voraussetzung ist die Gleichartigkeit der zu beurteilenden Risiken und eine auf Erfahrungen basierende gewisse Wahrscheinlichkeit der Inanspruchnahme. Selbst der EuGH wurde zu dieser Praxis angerufen und erklärte die Bildung einer Sammelrückstellung für Gewährleistungsverpflichtungen als zulässig und mit der Vierten EG-Richtlinie vereinbar.[525]

---

[522] Vgl. **Clemm/Nonnenmacher**, in Beck'scher, § 253, Rz. 160 ; **Kessler**, S. 485 ; **Bach**, S. 286 ; **Christiansen**, S. 27 ; **Knobbe-Keuk**, S. 43 ff.

[523] Vgl. **BFH**, 15.10.1997, in: BStBl. II 1998, S. 249 ; **Clemm/Nonnenmacher**, in Beck'scher, § 253, Rz. 162 ; **BFH**, 22.11.1988, in: BStBl. II 1989, S. 359 ; **Niemann**, S. 7 f. ; **Blenkers/Czisz**, S. 47

[524] Vgl. **Kupsch**, Neuere Entwicklungen, S. 21

[525] Vgl. **Clemm/Nonnenmacher**, in Beck'scher, § 253, Rz. 162 ; **BFH**, 22.11.1988, in: BStBl. II 1989, S. 359 ; **Niemann**, S. 7 f., 19 ; **Christiansen**, S. 26 ; **EuGH-Urteil**, 14.09.1999, in: DStR 1999, S. 1645:

Die Ursache für die Bildung von Pauschalrückstellungen liegt z.b. darin, dass einzelnen Produkten, welche keine konkreten Anhaltspunkte für eine Garantieverpflichtung bieten, keine Wahrscheinlichkeiten über Grund oder Höhe drohender Inanspruchnahme aus einer ungewissen Verbindlichkeit zugerechnet werden können. Erst durch eine Vielzahl gleichartiger verkaufter Produkte kann unter Berücksichtigung von betrieblichen oder branchenmäßigen Erfahrungswerten eine nachprüfbare Schätzung der Rückstellungshöhe vorgenommen werden.[526]

Auch bei Rückstellungen für drohende Verluste ist eine Sammelbewertung möglich, wenn es sich um eine Vielzahl gleichartiger schwebender Geschäfte handelt, bei denen aufgrund vergangener Erfahrung, ein gewisser Anteil dieser Geschäfte zu Verlusten führt.[527]

Weiterhin ist eine Kombination von Einzel- und Sammelbewertung denkbar, sog. Gemischtbewertungsrückstellungen. So werden bei Gewährleistungsverpflichtungen die zum Bilanzstichtag eingegangenen Reklamationen durch Bildung von Einzelrückstellungen berücksichtigt, und eine weitere Sammelrückstellung antizipiert erfahrungsgemäß erst nach dem Stichtag anfallende Aufwendungen.[528]

---

ursächlich bestritten war nicht die Möglichkeit einer Pauschalrückstellungen, sondern deren Bewertung ; und hierzu: **Hoffmann**, Der EuGH als Mentor, DStR, 1686

[526] Vgl. **Kessler/Ranker**, StuB, S. 327 ; **Blenkers/Czisz**, S. 212 ; **Clemm/Nonnenmacher**, in Beck'scher, § 253, Rz. 162 ; **BFH**, 30.06.1983, in: BStBl. II 1984, S.263 ; **Pilhofer**, S. 133 ; **Niemann**, S. 8 f. ; **Eder**, S. 185

[527] Vgl. **BFH**, 15.10.1997, in: BStBl. II 1998, S. 249 ; **Clemm/Nonnenmacher**, in Beck'scher, § 253, Rz. 163 ; **Blenkers/Czisz**, S. 47

[528] Vgl. **Blenkers/Czisz**, S. 211 f. ; **Schroeder**, S. 27

Neben den geschilderten Ausnahmen zur Erreichung einer objektiven Bewertung, kann auch ein Abweichen vom Einzelbewertungsgrundsatz aus wirtschaftlichen Überlegungen gestattet sein, sofern bei geringeren Kosten die gleiche Bewertungsgenauigkeit erzielt werden kann.[529]

7. Aufwands- und Ertragsperiodisierung

§ 252 Abs.1 Nr.5 HGB besagt, dass Aufwendungen und Erträge des Geschäftsjahres unabhängig von den Zeitpunkten der entsprechenden Zahlungen im Jahresabschluss berücksichtigt werden müssen. Diese periodengerechte Zuordnung löst regelmäßig Rückstellungen aus, da der Zeitraum der wirtschaftlichen Verursachung des Aufwandes, welcher maßgeblich für die Zurechnung ist, innerhalb des bilanzierten Geschäftsjahres liegt, die tatsächliche Zahlung jedoch erst in einer späteren Periode erfolgt. Bisweilen wird daher der Periodisierungsgrundsatz auch als Verursachungsprinzip bezeichnet. Bilanztechnisch lässt sich eine periodengerechte Zuordnung auch durch Verbindlichkeiten oder Rechnungsabgrenzungsposten[530] erreichen.[531]

Eine nach § 252 Abs.2 HGB zulässige Ausnahme von diesem Bewertungsgrundsatz stellen z.B. die gesetzlich zulässigen Wahlaufwandsrückstellungen dar.[532]

Das Vorsichtsprinzip hat jedoch Vorrang, sodass Gewinne nicht der Periode ihrer Verursachung zugerechnet werden, und

---

[529] Vgl. **Naumann**, S. 228
[530] Vgl. zur Abgrenzung: Gliederungspunkt A.VII.
[531] Vgl. **Budde/Geißler**, in Beck'scher, § 252, Rz. 51 ff. ; **Crezelius**, Bilanzrecht, S. 32 f. ; **Heymann/Jung**, § 252, Rz. 24 ff.
[532] Vgl. **Budde/Geißler**, in Beck'scher, § 252, Rz. 54 ; **Hofbauer**, S. 15

im Ergebnis in derselben Periode entstandene Erträge und Aufwendungen verschiedenen Perioden zuzurechnen sind.[533]

8. Bewertungsstetigkeit

Weiterer wesentlicher, den Ermessensspielraum des Bilanzierenden bei der Rückstellungsbewertung einschränkender Bewertungsgrundsatz ist das in § 252 Abs.1 Nr.6 HGB kodifizierte Stetigkeitsgebot, welches die Beibehaltung der im vorhergehenden Jahresabschluss angewandten Bewertungsmethoden fordert. Zwar ist es als ‚Soll-Vorschrift' formuliert, trotzdem kann man aufgrund § 252 Abs.2 HGB davon ausgehen, dass auch hier Abweichungen nur in begründeten Ausnahmefällen zulässig sind (z.B. wenn rechtliche, wirtschaftliche oder organisatorische Gründe eine Änderung der Bewertungsmethodik veranlassen), es sich insofern um einen Beibehaltungszwang handelt.[534]

Primäre Zwecke sind die Sicherstellung der Vergleichbarkeit aufeinander folgender Jahresabschlüsse (aus dynamischer Bilanzsicht), die Vermeidung willkürlicher Bewertungsentscheidungen und die Verhinderung manipulatorischer Eingriffe durch den Bilanzierenden (aus statischer Bilanzsicht).[535]

Insbesondere ist eine Beibehaltung der in den Rückstellungswertansatz einbezogenen Kostenarten sowie der Abzinsungsmethode erforderlich. Schließlich muss dies objektübergreifend gehandhabt werden, womit auch der Grundsatz der

---

[533] Vgl. **Hofbauer**, S. 15
[534] Vgl. **Crezelius**, Bilanzrecht, S. 86 f. ; **Kessler**, S. 424 ; **Niemann**, S. 12 f. ; **Budde/Geißler**, in Beck'scher, § 252, Rz. 57, 59 ff.
[535] Vgl. **Naumann**, S. 250 ff. ; **Christiansen**, S. 25 ; **Kessler**, S. 421 ; **Niemann**, S. 13

Einheitlichkeit der Bewertung durch das Stetigkeitsprinzip erfasst wird. Dies bedeutet bei wiederkehrenden gleichartigen Rückstellungstatbeständen eine Beibehaltungspflicht der Bewertungsmethode.[536]

Nicht erfasst werden von der Bewertungsstetigkeit die vorgelagerten Ansatzwahlrechte, z.B. § 249 Abs.2 HGB, womit hier ohne Bindung an Beibehaltungspflichten jeder Einzelfall für sich beurteilt werden kann; § 252 Abs.1 HGB spricht explizit von Bewertungsgrundsätzen. Trotzdem muss, wenn sich der Kaufmann für einen Ansatz entscheidet, auf eine früher in einem ähnlich gelagerten Fall angewandte Methode zurückgegriffen werden, womit dem Grundsatz der Einheitlichkeit der Bewertung genügt wird. Ebenso besteht bei Wahlrückstellungen eine Beibehaltungspflicht der einmal gewählten Bewertungsmethode.[537]

Im Ergebnis dient das Stetigkeitsprinzip dem Ziel der Rückstellungsbilanzierung einer willkürfreien Ermittlung eines verlustantizipierenden Umsatzgewinns.[538]

9. In § 252 HGB nicht genannte Bewertungsgrundsätze

Wesentlich für die Bewertung der Rückstellungen ist die *Willkürfreiheit*, welche sich aus den GoB (§ 243 Abs.1 HGB) und § 252 Abs.1 Nr.4, Nr.6 HGB ableiten lässt; sachfremde Erwägungen dürfen bei der Rückstellungsbewertung keine Rol-

---

[536] Vgl. **Budde/Geißler**, in Beck'scher, § 252, Rz. 56 ; **Bach**, S. 256 ; **Eder**, S. 172 f. ; **Kessler**, S. 422
[537] Vgl. **Kessler**, S. 423 ; **Bach**, S. 257 ; **Budde/Geißler**, in Beck'scher, § 252, Rz. 57
[538] Vgl. **Naumann**, S. 250 ; Anm. d.V.: NAUMANN vertritt eine eher dynamische Bilanzinterpretation

le spielen.[539] Ebenso muss der Grundsatz der *Wesentlichkeit* beachtet werden, welcher insbesondere für Kapitalgesellschaften (vgl. § 308 Abs.2 S.3 HGB) Anwendung findet. Eine Schwierigkeit der Abgrenzung zu unwesentlichen Tatbeständen bleibt jedoch.[540]

II. Bewertung von Rückstellungen in der Steuerbilanz

1. Grundlagen und Maßgeblichkeit

§ 6 EStG regelt die Bewertung der bei der Gewinnermittlung durch Vermögensvergleich gem. § 5 Abs.1 EStG anzusetzenden einzelnen Wirtschaftsgüter für die Steuerbilanz; hierbei entspricht der steuerrechtliche Begriff des Wirtschaftsguts aufgrund der Maßgeblichkeit dem handelsrechtlichen Begriff des Vermögensgegenstandes. Zweck dieser seit 1934 bestehenden Vorschrift ist die Verhinderung der handelsrechtlich weitgehend zulässigen Unterbewertung von Wirtschaftsgütern aus Gründen des Gläubigerschutzes. Um eine gleichmäßige, zeitgerechte und vollständige Bewertung im Steuerrecht zu gewährleisten, dürfen handelsrechtliche Bewertungsfreiheiten nicht in das Steuerrecht übernommen werden, weshalb steuerrechtliche Bewertungsvorschriften grds. zwingend gelten.[541]

Die im vorherigen Abschnitt erläuterten Bewertungsvorschriften und allgemeinen GoB des Handelsrechts - im Beson-

---

[539] Vgl. **Budde/Geißler**, in Beck'scher, § 252, Rz. 68 f. ; **Hofbauer**, S. 9
[540] Vgl. **Budde/Geißler**, in Beck'scher, § 252, Rz. 70 f. ; **Hofbauer**, S. 9
[541] Vgl. **Crezelius**, Steuerrecht II, S. 163, Rz. 61 ; **Schmidt/Glanegger**, EStG § 6, Rz.1, 3 ; **Naumann**, S. 220 ; **Prinz**, DStR, S. 661

deren die vernünftige kaufmännische Beurteilung als Schätzmaßstab bei der Rückstellungsbewertung - gelten aufgrund des Maßgeblichkeitsprinzips[542] (§ 5 Abs.1 S.1 EStG) unter Beachtung des Bewertungsvorbehaltes in § 5 Abs.6 EStG, und soweit § 6 EStG nichts anderes vorsieht, ebenso für die Steuerbilanz. Die umgekehrte Maßgeblichkeit bewirkt, dass auch bei nur steuerrechtlich begründeten Wertansätzen der Ansatz in der Handelsbilanz entscheidend ist.[543] Die Geltung des Maßgeblichkeitsgrundsatzes für die steuerrechtliche Bewertung wurde letztendlich durch den Gesetzgeber erst 1989 bestätigt; in diesem Zusammenhang wurde S.2 des § 5 Abs.1 EStG eingeführt.[544] Der Grundsatz der Einzelbewertung findet auch im Steuerrecht (§ 6 Abs.1 EStG) Erwähnung und verfolgt im Bereich der Rückstellungsbewertung die genannten handelsrechtlichen Zwecke der Bilanzklarheit und der Vermeidung einer Saldierung mit nicht verwirklichten Gewinnen. Ebenso besteht steuerrechtlich eine Berücksichtigungspflicht von wertaufhellenden Umständen.[545] Der Grundsatz der Stetigkeit wird von der Steuerrechtsprechung von jeher als allgemein gültiger GoB angesehen, insbesondere zum Zwecke einer manipulationsfreien Bewertung.[546] Unterschiede in der Bewertung zwischen Handels- und Steuerbilanz ergeben sich demnach nur, wenn steuerrecht-

---

[542] Vgl. hierzu: Gliederungspunkt C.II.
[543] Vgl. **Schmidt/Glanegger**, EStG § 6, Rz.10, 17 ; **BFH**, in: BStBl. II 1994, S. 176 ; **Hofbauer**, S. 60 ; **Naumann**, S. 164 ; **Crezelius**, Steuerrecht II, S. 127, Rz. 5
[544] Vgl. **Bach**, S. 258 f. ; **Gesetz** vom 22.12.1989, in: BGBl. I 1989, S. 2408
[545] Vgl. **Schmidt/Glanegger**, EStG § 6, Rz. 35 ff. ; **Niemann**, S. 17
[546] Vgl. **Naumann**, S. 255 f. ; **RFH**, 26.09.1929, in: RStBl. 1930, S. 68

liche Sondervorschriften existieren, welche im Folgenden kurz umrissen werden.[547]

Das Ertragsteuerrecht enthält gegenüber § 6 EStG vorrangige weitere Bewertungsnormen; im Bereich der Rückstellungsbewertung wäre hier § 6a Abs.3 EStG für die Bewertung der Pensionsrückstellungen zu nennen.[548]

In der Steuerbilanz sind negative Wirtschaftsgüter grds. unter sinngemäßer Anwendung der für nicht abnutzbare aktive Wirtschaftsgüter geltenden Vorschriften zu bewerten (§ 6 Abs.1 Nr.3 S.1 EStG); d.h. mit ihren Anschaffungskosten oder ihrem höheren Teilwert (§ 6 Abs.1 Nr.2 EStG).[549] Anschaffungskosten meinen bei Verbindlichkeiten den Erfüllungsbetrag, der BFH spricht auch vom Nennbetrag. Der steuerlich anzusetzende Wert entspricht damit grds. dem handelsrechtlichen Wert.[550] Unter dem Teilwert einer Verbindlichkeit ist der Betrag zu verstehen, den ein Erwerber des Betriebs mehr bezahlen würde, wenn die Verbindlichkeit nicht bestünde.[551]

Bis 1999 war dies nach h.M. auch die allein maßgebende Bewertungsregelung für Rückstellungen im Ertragsteuerrecht. Mit dem StEntlG 1999 ff. wurde erstmals die Bewertung von Rückstellungen explizit im Ertragsteuerrecht geregelt, was mit Einschränkungen hinsichtlich der Bewertungsobergrenze und einem Abzinsungsgebot bei längerfristigen Verpflichtungen ein-

---

[547] Vgl. **Bach**, S. 258 f.
[548] Vgl. **Schmidt/Glanegger**, EStG § 6, Rz.18 ; Gliederungspunkt D.III.6.
[549] Vgl. **Prinz**, DStR, S. 661 ; **Scheffler**, Teil B, StuB, S. 541
[550] Vgl. **Hofbauer**, S. 62 f ; **BFH**, 04.03.1976, in: BStBl. II 1977, S. 380 ; **Bachem**, DStR, S. 773
[551] Vgl. **Hofbauer**, S. 63 f ; **BFH**, 12.03.1964, in: BStBl. III 1964, S. 525

herging.[552] Diese Konkretisierung in § 6 Abs.1 Nr.3a EStG entspricht weitgehend bisheriger Rechtsprechung. Die nach dem Gesetzeswortlaut nicht abschließend („insbesondere...') aufgezählten Bewertungsregelungen des § 6 Abs.1 Nr.3a EStG sind gem. § 52 Abs.16 S.9 EStG auch auf bereits vor dem 01.01.1999 gebildete Rückstellungen anzuwenden, wobei gem. § 52 Abs.16 S.8, 9, 11 EStG aus einem bei der Neubewertung entstehenden Gewinn in Höhe von 90% eine den Gewinn mindernde steuerfreie Rücklage gebildet werden kann, welche in den folgenden Jahren gewinnerhöhend aufzulösen ist.[553]

Aufgrund der hieraus resultierenden Abweichungen zwischen handels- und steuerrechtlicher Bewertung muss eine Steuerabgrenzung gem. § 274 HGB geprüft werden, da es sich nur um temporäre Differenzen handelt, die spätestens bei Anfall der durch die Rückstellung antizipierten Ausgaben ausgeglichen werden. Weiterhin kommt es zur Bildung eines Sonderpostens mit Rücklageanteil gem. § 273 HGB in der Handelsbilanz bei Nutzung der genannten steuerfreien Rücklage für Neubewertungsgewinne.[554]

2. Rückstellungen für gleichartige Verpflichtungen

§ 6 Abs.1 Nr.3a Buchst.a EStG bezieht sich auf alle steuerrechtlich ansatzfähigen Rückstellungsarten. Danach ist bei Rückstellungen für gleichartige Verpflichtungen auf der Grundlage der Erfahrungen in der Vergangenheit aus der Abwicklung

---

[552] Vgl. **Prinz**, DStR, S. 661 ; **Scheffler**, Teil B, StuB, S. 541 ; **Hofbauer**, S. 73
[553] Vgl. **Schmidt/Glanegger**, EStG § 6, Rz. 409 ; **Weber-Grellet**, Gewinnermittlungsvorschriften, DB, S. 68 ; **Günkel/Fenzl**, DStR, S. 653
[554] Vgl. **Günkel/Fenzl**, DStR, S. 653

solcher Verpflichtungen die Wahrscheinlichkeit zu berücksichtigen, dass der Steuerpflichtige nur zu einem Teil der Summe dieser Verpflichtungen in Anspruch genommen wird.[555]

Insbesondere kommen hier die Fälle der gleichartigen Rückstellungen für ungewisse Verbindlichkeiten (z.B. Schadensrückstellungen) oder Gewährleistungen, die ohne rechtliche Verpflichtung erbracht werden, in Frage. Diese steuerrechtliche Bewertungsvorschrift entspricht der bisherigen Praxis und Rechtsprechung, welche die Erfahrungen der Vergangenheit mehrfach als einen objektivierten Maßstab zur Beurteilung der wahrscheinlichen Inanspruchnahme bestätigt hat; sie hat somit vor allem klarstellenden Charakter.[556]

Demnach sind bei Sammelposten, die aufgrund fehlender feststellbarer Einzelrisiken gebildet wurden, Pauschalabschläge vorzunehmen, falls Erfahrungen über eine nur teilweise Inanspruchnahme vorliegen.[557] Ein Verstoß gegen die GoB kann aus dieser Vorschrift nicht abgeleitet werden, da intersubjektiv nachvollziehbare Daten, mit deren Hilfe der Umfang der Verpflichtung näher bestimmt werden kann, eine geeignete Grundlage für den Schätzrahmen des vernünftig bewertenden Kaufmannes darstellen. Insofern kann von einer in der Vergangenheit zu hohen Rückstellungsbewertung ausgegangen werden, wenn diese Vorschrift zu einer Reduzierung des Rückstellungsumfanges führt; daher scheint die Absicht des Gesetzgebers eher in einer Reduzierung des unvermeidlichen Ermessensspielraums bei der Rückstellungsbewertung zu liegen, zumal der

---

[555] Vgl. **Schmidt/Glanegger**, EStG § 6, Rz. 404
[556] Vgl. **Schmidt/Glanegger**, EStG § 6, Rz. 404 ; **BFH**, in: BStBl. II 1993, S. 437 ; **Kessler/Ranker**, StuB, S. 329 ; **Weber-Grellet**, Gewinnermittlungsvorschriften, DB, S. 165 f. ; **Günkel/Fenzl**, DStR, S. 654
[557] Vgl. **Schmidt/Glanegger**, EStG § 6, Rz. 404

Kaufmann schon handelsrechtlich nicht den ungünstigsten sondern den wahrscheinlichsten Betrag anzusetzen hat.[558]

Liegen nachprüfbare Argumente vor, dass sich die Belastung zukünftig tendenziell nach oben oder unten verändern wird, z.b. durch eine neue Risikosituation oder veränderte betriebliche Verhältnisse, so dürfen diese Informationen die Rückstellungsbewertung beeinflussen.[559]

Zweck dieser Neuregelung war auch, das in der Versicherungsbranche stark beanspruchte Vorsichtsprinzip bei der Schadensrückstellungsbewertung zurückzudrängen, weshalb § 20 Abs.2 S.2 KStG i.V.m. § 341 g HGB für noch nicht abgewickelte Versicherungsfälle zusätzlich vorsieht, dass Versicherungsunternehmen die Summe der einzelbewerteten Schäden je Versicherungszweig um den Betrag zu kürzen haben, der wahrscheinlich insgesamt nicht zur Befriedigung der Ansprüche für die Schäden benötigt wird, wobei dies ebenfalls einer vernünftigen kaufmännischen Bewertung entspricht.[560]

Die eventuell notwendige Abwertung von Sammelrückstellungen entspricht auch dem steuerrechtlichen Wertmaßstab ‚Teilwert', da ein potentieller Käufer die Wahrscheinlichkeit nicht in Anspruch genommen zu werden, ebenfalls berücksichtigen würde.[561]

Eine Durchbrechung des Maßgeblichkeitsgrundsatzes kann im Ergebnis aus der einschränkenden Wirkung des § 6 Abs.1

---

[558] Vgl. **Kessler/Ranker**, StuB, S. 329 ; **Scheffler**, Teil B, StuB, S. 541 ; **Günkel/Fenzl**, DStR, S. 654
[559] Vgl. **Scheffler**, Teil B, StuB, S. 541
[560] Vgl. **Schmidt/Glanegger**, EStG § 6, Rz. 404 ; **Günkel/Fenzl**, DStR, S. 654 ; **Scheffler**, Teil B, StuB, S. 542 ; **BMF-Schreiben**, 16.08.2000, in: DStR, Heft 39/2000, S. 1650
[561] Vgl. **Schmidt/Glanegger**, EStG § 6, Rz. 404 ; **Scheffler**, Teil B, StuB, S. 542

Nr.3a Buchst.a EStG nicht ersichtlich werden, da sie dem Objektivierungsgedanken entspricht und sich aus einer vernünftigen kaufmännischen Bewertung und dem Teilwertgedanken ergibt.[562]

3. Rückstellungen für Sachleistungsverpflichtungen

§ 6 Abs.1 Nr.3a Buchst.b EStG bestimmt, dass Rückstellungen für Sachleistungsverpflichtungen höchstens mit den Einzelkosten und den angemessenen Teilen der notwendigen Gemeinkosten zu bewerten sind.

Unter den Einzelkosten als Teil der Herstellungskosten sind dem Wirtschaftsgut unmittelbar zurechenbare variable Kosten (z.B. Material-, Fertigungseinzel-, Sondereinzelkosten) zu verstehen, welche gem. § 255 HGB zwingend einzurechnen sind. Notwendige Gemeinkosten (fix oder variabel) sind nicht direkt, sondern nur über Zuordnungsschlüssel zurechenbar (Material-, Fertigungsgemeinkosten).[563]

Erfasst werden von dieser Regelung Rückstellungen, welche keine Geldleistungen antizipieren; betroffen sind insb. Entfernungs- und Rückgabeverpflichtungen. Nach h.M. und Rechtsprechung waren vor der Neuregelung für Sachleistungsverpflichtungen grds. die Vollkosten anzusetzen; diese Vollkosten entsprechen den Einzelkosten und den notwendigen Gemeinkosten. Sie sind ebenfalls mit dem Erfüllungsbetrag der Verpflichtung, d.h. dem Geldwert der erforderlichen Aufwendungen nach den Preisverhältnissen am Bilanzstichtag, gleichzuset-

---

[562] Vgl. **Weber-Grellet**, Gewinnermittlungsvorschriften, DB, S. 168 ;
Scheffler, Teil B, StuB, S. 542
[563] Vgl. **Schmidt/Glanegger**, EStG § 6, Rz. 182 f.

zen. In Abweichung vom Handelsrecht durften schon bisher steuerrechtlich keine allgemeinen Verwaltungskosten einbezogen werden, da diese nicht Teil der zu passivierenden Außenverpflichtung, sondern betriebsinterner Aufwand sind. Ebenso muss bei freiwilligen Sozialkosten ein steuerrechtliches Passivierungsverbot herrschen. Die Regelung des § 6 Abs.1 Nr.3a Buchst.b EStG hat demnach nichts geändert, da sie offensichtlich vom Vollkostenbegriff ausgeht.[564]

Die geforderte ‚Notwendigkeit' der Gemeinkosten lässt sich danach definieren, ob sie ihrer Art nach notwendig zum Fertigungsprozess zu rechnen sind; sie bezieht sich also nicht auf die Höhe der Kosten.[565]

Mit der Forderung nach ‚Angemessenheit' der einzubeziehenden Gemeinkosten hat der Gesetzgeber die Frage nach der Möglichkeit der Hinzurechnung unangemessen hoher Kosten (z.B. Leerkosten durch Unterbeschäftigung) negiert. Handelsrechtlich sind sie weiter einbeziehungsfähig, soweit sie für die Erfüllung der Verbindlichkeit notwendig sind.[566]

Grundsätzlich kann die Frage der Angemessenheit nach SCHEFFLER auch durch eine Gleichsetzung der einzubeziehenden Kostenarten mit den Herstellungskosten bei selbsterstellten aktiven Wirtschaftsgütern beantwortet werden. Er fordert einen Vollkostenansatz einschließlich beschäftigungsunabhängiger Gemeinkosten, ansonsten wären Rückstellungen für Sachleistungsverpflichtungen seiner Meinung nach unterbewertet. So-

---

[564] Vgl. **Schmidt/Glanegger**, EStG § 6, Rz. 405 ; **Bayerisches Staatsministerium der Finanzen, o.V.**, S.15 ; **Kessler/Ranker**, StuB, S. 329 ; **BFH**, 19.01.1972, in: BStBl. II 1972, S. 392 ; **BFH**, 08.07.1992, in: BStBl. II 1992, S. 910 ; **Weber-Grellet**, Gewinnermittlungsvorschriften, DB, S. 165 ; **Günkel/Fenzl**, DStR, S. 654

[565] Vgl. **Günkel/Fenzl**, DStR, S. 654

[566] Vgl. **Kessler/Ranker**, StuB, S. 329 ; **Günkel/Fenzl**, DStR, S. 654

mit könnte von einer Übertragung der Grundsätze zur Ermittlung der Herstellungskosten von der Aktiv- auf die Passivseite ausgegangen werden; diese weite Auslegung ist jedoch nicht unumstritten.[567]

Nach GLANEGGER fordert die Vorschrift den Ansatz der ertragsteuerlichen Herstellungskosten-Untergrenze.[568]

Die h.M. interpretiert diese Einschränkung folglich nicht als solche. Im Ergebnis kann in § 6 Abs.1 Nr.3a Buchst.b EStG eine weitere objektivierende Regelung für einen zutreffenden Gewinnausweis in der Steuerbilanz gesehen werden, indem durch den Vollkostenansatz der vollständige Aufwand ausgewiesen wird, und lediglich die bisher nicht angemessenen Teile der Gemeinkosten ausgesondert werden.[569]

4. Berücksichtigung zukünftiger Vorteile

§ 6 Abs.1 Nr.3a Buchst.c EStG verlangt bei der steuerlichen Rückstellungsbewertung eine wertmindernde Berücksichtigung von künftigen Vorteilen, die mit der Erfüllung der Verpflichtung voraussichtlich verbunden sein werden, soweit sie nicht als Forderung zu aktivieren sind.

Eine konditionale Verknüpfung von Verpflichtung und Vorteil sei nach KESSLER/RANKER nicht notwendig, der erwartete kompensierende Vorteil müsse lediglich rechtlich abgesichert sein, braucht jedoch nicht der Verpflichtung zwangsläufig folgen.[570] WEBER-GRELLET fordert dagegen einen unmittelbaren

---

[567] Vgl. **Scheffler**, Teil B, StuB, S. 542 f.
[568] Vgl. **Schmidt/Glanegger**, EStG § 6, Rz. 405
[569] Vgl. **Weber-Grellet**, Gewinnermittlungsvorschriften, DB, S. 168 ; **Günkel/Fenzl**, DStR, S. 654
[570] Vgl. **Kessler/Ranker**, StuB, S. 330

Zusammenhang zwischen Verpflichtung und Vorteil (z.B. bei Bürgschaften oder Ausgleichsverpflichtungen), wobei auch die Finanzrechtsprechung, Finanzverwaltung und h.M. dieser Auffassung folgt. So müssen die Einnahmen aufgrund vertraglicher Vereinbarung oder gesetzlichen Anspruchs rechtlich zwangsläufig nachfolgen und die Einnahmen müssen vollwertig sein, d.h. sie dürfen nicht bestritten werden, und der zur Zahlung Verpflichtete muss über die erforderliche Zahlungsfähigkeit verfügen.[571]

Als Ausnahmetatbestand vom Saldierungsverbot ist diese Regelung folglich entsprechend eng auszulegen, eine bloße Möglichkeit verpflichtet nicht zur Gegenrechnung, vielmehr muss der erwartete Vorteil hinreichend konkretisierbar sein. Sind die Vorteile nur sehr ungewiss oder liegen in ferner Zukunft wird von einer Kompensation abzusehen sein. Die Einschätzung der Wahrscheinlichkeit des Eintritts eines zukünftigen Vorteils wird über eine vernünftige kaufmännische Beurteilung erfolgen; schließlich gilt das Stichtagsprinzip auch steuerrechtlich, was die Möglichkeit einer abschließenden Wertermittlung zum Stichtag bedingt.[572]

Die Gegenrechnungspflicht weitet die Bewertungseinheit der betreffenden Rückstellung jedenfalls aus, wobei vor dieser

---

[571] Vgl. **Weber-Grellet**, Gewinnermittlungsvorschriften, DB, S. 168 ; **Scheffler**, Teil B, StuB, S. 543 ; **BFH**, 17.02.1993, in: BStBl. II, S. 437, Anm.: Diese Voraussetzungen wurden vom BFH im Zusammenhang mit der Möglichkeit der Einbeziehung von Rückgriffsansprüchen dargelegt.

[572] Vgl. **Schmidt/Glanegger**, EStG § 6, Rz. 406 ; **Günkel/Fenzl**, DStR, S. 655 ; **Scheffler**, Teil B, StuB, S. 543

Regelung die bloße Aussicht auf Vorteile für eine Kompensation nicht genügte.[573]

Im Ergebnis gelten nach h.M. weniger strenge Voraussetzungen für eine Kompensation als nach bisheriger Rechtsprechung. Da auch die handelsrechtlichen Anforderungen höher liegen, führt ein nur die weniger anspruchsvollen steuerrechtlichen Kompensationsbedingungen erfüllender Vorteil in der Steuerbilanz zu einem niedrigeren Wertansatz der Rückstellung als in der Handelsbilanz.[574]

SCHEFFLER sieht hingegen keine Einschränkung des Maßgeblichkeitsprinzips, da sich die Vorschrift aus einer vernünftigen kaufmännischen Bewertung und dem Teilwert-Gedanken ableiten lasse; nur wenn in der Vergangenheit anders verfahren wurde, wird diese Einschränkung bilanziell zur Geltung kommen. Dann wäre es SCHEFFLER zufolge jedoch schon in der Handelsbilanz zu einer unzulässigen Bildung stiller Reserven gekommen, da die Anforderungen so weitgehend sind, dass auch in der Handelsbilanz kein Verstoß gegen das Saldierungsverbot und den Einzelbewertungsgrundsatz vorliegen könne.[575]

Ein möglicher Unterschied zwischen Handels- und Steuerbilanz ist m.E. nur abhängig von der interpretierten Konkretisierungstiefe der geschilderten Anforderungen der Finanzverwaltung an die Zurechenbarkeit eines künftigen Vorteils. Die Meinungen hierzu differieren jedenfalls.

---

[573] Vgl. **Schmidt/Glanegger**, EStG § 6, Rz. 406 ; **Bayerisches Staatsministerium der Finanzen, o.V.**, S.15 ; **Günkel/Fenzl**, DStR, S. 655 ; siehe hierzu Gliederungspunkt A.IX.7.c) ‚Apotheker-Urteil', welches aus steuerrechtlicher Sicht überholt ist. Die Grundsätze dieser BFH-Entscheidung werden durch diese Neuregelung auf alle Rückstellungsarten übertragen.

[574] Vgl. **Kessler/Ranker**, StuB, S. 330 ; **Günkel/Fenzl**, DStR, S. 655

5. Zeitanteilige Zuführung

Gem. § 6 Abs.1 Nr.3a Buchst.d S.1 EStG müssen Rückstellungen für Verpflichtungen, für deren Entstehen im wirtschaftlichen Sinne der laufende Betrieb ursächlich ist, zeitanteilig in gleichen Raten angesammelt werden.

Hiermit sind solche Rückstellungen (sog. Verteilungsrückstellungen) gemeint, denen Verpflichtungen zugrunde liegen, die erst nach einer gewissen Zeit einzulösen sind, z.B. Entsorgungs- oder Abbruchverpflichtungen[576]. Der verursachte Aufwand muss dem Betrieb in diesem Falle zeitanteilig, gleichmäßig bis zum Eintritt des Ereignisses wachsend, zugerechnet werden. Auf eine rechtliche Verpflichtung, die z.B. bereits bei Anschaffung, Herstellung oder Inbetriebnahme entsteht, kommt es hier nicht an. Die Regelung ist vielmehr Ausdruck der wirtschaftlichen Verursachung, da die mit diesen Verpflichtungen verbundenen Aufwendungen auch zukünftige, nach dem Bilanzstichtag entstehende Erträge alimentieren.[577] Daher ist bei solchen Verteilungsrückstellungen von einer wirtschaftlichen Verursachung nur bis zum Abschlussstichtag auszugehen.[578]

---

[575] Vgl. **Scheffler**, Teil B, StuB, S. 542 ff. ; ähnlich: **Cattelaens**, EStG § 6, S. 194
[576] Vgl. **BFH**, 19.02.1975, in: BStBl. II 1975, S. 480, Der BFH entschied für Abbruchverpflichtungen bei betrieblich genutzten Gebäuden nach 10 Jahren auf einen gleich langen Ansammlungszeitraum; **Günkel/Fenzl**, DStR, S. 655 ; zu ‚Entsorgungsverpflichtungen': Gliederungspunkt C.III.
[577] Vgl. **Schmidt/Glanegger**, EStG § 6, Rz. 407 ; **Weber-Grellet**, Gewinnermittlungsvorschriften, DB, S. 169 ; **Scheffler**, Teil B, StuB, S. 544
[578] Vgl. **Scheffler**, StuB, Teil B, S. 544 ; **DIHK, Vogt**

Nicht von dieser Vorschrift erfasst sind sog. ‚echte Ansammlungsrückstellungen', bei denen der Rückstellungsbetrag tatsächlich jedes Jahr ansteigt.[579] Eine Einschränkung des Maßgeblichkeitsprinzips lässt sich hier nicht feststellen, da die Vorschrift dem Periodisierungsgrundsatz genügt, und derartige Rückstellungen schon vor dieser Regelung ratierlich angesammelt wurden.[580] Satz 3 dieser Vorschrift regelt für die steuerrechtliche Rückstellungsbewertung im Falle der Verpflichtung zur Stilllegung eines Kernkraftwerkes den Beginn des Ansammlungszeitraumes im Zeitpunkt der erstmaligen Nutzung und das Ende im Zeitpunkt, zu welchem mit der Stilllegung begonnen wird. 25 Jahre beträgt der Ansammlungszeitraum, wenn der Stilllegungszeitpunkt ungewiss ist, die Rückstellung muss jedoch nach 25 Jahren nicht aufgelöst werden. Die Vorgabe des Zeitraumes entspricht dem Objektivierungsgedanken. Zwar entsteht bei Kernkraftwerken die rechtliche Verpflichtung bereits im Zeitpunkt der Eröffnung, wirtschaftlich sind die mit diesen Verpflichtungen verbundenen Aufwendungen jedoch den zukünftig erzielten Einnahmen zuzurechnen.[581] Zu kritisieren bleibt, dass der Ansammlungszeitraum erst mit Beginn der Stilllegung endet und nicht schon bei Beendigung des Anlagenbetriebs, da für den Zeitraum dazwischen keine den Aufwendungen entgegenstehenden Umsätze mehr erzielt werden. Somit ergibt sich durch diese Spezialvorschrift eine Verletzung des Periodisierungsgrundsatzes und des Leistungsfähigkeitsprinzips.[582]

---

[579] Vgl. **Weber-Grellet**, Gewinnermittlungsvorschriften, DB, S. 169 ; Gliederungspunkt D.III.3.
[580] Vgl. **Scheffler**, Teil B, StuB, S. 544 ; **Günkel/Fenzl**, DStR, S. 655
[581] Vgl. **Schmidt/Glanegger**, EStG § 6, Rz. 407 ; **Scheffler**, Teil B, StuB, S. 544
[582] Vgl. **Scheffler**, Teil B, StuB, S. 544 ; **Günkel/Fenzl**, DStR, S. 655

Im übrigen sind nach alter Rechtslage gebildete Rückstellungen bis zu dem Betrag gewinnerhöhend aufzulösen, der sich aus der neuen Regelung ergibt, sofern am Schluss des Erstjahrs der Zeitpunkt der Stilllegung nicht feststeht; ebenso werden sie von der neuen Abzinsungsregelung[583] erfasst (§ 52 Abs.16 S.10 EStG).

III. Bewertung von ungewissen Verbindlichkeiten

1. Grundlagen

Handelsrechtlich wird der Wertansatz einer Verbindlichkeitsrückstellung wesentlich von den einbezogenen Kostenarten abhängig sein. Nach kaufmännischer Vernunft gem. § 253 Abs.1 S.2 HGB gebietet sich, wie erläutert, bei Sach- und Dienstleistungsverpflichtungen der Ansatz des Erfüllungsbetrages, welcher dem erforderlichen Wertverzehr, um die geschuldete Leistung zu bewirken, entspricht. Demnach sind Vollkosten anzusetzen, welche sich aus den Einzelkosten und den notwendigen Gemeinkosten zusammensetzen.[584] Bei Geldleistungsverpflichtungen entspricht der Erfüllungsbetrag dem zu erbringenden Geldbetrag (Rückzahlungsbetrag).[585]

Über Art und Umfang der in die Herstellungskosten (Vollkosten) einzubeziehenden Kostenarten gem. § 255 Abs.2, 3 HGB und ihre Übertragbarkeit auf die Bewertung von Sach-

---

[583] Vgl. Gliederungspunkt D.VI.2.
[584] Vgl. **BFH**, 25.02.1986, in: BStBl. II 1986, S. 788 ; **Kessler**, S. 438 ; **Clemm/Nonnenmacher**, in Beck'scher, § 253, Rz. 158
[585] Vgl. **Naumann**, S. 257

und Dienstleistungsverpflichtungen herrscht jedoch Uneinigkeit. Zumindest ist davon auszugehen, dass der Begriff der Herstellungskosten in Handels- und Steuerbilanz identisch ist. Die h.M. favorisiert die analoge Anwendung des Vollkostenansatzes bei selbst erstellten aktiven Wirtschaftsgütern auf Sachleistungsverpflichtungen; ein Teilkostenansatz würde aus Sicht des Verpflichtungscharakters zu einer Unterbewertung der Rückstellung führen. Steuerrechtlich ist ebenfalls vom Vollkostenansatz auszugehen, da gem. § 5 Abs.6 EStG i.V.m. § 6 Abs.1 Nr.3 kein Wahlrecht vorgesehen ist, welches einen Teilkostenansatz ermöglichen würde.[586] Nur für den Fall der Bewertung von Rückstellungen für interne Jahresabschlusskosten erklärte der BFH auch Fixkosten als nicht einbeziehungsfähig, wobei dieses Urteil stark umstritten ist.[587]

Steuerrechtlich ist der Wertansatz von Verbindlichkeitsrückstellungen nach h.M. und Rechtsprechung gem. § 6 Abs.1 Nr.3 EStG unter sinngemäßer Anwendung des § 6 Abs.1 Nr.2 EStG analog zu den Vorschriften über die Bewertung von Verbindlichkeiten zu bestimmen, d.h. mit den Anschaffungs- oder Herstellungskosten bzw. dem Teilwert. Diesem Verfahren ist aufgrund des die handelsrechtliche Maßgeblichkeit zurückdrängenden Bewertungsvorbehaltes in § 5 Abs.6 EStG zu folgen.[588]

---

[586] Vgl. **Clemm/Nonnenmacher**, in Beck'scher, § 253, Rz. 158 ; **Kessler**, S. 438 ff. ; **Bach**, S. 262 ff. ; **Kessler/Ranker**, StuB, S. 329 ; **Kupsch**, Neuere Entwicklungen, S. 24 ff. ; **Christiansen**, S.49ff.; a.A.: **Clemm/Nonnenmacher**, in Beck'scher, § 253, Rz. 158 f.

[587] Vgl. **Clemm/Nonnenmacher**, in Beck'scher, § 253, Rz. 159 ; **BFH**, 24.11.1983, in: BStBl. II 1984, S.301 ; **Kupsch**, Neuere Entwicklungen, S. 24 ff. ; **Bach**, S. 262 ff. ; **Ziemba**, b&b, S.305

[588] Vgl. **Clemm/Nonnenmacher**, in Beck'scher, § 253, Rz. 153 ; **BFH**, 12.12.1990, in: BStBl. II 1991, S. 483 ; **BFH**, 13.11.1991, in: BStBl. II 1992, S. 519 ; **Hofbauer**, S. 60 ff. ; **Kessler**, S. 428 ff.

Bisweilen wurde auch von einem allein maßgeblichen Ansatz in der Handelsbilanz gesprochen, da § 6 Abs.1 Nr.3 EStG Rückstellungen nicht explizit nennt; damit wäre auch steuerrechtlich der handelsrechtlich geschätzte Erfüllungsbetrag anzusetzen. Begründet wurde diese Auffassung auch mit der unklaren Handhabung des Begriffs der Anschaffungskosten bei Verbindlichkeitsrückstellungen.[589]

Für die Bewertung von Rückstellungen für Zuwendungen anlässlich eines Dienstjubiläums erklärt ein BMF-Schreiben statt des Teilwertverfahrens steuerrechtlich auch den Einsatz eines sog. Pauschalwertverfahrens zulässig. Hier wird der steuerrechtlich anzusetzende Teilwert pauschal anhand einer verbindlichen Tabelle vorgegeben.[590] Bei Schutzrechtsverletzungen erfolgt eine Bewertung der Verbindlichkeitsrückstellung aufgrund des möglichen Anspruchs der Rechteinhabers.[591]

Im Ergebnis kommt man zum Vollkostenansatz in Handels- wie Steuerbilanz, da der steuerrechtliche Teilwert i.S.d. handelsrechtlichen Erfüllungsbetrages auszulegen ist, wobei die Einschränkungen des § 6 Nr.3a Buchst. a-d EStG zu beachten sind. Wie erläutert dürfen bei Sachleistungsverpflichtungen steuerrechtlich im Vollkostenansatz nur die angemessenen Teile der notwendigen Gemeinkosten enthalten sein (z.B. Einbeziehungsverbot von allgemeinen Verwaltungskosten).[592]

---

[589] Vgl. **Clemm/Nonnenmacher**, in Beck'scher, § 253, Rz. 153 ; Gliederungspunkt D.II.1.
[590] Vgl. **BMF-Schreiben**, 29.10.1993, in: BStBl. I, S.898 ; **Schmidt/Weber-Grellet**, EStG § 5, Rz. 415
[591] Vgl. **Schmidt/Weber-Grellet**, EStG § 5, Rz. 400
[592] Vgl. **Kessler/Ranker**, StuB, S. 329 ; **Kessler**, S. 458

2. Berücksichtigung von Ungewissheiten

Der Rückstellungen für ungewisse Verbindlichkeiten immanenten Ungewissheit wurde schon bei der Formulierung der Bewertungsgrundlage in § 253 Abs.1 S.2 HGB Rechnung getragen. Nach COENENBERG[593] muss bei der Bewertung einer Verbindlichkeitsrückstellung der ungewisse anzusetzende Betrag im Rahmen einer kaufmännisch vernünftigen Entscheidung in drei Schritten ermittelt werden:

Bei annähernd sicheren Werten kann eine genaue Prognose des Rückstellungswertes erfolgen, hier ist der Ermessensspielraum des Kaufmannes sehr eng.

Liegen Erfahrungswerte vor, sind statistische Wahrscheinlichkeiten zu ermitteln (z.B. Pauschalbewertung von Garantierückstellungen).

Liegen keine sicheren oder statistischen Daten vor, erfolgt die Bewertung nach subjektivem Ermessen im Rahmen einer Schätzung von glaubwürdigen Daten, hier muss der wahrscheinlichste Wert angesetzt werden.[594]

Die Ungewissheit, welche der Kaufmann bei der Bewertung von Verbindlichkeitsrückstellung zu bewältigen hat, lässt sind anhand folgender Punkte konkretisieren: Vollständigkeit der bewertungsrelevanten Daten, zeitliche Abgrenzung der zu berücksichtigenden Erkenntnisse (Wertaufhellung/Wertbeeinflussung), Ungewissheitsreduktion durch Hinauszögern des Entscheidungszeitpunktes der Bewertung im Zeitraum der Bilanzaufstellung.[595] Nochmals sei darauf hingewiesen, dass eine nur 50 prozentige Wahrscheinlichkeit der Inanspruchnahme,

---

[593] Vgl. **Coenenberg** in: **Hofbauer**, S. 40 f., Fn. 148, m.w.N.
[594] Vgl. ähnlich: **Naumann**, S. 172 ff.
[595] Vgl. **Naumann**, S. 171 ff.

nicht einen nur 50 prozentigen Wertansatz bedingt; wird eine Rückstellung bilanziert, ist diese in voller Höhe zu bewerten.[596]
Steuerrechtlich ist § 6 Abs.1 Nr.3a Buchst.a EStG bei gleichartigen Verpflichtungen zu beachten.[597]

3. Ratierliche Bildung

Handelsrechtlich möglich und geboten ist eine ratierliche Bildung von Ansammlungsrückstellungen für Verpflichtungen, bei denen eine Zustandsveränderung wirtschaftlichen und insoweit tatsächlichen Zuwachs begründet (z.B. Rekultivierungsverpflichtungen für ein Grundstück auf dem Kies abgebaut wird). Hier entspricht eine sukzessive Erhöhung nur dem allgemeinen Grundsatz, dass eine Verpflichtung in dem Umfange zu bilanzieren ist, wie sie bis zum Bilanzstichtag wirtschaftlich verursacht ist. Dem Realisationsprinzip, dem Prinzip der Abgrenzung der Sache und der Zeit nach und einem vollständigen Schuldenausweis wird somit nur durch eine ratierliche Bildung Genüge getan; würde der Kaufmann sogleich den gesamten geschätzten Betrag als Wertansatz der Verbindlichkeitsrückstellung wählen, könnte diesen Prinzipien nicht entsprochen werden.[598]

Zeigt sich während der Ansammlungsphase, dass der geschätzte Aufwand zu niedrig ist, z.B. aufgrund von eingetretenen Preissteigerungen, ist die Summe der bereits angesammel-

---

[596] Vgl. **Kupsch**, Neuere Entwicklungen, S.9 ; **Hofbauer**, S. 50 ff.
[597] Vgl. Gliederungspunkt C.II.2.
[598] Vgl. **R 38, Abs.1 EStR** ; **Schmidt/Glanegger**, EStG § 6, Rz. 407 ; **Maus**, S. 29 ; **Naumann**, S. 268 ff. ; **Scheffler**, Teil B, StuB, S.544; **Weber-Grellet**, Gewinnermittlungsvorschriften, DB, S. 169 ; **Günkel/Fenzl**, DStR, S.655 ; **Bach**, S. 302 ff.

ten Rückstellungsraten durch einen Einmalbetrag aufzustocken.[599]

Steuerrechtlich sind hier die erläuterten Einschränkungen des § 6 Abs.1 Nr.3a Buchst.d S.1 EStG zu befolgen, falls die Verpflichtung erst nach einer gewissen Zeit einzulösen ist und sich nicht abhängig von der Intensität der unternehmerischen Tätigkeit erhöht (z.B. Abbruchverpflichtungen).[600]

4. Berücksichtigung zukünftiger Preis-/ Kostensteigerungen

Bei der handelsrechtlichen Bewertung von Verbindlichkeitsrückstellungen wird die Frage nach der Einbeziehung künftiger Preis- und Kostensteigerungen unterschiedlich beantwortet. Für nur sehr kurzfristige Verbindlichkeiten besteht keine Notwendigkeit; Kostensteigerungen sind hier zu vernachlässigen.[601]

Befürworter einer Einbeziehung argumentieren, dass allein die Preisverhältnisse im Erfüllungszeitpunkt maßgeblich sein können, da es schließlich auf den Erfüllungsbetrag bei der Rückstellungsbewertung ankomme. Kostensteigerungen, welche sich zum Bilanzstichtag sicher (oder erwartungsgemäß) abzeichnen, z.B. Lohnerhöhungen aufgrund eines bereits abgeschlossenen (oder noch fehlenden) Tarifvertrags, oder angekündigte Preiserhöhungen von Lieferanten müssten berücksichtigt werden.[602] Begründet wird dies durch das Imparitätsprinzip als Ausprägung der vorsichtigen Bilanzierung ebenso wie durch die

---

[599] Vgl. **Maus**, S. 29
[600] Vgl. Gliederungspunkt D.II.5.
[601] Vgl. **Kessler/Ranker**, StuB, S. 328
[602] Vgl. **Clemm/Nonnenmacher**, in Beck'scher, § 253, Rz. 160 ; **Christiansen**, S. 48 ; **Kessler**, S.472; **Kessler/Ranker**, StuB, S. 328

Vorstellung, dass ein Erwerber des Unternehmens auf die tatsächlich anfallenden Kosten abstellen würde (Teilwertgedanke). Nach dieser Ansicht ergeben sich bei Sach- und Dienstleistungsverpflichtungen die erforderlichen Aufwendungen nach den Preisverhältnissen im Zeitpunkt ihres Anfalls.[603]

Gegner der Einbeziehung künftiger Kostensteigerungen berufen sich dagegen auf das Stichtagsprinzip, wonach nur bereits eingetretene Risiken und Verluste bilanziell zu erfassen sind. Ebenso seien auch andere Bilanzposten zu Stichtagspreisen oder Stichtagskosten zu bewerten, daher würde bei Berücksichtigung dem Nominalwertprinzip widersprochen werden, und die Vermögenslage am Bilanzstichtag unzutreffend ausgewiesen werden. Die Periodisierung- und Objektivierungsfunktion der Bilanz wäre dadurch verletzt. Diese Argumentation wird auch von der Rechtsprechung vertreten.[604]

Im Ergebnis ist bei der handelsrechtlichen Bewertung von Rückstellungen wohl nicht strikt auf die objektiven Stichtagsverhältnisse, sondern auf einen stichtagsperspektivischen Ansatz abzustellen, welcher eine Bemessung der Rückstellungen auf Basis zukünftiger Preise, sofern sie sich zum Stichtag mit hoher Sicherheit absehen lassen, fordert. Auch dem Imparitätsprinzip wäre insofern Genüge getan.[605]

Auch steuerrechtlich wird die Einrechnung künftiger Kosten- und Preissteigerungen unter Hinweis auf das Stichtags- und Nominalwertprinzip durch ständige Rechtsprechung abgelehnt,

---

[603] Vgl. **Clemm/Nonnenmacher**, in Beck'scher, § 253, Rz. 160 ; **Christiansen**, S. 48 ; **Pilhofer**, S.138; **Kessler**, S. 473 ; **Siegel**, Zur geplanten Neuregelung, DStR, S. 1675

[604] Vgl. **Naumann**, S. 275 ff ; **Bach**, S. 282 ; **Christiansen**, S. 48 ; **BFH**, 19.2.1975, in: BStBl. II 1975, S.480 ; **BFH**, 05.03.1981, in: BStBl. II 1981, S. 658, hier im Falle einer Drohverlustrückstellung

[605] Vgl. **Bach**, S. 286 f. ; **Christiansen**, S. 49 ; **Pilhofer**, S. 138

selbst wenn sich am Bilanzstichtag eine Erhöhung sicher abzeichnet.[606]

Im Ergebnis sind hieraus Verwerfungen zwischen Handels- und Steuerbilanz denkbar.

5. Einbeziehung von Rückgriffsansprüchen

Auch die Berücksichtigung von wirtschaftlich noch nicht entstandenen Rückgriffsansprüchen gegenüber Dritten (z.B. Lieferanten oder Subunternehmer bei Gewährleistungsrückstellungen) bei der Bewertung von Rückstellungen wird kontrovers diskutiert. Rechtlich bereits entstandene Rückgriffsansprüche sind hiervon nicht erfasst, sie müssen stets gesondert aktiviert werden.[607]

Der BFH entschied zumindest für die Fälle der Gewährleistungsrückstellungen und Urlaubsrückstellungen, dass unter gewissen Voraussetzung dem Unternehmen zustehende Rückgriffsmöglichkeiten und Ausgleichsansprüche bei der Rückstellungsbewertung zu berücksichtigen sind.[608]

Da grundsätzlich eine Verletzung des Realisationsprinzips, des Einzelbewertungsgrundsatzes, des steuerlichen Teilwertgedankens und ein Verstoß gegen das Saldierungsverbot zu erwarten ist, müssen gem. BFH[609] für eine Einbeziehung von Rückgriffsansprüchen folgende drei Voraussetzungen kumulativ erfüllt sein:

---

[606] Vgl. **Kessler/Ranker**, StuB, S. 329
[607] Vgl. **Clemm/Nonnenmacher**, in Beck'scher, § 253, Rz. 157 ;
Kupsch, Neuere Entwicklungen, S. 21 ; **Maus**, S. 29 ; **Christiansen**, S. 62 ; **Bach**, S. 291 ff. ; **Pilhofer**, S. 142, m.w.N.
[608] Vgl. **BFH**, 08.02.1995, in: BStBl. II 1995, S. 412 ; **BFH**, 17.02.1993, in: BStBl. II 1993, S. 437

- es besteht ein unmittelbarer Zusammenhang zwischen den unbestrittenen Rückgriffsansprüchen und der drohenden Inanspruchnahme,
- die Rückgriffsansprüche entstehen zwangsläufig in rechtlich verbindlicher Weise nach der Entstehung oder Erfüllung der Verbindlichkeit, und
- die Rückgriffsansprüche sind vollwertig, d.h. sie werden nicht bestritten, und der Schuldner ist zahlungsfähig.[610]

Sind diese Voraussetzungen erfüllt, können die Rückgriffsansprüche aktiviert oder, wenn sie wirtschaftlich noch nicht entstanden sind, rückstellungsmindernd bei der Bewertung berücksichtigt werden. Diese Einbeziehung von rechtlich und wirtschaftlich noch nicht entstandenen Ansprüchen entspricht einer vernünftigen kaufmännischen Beurteilung gem. § 253 Abs.1 S.2 HGB.[611] Steuerrechtlich gelten seit dem StEntlG 1999 ff. die gleichen Voraussetzung für die Einbeziehung künftiger Vorteile.[612]

---

[609] Vgl. **BFH**, 17.02.1993, in: BStBl. II 1993, S. 437
[610] Vgl. **Clemm/Nonnenmacher**, in Beck'scher, § 253, Rz. 157 ; ähnlich : **BFH**, 08.11.2000, I R 10/98, in: DStR 14/2001, S. 567
[611] Vgl. **Pilhofer**, S. 143 ; **Bach**, S. 292 f. ; **Maus**, S. 29
[612] Vgl. Gliederungspunkt D.II.4.

6. Bewertung von Pensionsrückstellungen

a. Handelsbilanz

Eine vernünftige kaufmännische Bewertung gem. § 253 Abs.1 S.2 HGB muss aufgrund des Mangels einer eigenständigen Regelung, auch bei Pensionsrückstellungen Anwendung finden. Nur für Rentenverpflichtungen, bei denen keine Gegenleistung mehr zu erwarten ist, regelt § 253 Abs.1 S.2 HGB, dass ab Rentenbeginn der Barwert angesetzt werden muss. Ebenso wird laufenden Pensionsverpflichtungen, obwohl sie nicht auf einem Stammrecht wie Renten, sondern auf einem Leistungsverhältnis basieren, Rentencharakter zugeschrieben, womit ebenfalls der Barwert anzusetzen ist. Beruht die Verpflichtung auf einer einmaligen Zahlung, lässt sich kein Rentencharakter feststellen, da es keine wiederkehrende, periodische Zahlung gibt, eine Bewertung erfolgt jedoch versicherungsmathematisch wie bei Pensionsansprüchen.[613] Für die Bewertung von Anwartschaften sind die allgemeinen Bewertungsgrundsätze für Rückstellungen anzuwenden. Als handelsrechtliche Wertuntergrenze ist der steuerrechtlich versicherungsmathematisch mit einem Rechnungszinsfuß von 6 % ermittelte Teilwert gem. § 6a Abs.3 S.3 EStG anzusehen.

Bei Altzusagen besteht aufgrund des Ansatzwahlrechts keine Mindestbewertungsvorschrift, jedoch kann eine nach steuer-

---

[613] Vgl. **Ellrott/Rhiel**, in Beck'scher, § 249, Rz. 195 f. ; **Heubeck**, S. 75 ff, als Barwert einer laufenden Rente gilt die Summe der auf den Bewertungsstichtag abgezinsten künftigen Rentenzahlbeträge, die jeweils mit der Wahrscheinlichkeit ihrer Fälligkeit gewichtet sind.

rechtlichen Grundsätzen errechnete Rückstellung als ausreichend angesehen werden.[614]

Handelsrechtliche Abweichungen von der Wertuntergrenze nach oben kommen bei Neuzusagen in Betracht. Bei Zusagen, welche von Risiken des menschlichen Lebens abhängen (Invalidität, Tod) muss eine versicherungsmathematische Bewertung unter Wahrscheinlichkeitsgesichtspunkten erfolgen.[615]

Handelsrechtlich sind folgende versicherungsmathematische Werte anzusetzen:[616]

Barwertansatz bei laufenden Pensionsleistungen und Anwartschaften auf solche oder bei einmaligen Kapitalzahlungen; jeweils ohne Gegenleistung

Teilwertansatz nach § 6a Abs.3 S.1, 2 EStG bei Anwartschaften von Aktiven, berechnet nach Zusageerteilung ab Dienstantritt als Unterschiedsbetrag des Barwerts der künftigen Leistung abzüglich Barwert der künftigen Gegenleistung

b. Steuerbilanz

§ 6a Abs.3 EStG schreibt den Ansatz einer Pensionsrückstellung höchstens mit dem Teilwert der Pensionsverpflichtung unter Anwendung eines Rechnungszinsfußes von 6 % vor; ebenso sind die anerkannten versicherungsmathematischen Regeln anzuwenden. Der Teilwert kann abhängig vom Sachverhalt die nachfolgenden Ausprägungen annehmen.

---

[614] Vgl. **Ellrott/Rhiel**, in Beck'scher, § 249, Rz. 197 f. ; **Heubeck**, S. 85 ff.
[615] Vgl. **Ellrott/Rhiel**, in Beck'scher, § 249, Rz. 199 ff. ; **Heubeck**, S. 71 ff.
[616] Vgl. **Ellrott/Rhiel**, in Beck'scher, § 249, Rz. 204

Nach Eintritt des Versorgungsfalles ist der Barwert der künftigen Pensionsleistungen am jeweiligen Bilanzstichtag gem. § 6a Abs.3 Nr.2 2.Alt. EStG anzusetzen.

Nach Beendigung des Dienstverhältnisses aber vor Eintritt des Versorgungsfalles ist für eine aufrechterhaltene Pensionsanwartschaft der Barwert der künftigen Pensionsleistungen vom Eintritt des Versorgungsfalles bis zum Ende des Versorgungszeitraumes gem. § 6a Abs.3 Nr.2 1.Alt. EStG anzusetzen (Anwartschaftsbarwert).

Besteht das Dienstverhältnis noch fort, muss gem. § 6a Abs.3 Nr.1 EStG der Teilwert über ein vorgegebenes Rechenschema ermittelt werden. Der Anwartschaftsbarwert ist hier um den Barwert der betragsmäßig gleichbleibenden Jahresbeträge zu mindern, die zukünftig bis zum Ende des Dienstverhältnisses noch aufzubringen sind. Der Teilwert von Anwartschaften errechnet sich steuerrechtlich nach Erteilung der Pensionszusage, ab Dienstantritt, frühestens ab dem Alter von 30 Jahren.[617]

Eine steuerliche Nichtanerkennung der handelsrechtlich gebildeten Pensionsrückstellung ist im Falle der Überversorgung bei Zusagen an Gesellschafter-Geschäftsführer denkbar.[618]

---

[617] Vgl. **Schmidt/Seeger**, EStG § 6a, Rz. 51 ; **Ellrott/Rhiel**, in Beck'scher, § 249, Rz. 208 ; **Heubeck**, S. 71 ff.
[618] Vgl. **Schuler**, DStR, S. 2129 ; Gliederungspunkt C.VI.2.

IV. Bewertung von Rückstellungen für drohende Verluste aus schwebenden Geschäften

1. Vorbemerkungen

Bei Verlustrückstellungen besteht keine Möglichkeit den Bilanzansatz dem Grunde nach von der Bewertung zu isolieren. Die grundsätzliche Ausgeglichenheitsvermutung bei schwebenden Geschäften gilt schließlich erst als widerlegt, wenn die Ansprüche hinter den Verpflichtungen zurückstehen. Daher kommt es in entscheidender Weise auf die Bewertung der in den Saldierungsbereich einbezogenen Elemente an, da nicht nur die Höhe der Rückstellung dadurch bestimmt wird, sondern die Bewertung auch darüber entscheidet, ob eine Verlustrückstellung überhaupt anzusetzen ist.[619]

Für die Einbeziehung zukünftiger Preis- und Kostenänderungen ist grds. auf die Ausführungen über die differierenden Ansichten bei Verbindlichkeitsrückstellungen zu verweisen.[620] Inwieweit demnach vorhersehbare Kostensteigerungen, Kostenminderungen und zu erwartende Mehrerlöse in den Saldierungsbereich mit einzubeziehen sind, wird unterschiedlich beantwortet. Im Ergebnis kann auch für Drohverlustrückstellungen gelten, dass eine Einbeziehung der künftigen Preisentwicklung nur bei hinreichender Wahrscheinlichkeit und einem auf ca. fünf Jahre begrenzten Prognosehorizont möglich sein wird.[621]

---

[619] Vgl. ähnlich: **Altmeier**, S. 110 f.
[620] Vgl. Gliederungspunkt C.III.4.
[621] Vgl. **Clemm/Nonnenmacher**, in Beck'scher, § 253, Rz. 174 ; **Altmeier**, S. 119 ff., m.w.N. ; **Naumann**, S. 328

Eine steuerrechtliche Bewertung entfällt aufgrund des Ansatzverbotes gem. § 5 Abs.4a EStG.

2. Bewertung bei Beschaffungsgeschäften

Bei Beschaffungsgeschäften ist eine Verlustrückstellung anzusetzen, wenn am Bilanzstichtag der Wert des (Sach-)Leistungsanspruchs hinter dem Wert der Gegenleitungsverpflichtung zurückbleibt.

Der Wert der Gegenleistungsverpflichtung entspricht dem Erfüllungsbetrag der Verpflichtung, d.h. dem vereinbarten Kaufpreis.[622]

Ist der anzuschaffende Vermögensgegenstand als aktivierungspflichtig zu qualifizieren, bestimmt sich der Wert des Lieferungsanspruchs nach den in § 253 Abs.1-5 HGB enthaltenen Regeln für die Bewertung des entsprechenden Gegenstandes.[623]

Dies bedeutet, dass sich bei dem Anlage- oder Umlaufvermögen zuzurechnenden Vermögensgegenständen die Höhe des Leistungsanspruchs aus dem Wert des Wirtschaftsgutes ergibt, zu dem es, wenn bereits geliefert, am Bilanzstichtag zu bilanzieren wäre.

Bei Gegenständen des Umlaufvermögens ist der Börsen- oder Marktpreis bzw. der beizulegende Wert mit der Geldleistungsverpflichtung zu saldieren.[624]

Bei Gegenständen des Anlagevermögens muss ebenfalls der beizulegende Wert angesetzt werden, bei neu angeschafften

---

[622] Vgl. **Naumann**, S. 311
[623] Vgl. **Clemm/Nonnenmacher**, in Beck'scher, § 253, Rz. 167 ; **Schroeder**, S. 29
[624] Vgl. **Clemm/Nonnenmacher**, in Beck'scher, § 249, Rz. 64 f. ; **BFH**, 25.02.1986, in: BStBl. II 1986, S.465

Sachanlagen wird man dabei vom Wiederbeschaffungspreis ausgehen. Liegt der vereinbarte Kaufpreis höher, kommt eine Rückstellung in Frage. NAUMANN lehnt dies jedoch ab und sieht eine Rückstellung nur als zulässig an, wenn eine bestellte Anlage nicht mehr rentabel eingesetzt werden kann, dem schloss sich sinngemäß auch die Rechtsprechung an.[625]

Insbesondere bei Vermögensgegenständen des Umlaufvermögens stellen sich zwei vieldiskutierte Möglichkeiten der Bewertung dar. Einerseits kann auf den Absatzmarkt, andererseits auf die Preisverhältnisse des Beschaffungsmarktes abgestellt werden, um den maßgeblichen Börsen-, Marktpreis oder beizulegenden Wert zu ermitteln.[626] Eine absatzmarktorientierte Bewertung ist nach NAUMANN immer dann vorzunehmen, wenn diese manipulationsfrei bestimmt werden kann; nur somit würde dem Ziel des Jahresabschlusses, einen verlustantizipierenden Umsatzgewinn auszuweisen, nachzukommen sein.[627]

Bei Sachleistungsansprüchen auf Roh-, Hilfs-, und Betriebsstoffe richtet sich nach h.M. der Wertansatz am Beschaffungsmarkt aus.[628]

Auch bei Handelswaren können grds. Absatz- und Beschaffungsmarkt maßgebend sein, es kann nach SCHRÖDER der Markt mit dem niedrigeren Preis herangezogen werden; ein Verlust gilt jedoch bei Handelswaren nicht als drohend, wenn die Waren sicher über dem Einkaufpreis verkauft werden kön-

---

[625] Vgl. **Clemm/Nonnenmacher**, in Beck'scher, § 249, Rz. 67 ff. ; **Naumann**, S. 318 ff. ; **Blenkers/Czisz**, S. 48 ; **BFH**, 25.02.1986, in: BStBl. II 1986, S.465
[626] Vgl. **Knobbe-Keuk**, S. 123 ; **Clemm/Nonnenmacher**, in Beck'scher, § 253, Rz. 167
[627] Vgl. **Naumann**, S. 314 f.
[628] Vgl. **Rupp**, S. 151 ; **Schroeder**, S. 29 ; **Clemm/Nonnenmacher**, in Beck'scher, § 253, Rz. 167 ; a.A. **Naumann**, S.318

nen, obwohl der Wiederbeschaffungspreis am Bilanzstichtag unter der Kaufpreisverpflichtung lag. Diese Annahme kann jedoch auch widerlegt werden, indem man, sich auf den Einzelbewertungsgrundsatz berufend, unrealisierte Gewinne aus anderen Geschäften nicht berücksichtigt, obwohl sie einen sonst drohenden Verlust zwangsläufig kompensieren. Es zeichnet sich jedoch auch hier eine Mehrheit für die absatzmarktorientierte Sichtweise ab.[629]

Gleiches gilt für den Wertansatz bei Dauerbeschaffungsverhältnissen über aktivierungsfähige Vermögensgegenstände (z.B. Sukzessivlieferverträge).[630]

Wertminderungen nach dem Bilanzstichtag bei noch nicht geliefertem Umlaufvermögen sind bei der Bewertung des Gegenleistungsanspruchs zu berücksichtigen, da bei bereits erfolgter Lieferung ein Abschreibungswahlrecht (§ 253 HGB) bestünde, welches auf die Rückstellungsbewertung zu übertragen ist.[631]

Handelt es sich um eine (einmalige) nicht aktivierungsfähige Leistung (z.B. Werkverträge), gibt es keinen Wert, der schon am Bilanzstichtag angesetzt werden könnte, wenn die Leistung bereits erbracht wäre. Hier ist auf den wirtschaftlichen Wert der Leistung abzustellen, der sich regelmäßig mit dem Wert der Gegenleistung deckt, sodass eine Rückstellungsbildung nicht in Frage kommt. Nur wenn eine Leistung mit gleichem Nutzen inzwischen günstiger bezogen werden könnte, oder nicht mehr benötigt wird, kann ausnahmsweise ein Verlust drohen. Der

---

[629] Vgl. **Schroeder**, S. 29 ; **Clemm/Nonnenmacher**, in Beck'scher, § 249, Rz. 65 ; **Naumann**, S.317, auch bei Handelswaren plädiert Naumann für eine strenge absatzmarktorientierte Bewertung ; so auch: **BFH**, 25.07.2000, in: DStRE 2001, S. 57 f.
[630] Vgl. **Altmeier**, S. 115, Fn. 576 m.w.N.
[631] Vgl. **Clemm/Nonnenmacher**, in Beck'scher, § 249, Rz. 66

BFH lehnt Verlustrückstellungen bei Beschaffungsgeschäften über nicht aktivierbare Leistungen wegen gesunkenen Beschaffungsmarktpreisen jedoch ab.[632]

Bei Dauerbeschaffungsgeschäften über nicht aktivierungsfähige Leistungen wie Leasingverträge könnte z.B. durch sinkende Zinssätze aus einem ursprünglich ausgeglichenen Geschäft ein Verlust drohen, da der Wert des Leistungsanspruchs gesunken ist, wenn man ihn beschaffungsmarktorientiert bewertet.[633] Auch hier hat sich der BFH jedoch für eine Relevanz des Absatzmarktes entschieden, indem auf den betriebsinternen Nutzen des Geschäfts abgestellt wurde, der sich nicht dadurch ändere, dass sich auf dem Beschaffungsmarkt niedrigere Preise verwirklichen lassen würden. Andererseits könnte man beschaffungsmarktorientiert argumentieren, dass bei der Ausgeglichenheitsprüfung auf die objektivierte Wertschätzung des Leistungsanspruchs durch den Markt Bezug zu nehmen ist. Letztendlich hat sich auch bei Dauerschuldverhältnissen über nicht aktivierungsfähige Leistungen die absatzmarktorientierte Sichtweise durchgesetzt.[634]

3. Bewertung bei Absatzgeschäften

Bei der Ermittlung des Bestehens eines Verpflichtungsüberschusses[635] im Rahmen schwebender Absatzgeschäfte ist maßgeblich, welche Kostenbestandteile bei der Bewertung der in

---

[632] Vgl. **Naumann**, S. 320 ; **Clemm/Nonnenmacher**, in Beck'scher, § 249, Rz. 74 ; **BFH**, 25.02.1986, in: BStBl. II 1986, S.465 ; **BFH**, 16.12.1987, in: BStBl. II 1988, S. 338
[633] Vgl. **Altmeier**, S.115 f. ; **BFH**, 27.07.1988, in: BStBl. II 1988, S. 999
[634] Vgl. **Altmeier**, S. 116, m.w.N. ; **Schmidt/Weber-Grellet**, EStG § 5, Rz. 466 ; **BFH**, in: BStBl. II 1988, S. 338

den Saldierungsbereich einfließenden eigenen Lieferungs- oder Leistungsverpflichtung einzurechnen sind. Auch hier stellen sich wie bei Verbindlichkeitsrückstellungen der Teilkostenansatz (variable Kosten) oder der Vollkostenansatz (mit Fixkosten) zur Auswahl.[636]

Bisweilen wird in diesem Zusammenhang eine Einbeziehung von Fixkosten nur dann gefordert, wenn das schwebende Absatzgeschäft verhindert, dass ein die Vollkosten deckender Auftrag angenommen werden kann. Gegen einen generellen Vollkostenansatz spricht nach dieser Auffassung, dass Unternehmen oft in beschäftigungsarmen Zeiten Aufträge annehmen, um einen Teil der Fixkosten zu decken, sie dann aber gezwungen werden würden eine Verlustrückstellung anzusetzen, womit sie bilanziell schlechter gestellt sind, als Unternehmen, welche noch keine Aufträge für die Folgeperiode angenommen haben. Andererseits spricht nach dieser Argumentation auch etwas gegen einen generellen Teilkostenansatz; die Tatsache, dass ein unzutreffender (zu günstiger) Ausweis der Vermögens- und Ertragslage des Unternehmens vermittelt wird, da ein unter Vollkosten angenommener Auftrag Produktionskapazitäten auslastet, diese blockiert und so verhindert, dass ein vollkostendeckender Folgeauftrag angenommen werden kann. Insofern wird von den Vertretern dieses Denkansatzes ein Wahlrecht zwischen Teil- und Vollkostenansatz gefordert.[637]

Zu diesem Problemkreis hat sich eine Vielzahl weiterer Meinungen herausgebildet, abhängig jeweils von der Zurech-

---

[635] Vgl. Gliederungspunkt B.IX.4.
[636] Vgl. hierzu näher: **Naumann**, S. 322 : nur bei Darlehensgeschäften kommt eine Geldleistung als eigene Verpflichtung in Betracht
[637] Vgl. **Pilhofer**, S. 138 f. ; **Baetge/Siepe**, Rückstellungen, S. 42 ; **Altmeier**, S. 111, m.w.N. ; **Kupsch**, Neuere Entwicklungen, S. 24 ; **Schroeder**, S. 29 f. ; **Naumann**, S. 323 f.

nung von Fixkosten; entweder zeitbezogen und produktionsunabhängig (Teilkosten-Vertreter) oder leistungs- und auftragsbezogen (Vollkosten-Vertreter).[638]

Bezieht man jedoch das Imparitätsprinzip, welches ursächlich für die Bildung von Drohverlustrückstellungen wirkt, näher in obige eher kostenrechnerisch angelegte Betrachtung ein, kann dieser Meinung nicht gefolgt werden. Das Imparitätsprinzip ist nicht in Anlehnung an eine Deckungsbeitragsrechnung auszulegen, sondern es dient allein der Offenlegung zum Bilanzstichtag eingetretener Verluste. Nur über einen generellen Vollkostenansatz (zu Selbstkosten) bei drohenden Verlusten aus Absatzgeschäften kann dem Rechnung getragen werden, und ein vollständiger Schuldenausweis ermöglicht werden. Sowohl variable wie fixe Kosten werden durch den verbindlich angenommenen Auftrag Bestandteil einer Rechtsverpflichtung, welcher sich das Unternehmen nicht mehr einseitig entziehen kann.[639]

Kalkulatorische (Mehr-)Kosten sind nicht in den Vollkostenansatz einzubeziehen, da ausschließlich die im Jahresabschluss zu erfassenden negativen Erfolgsbeiträge zu antizipieren sind.[640]

Ebenso sind Verträge, welche nicht nur einmalig zur Erbringung einer Sachleistung verpflichten (Dauerabsatzgeschäfte wie Mietverträge oder Charterverträge) auf einen eventuellen Verpflichtungsüberschuss zu prüfen; wobei hier anfangs

---

[638] Vgl. **Clemm / Nonnenmacher**, in Beck'scher, § 253, Rz. 169 ff., m.w.N.
[639] Vgl. **Altmeier**, S. 112 f. ; diese Meinung vertritt wohl auch **Kessler**, in : Altmeier, S. 113, Fn. 564 ; **Heymann/Jung**, § 253, Rz. 344
[640] Vgl. **Clemm / Nonnenmacher**, in Beck'scher, § 253, Rz. 173 ; **BFH**, 19.07.1983, in: BStBl. II 1984, S. 56 ; **Baetge/Siepe**, Rückstellungen, S. 42 ; **Pilhofer**, S. 139

Bedenken angemeldet wurden, da die Zurechnung von Aufwendungen umstritten war, allein Verträge nicht bilanzierungsfähig seien, und die eigene Sachleistungsverpflichtung mangels Herstellung eines Vermögensgegenstandes nicht zu bewerten wäre. Diese Argumente gelten heute als entkräftet, zumal schon das Imparitätsprinzip die Berücksichtigung eines jeden Verlustes gebietet.[641]

Ebenso gilt der ‚Grundsatz der verlustfreien Bewertung' der eigenen Leistungsverpflichtung, unabhängig davon, ob mit einem Herstellungsvorgang schon begonnen wurde, oder ob verkaufte Waren schon im Bestand sind. Danach sind vom vereinbarten Verkauferlös (abzüglich Erlösschmälerungen) aktivierte Anschaffungs- und Herstellungskosten (AHK) sowie voraussichtlich noch anfallende Aufwendungen abzuziehen. Bleibt ein negativer Restbetrag ist dieser zunächst durch Abschreibungen bei aktivierten AHK zu kompensieren, ist dies nicht vollständig möglich, muss für den verbleibenden Verpflichtungsüberschuss eine Verlustrückstellung angesetzt werden.[642]

Eine Rückstellung für drohende Verluste aus schwebenden Absatzgeschäften ist zu jedem Bilanzstichtag neu zu bewerten.[643]

Bei gekoppelten Absatz- und Beschaffungsgeschäften kann eine gegenseitige Aufrechnung i.d.R. nicht erfolgen, da von zwei getrennt zu bewertenden Vertragsverhältnissen auszugehen ist. Ein möglicher Verlust muss auf einer Betrachtung der Absatzmarktpreise bei beiden Geschäften basieren, dann konkretisiert das Absatzgeschäft den Wert, der aus dem Beschaffungsge-

---

[641] Vgl. **Kupsch**, Neuere Entwicklungen, S. 14 ff. ; **Schmidt/Weber-Grellet**, EStG § 5, Rz.461
[642] Vgl. **Baetge**, Bilanzen, S. 380 f. ; **Naumann**, S. 321 ; **Kupsch**, Neuere Entwicklungen, S. 30
[643] Vgl. statt aller : **Heymann/Jung**, § 253, Rz. 344

schäft zukünftig zu erwartenden Gegenleistung, beide Werte gleichen sich; das Absatzgeschäft ‚löst den Verlust aus dem Beschaffungsgeschäft ab'. Somit kann bei getrennter Bewertung beider Geschäfte ein den realen Verhältnissen entsprechender Verlustausweis gewährleistet werden.[644]

V. Bewertung von Aufwandsrückstellungen

1. Ansatzwahlrecht

Bei Aufwandsrückstellungen, welche auf einer Wahlrechtsausübung gem. § 249 Abs.1 S.3 oder Abs.2 HGB basieren, kann jeder Betrag zwischen Null und dem nach vernünftiger kaufmännischer Beurteilung notwendigen Betrag (Wertobergrenze)[645] angesetzt werden, da aufgrund des fehlenden rechtlichen Verpflichtungscharakters ein Erfüllungsbetrag gegenüber Dritten nicht gegeben ist; es besteht lediglich eine innerbetriebliche Verpflichtung gegen sich selbst.[646]

Zwar könnte man ausgehend vom Postulat einer manipulationsfreien Bilanzierung darauf bestehen, dass ein einmal ausgeübtes Ansatzwahlrecht auch in voller Höhe zu erfolgen hat, praktisch wäre dieser Ansatz jedoch zwecklos; möchte der Bilanzierende nicht in voller Höhe bewerten, wird er dieses Ziel auch auf Ebene des Ansatzwahlrechts erreichen können.[647]

---

[644] Vgl. **Naumann**, S. 331 ff. : ausführliches Fallbeispiel
[645] Vgl. Bewertungsmethodik bei Verbindlichkeitsrückstellungen, Gliederungspunkt D.III.
[646] Vgl. **Eder**, S. 165 ; **Clemm/Nonnenmacher**, in Beck'scher, § 253, Rz. 164 ; **Kessler**, S. 454
[647] Vgl. **Naumann**, S. 362 f.

Der Grundsatz der Bewertungsstetigkeit erfasst nicht den Ansatz der Wahlaufwandsrückstellungen, womit das Ansatzwahlrecht für jeden Sachverhalt einzeln ausgeübt oder unterlassen werden kann. Wohl greift die Bewertungsstetigkeit (§ 252 Abs.1 Nr.6 HGB) jedoch wenn ein Ansatz erfolgt; dann muss in der Handelsbilanz zum ersten einheitlich bewertet werden (ähnliche Sachverhalte, gleiche Methode), und zum zweiten ist eine gewählte Methode in zukünftigen Geschäftjahren beizubehalten. Nur so wird die Vergleichbarkeit von Jahresabschlüssen gewährleistet. Würden weitere, aufgrund einer einmal gewählten Bewertungsmethode notwendige, Zuführungen unterbleiben, hätte dies eine unzulässige Änderung der Bewertungsmethode zur Folge, welche nur in begründeten Ausnahmefällen gem. § 252 Abs.2 HGB zulässig ist.[648] Bei Kapitalgesellschaften ist gewählte Methode im Anhang anzugeben und eine eventuelle Methodenänderung zu begründen (§ 284 Abs.2 Nr.1, 3 HGB).[649]

I.d.R. wird eine ratierliche Bildung von abzusehenden Erneuerungsmaßnahmen geboten sein, um eine periodengerechte Aufwandsverrechnung sicherzustellen.[650]

Eine Übernahme in die Steuerbilanz verbietet sich aufgrund des handelsrechtlichen Passivierungswahlrechtes.[651] Fiktiv würde es wegen des Fehlens einer rechtlichen Schuld schon an einer Erfassung der Aufwandsrückstellung durch § 6 Abs.1 Nr.3

---

[648] Vgl. Gliederungspunkt D.I.8. ; **Eder**, S. 167, 169 ff. ; **Clemm/Nonnenmacher**, in Beck'scher, § 253, Rz. 164 sowie § 249, Rz. 310, 313 ; **Kessler**, S.423 ; **Bach**, S. 257 ; **Budde/Geißler**, in Beck'scher, § 252, Rz. 57

[649] Vgl. **Clemm/Nonnenmacher**, in Beck'scher, § 253, Rz. 164

[650] Vgl. Gliederungspunkt D.III.3. ; **Naumann**, S. 356 f.

[651] Vgl. BFH, 03.02.1969, in: BStBl. II 1969, S. 291

EStG fehlen, womit allein die handelsrechtlichen Regelungen maßgeblich wären.[652]

2. Ansatzpflicht

Bei passivierungspflichtigen Aufwandsrückstellungen kommt die allgemeine Vorschrift des § 253 Abs.1 S.2 HGB zur Anwendung, wonach im Rahmen einer vernünftigen kaufmännischen Beurteilung der notwendige Betrag zurückzustellen ist.

Die dargelegten Bewertungsgrundsätze für ungewisse Verbindlichkeiten finden analog Anwendung, eine Bemessung nach Voll-Selbstkosten ist daher maßgeblich.[653]

Bei unterlassener Instandhaltung ist eine einmalige Bildung in voller Höhe statthaft, denn der Ansammlungszeitraum ist bereits abgelaufen; die Notwendigkeit der Durchführung entstand in der Vergangenheit.[654]

Eine Bewertungsmethodik wie bei Verbindlichkeitsrückstellungen ist schon deshalb geboten, weil sich das Unternehmen diesem betriebwirtschaftlich begründeten, zukünftigen Ausgabenerfordernis nicht entziehen kann, wenn das Unternehmen stetig fortgeführt wird. Eine bestehende Stichtagsbelastung muss auch bei ‚Aufwand gegen sich selbst' zum Ausdruck gebracht werden.[655]

---

[652] Vgl. näher zu dieser theoretischen Überlegung: **Kessler**, S. 435 ff.: Er würde jedoch nur einen steuerlichen Ansatz mit dem vollen Betrag gutheißen, da § 249 Abs.2 HGB gem. seiner Ansicht nicht GoB-konform sei und damit auch nicht von der Maßgeblichkeit (handelsrechtlicher GoB) miterfasst werden würde. ; **Bach**, S. 261 f.

[653] Vgl. Gliederungspunkt D.III. ; **Eder**, S. 167 f. ; **Christiansen**, S. 126 ; **Clemm/Nonnenmacher**, in Beck'scher, § 253, Rz. 165

[654] Vgl. **Naumann**, S. 356 f.

[655] Vgl. **Kessler**, S. 454 ; **Naumann**, S. 355 ; **Eder**, S. 165

Gleiches gilt für die verpflichtende Übernahme in die Steuerbilanz gem. § 5 Abs.1 S.1 EStG, unter Beachtung der ertragsteuerlichen Einschränkungen des § 6 Abs.1 Nr.3a EStG.[656]

VI. Abzinsung von Rückstellungen

1. Handelsbilanz

a. Verbindlichkeitsrückstellungen

§ 253 Abs.1 S.2 2.HS HGB[657] fordert, dass Rückstellungen nur abgezinst werden dürfen, soweit die ihnen zugrunde liegenden Verbindlichkeiten einen Zinsanteil enthalten.

Eine Abzinsung kommt grds. nur bei langfristigen Rückstellungen in Betracht, da durch die Diskontierung der Gegenwartswert einer bestimmten Endschuld ermittelt werden soll. Verbindlichkeitsrückstellungen sollen demnach zu ihrem gegenwärtigen Barwert anstatt zu ihrem späteren (höheren) Erfüllungsbetrag bilanziert werden.[658]

Aus finanzmathematischer Sicht ist der Wert einer unverzinslichen Schuld (z.B. zinsloses Darlehen, Gewährleistungsrückstellungen) um so geringer, je später sie zu tilgen ist, da das Kapital zwischenzeitlich ertragbringend verwendet werden

---

[656] Vgl. Gliederungspunkt D.II.
[657] Vgl. **Versicherungsbilanzrichtlinie-Gesetz** vom 24.06.1994, in: BGBl. I 1994, S. 1377, in dessen Rahmen § 253 neu gefasst wurde ; **Hofbauer**, S. 47
[658] Vgl. **Hofbauer**, S. 47

kann. Jedoch sind in diesem Fall die Zinserträge noch nicht realisiert und dürfen daher nicht bilanziert werden. Eine Abzinsung kommt nicht in Frage, diese verstieße gegen das Realisationsprinzip, das Prinzip des vollständigen Schuldenausweises und das Nominalwertprinzip (sofern man es im Handelsrecht verankert sieht).[659]

Eine Abzinsung des rückgestellten Erfüllungsbetrages ist demnach nur bei in der Verpflichtung enthaltenen offenen oder verdeckten Zinsanteilen möglich, § 253 Abs.1 S.2 2.HS HGB hat nach h.M. daher lediglich klarstellenden Charakter.[660]

Von offenen Zinsanteilen wird im Falle eines Disagios (Rückzahlungsbetrag > Auszahlungsbetrag) gesprochen.

Verdeckte Zinszahlungen liegen bei Verbindlichkeiten z.B. vor, wenn bei vorzeitiger Erfüllung ein niedrigerer Ablösebetrag (konkludent) vereinbart ist. Hier stellt der Unterschiedsbetrag zwischen Auszahlungs- und Rückzahlungsbetrag eine laufzeit- und kapitalabhängige Überlassungsvergütung (Zins) dar (z.B. Zero-Bonds). Buchungstechnisch könnte auch ein aktiver Rechnungsabgrenzungsposten für zukünftige Zinsanteile gebildet werden.[661]

Geht man nun am Beispiel[662] von Zero-Bonds (Nullkupon-Anleihen) davon aus, dass sich der Erfüllungsbetrag aus den Komponenten Kapitalschuld (Ausgabebetrag) und Zinsschuld (als Differenzbetrag zwischen Ausgabebetrag und höherem

---

[659] Vgl. **Clemm/Nonnenmacher**, in Beck'scher, § 253, Rz. 161 ; **Kessler/Ranker**, StuB, S. 328 ; **Hofbauer**, S. 49 ; **Bach**, S. 275 f. ; **Pilhofer**, S. 135 f.
[660] Vgl. **Hofbauer**, S.50
[661] Vgl. **Schmidt/Glanegger**, EStG § 6, Rz. 402 ; **Clemm/Nonnenmacher**, in Beck'scher, § 253, Rz. 64, 161 ; **Hofbauer**, S. 48 ; **Kessler**, S.497
[662] Beispiel anhand einer ‚echten Verbindlichkeit'

Nominalwert) zusammensetzt, sind beide Bestandteile getrennt zu bilanzieren. Die Kapitalschuld wird als selbstständige Verpflichtung in voller Höhe bilanziert, die Zinsschuld stellt ein schwebendes Geschäft dar. Aufgrund der Nichtbilanzierung schwebender Geschäfte dürfen jedoch noch nicht entstandene Zinsen nicht passiviert werden, daher ist der Erfüllungsbetrag am Abschlussstichtag abzuzinsen oder anders formuliert: nur bereits (zeitanteilig) entstandene Zinsen sind dem Ausgabebetrag hinzuzurechnen und mit ihm zu passivieren.[663]

Um verdeckte Zinszahlungen annehmen zu können, müssen die Beteiligten objektiv, sprich konkludent, ein Kreditgeschäft beabsichtigt haben, was bei Verbindlichkeitsrückstellungen für (mehrjährige) Sachleistungsverpflichtungen – auch nach Meinung des BFH - regelmäßig abzulehnen ist; es gilt ein Abzinsungsverbot. Zudem binden Sachleistungsverpflichtungen unmittelbar keine Finanzmittel und können so auch keinen Zinsanteil enthalten.[664]

Handelt es sich um Geldleistungsverpflichtungen (z.B. Jubiläumszuwendungen, Gratifikationen), welche erst nach geraumer Zeit zu erbringen sind, ist gem. BFH[665] von verdeckten Zinszahlungen auszugehen; nicht jedoch wenn der Erfüllungsbetrag mit dem Verfügungsbetrag übereinstimmt. Bei Jubiläumszuwendungen ist somit anzunehmen, dass die Arbeitnehmer

---

[663] Vgl. **Bach**, S. 275, 277 ; **Clemm/Nonnenmacher**, in Beck'scher, § 253, Rz. 65, 161 ; **Kessler**, S.497 ff. ; **Baetge**, Arbeitskreis, DB, S. 682

[664] Vgl. **Clemm/Nonnenmacher**, in Beck'scher, § 253, Rz. 161 ; **BFH**, 27.11.1968, in: BStBl. II 1969, S. 247 ; **BFH**, 16.09.1970, in BStBl. II 1971, S. 85 ; **Hofbauer**, S. 48 ; **Kupsch**, Neuere Entwicklungen, S. 26 ; **Christiansen**, S. 57 ; kritisch: **Rupp**, S. 107 ff., m.w.N.

[665] Vgl. **BFH**, 07.07.1983, in: BStBl. II 1983, S. 755 ; **BFH**, 05.02.1987, in: BStBl. II 1987, S. 848 ; **BFH**, 12.12.1990, in: BStBl. II 1991, S.483

dem Arbeitgeber einen zinslosen Kredit erteilen, indem sie noch Jahre auf die ihnen anteilig auf bereits erbrachte Arbeitsleitung zustehenden Teile der Jubiläumszuwendung warten müssen (Stundung der Gegenleistung). Aus diesem Grund ist auch eine Rentenverpflichtung[666] mit dem abgezinsten Barwert und nicht mit dem vollen Erfüllungsbetrag zu passivieren.[667]

Dem kann entgegengehalten werden, dass von einem verdeckten Kreditgeschäft nur auszugehen ist, wenn die Möglichkeit zu einer sofortigen Erfüllung zum Barwert besteht; was z.B. bei Gewährleistungsverpflichtungen und Umweltschutzverpflichtungen eindeutig nicht der Fall ist; außerdem ist meist kein Kreditgeschäft mit verdecktem Zinsanteil objektiv von den Beteiligten eingegangen worden, wie vom BFH (den Zinsanteil betreffend) ohne weiteres unterstellt wurde.[668] Diese Definition erweitert die Finanzverwaltung in R 38 Abs.2 EStR dahingehend, dass bei Geldleistungsverpflichtungen bei sofortiger Begleichung ein geringerer Geldaufwand als bei der zukünftigen Verpflichtung erforderlich sein müsse, um einen verdeckten Zinsanteil zu bejahen.[669]

Auch wenn eine Verbindlichkeitsrückstellung nur wegen ungewisser Höhe des Erfüllungsbetrages gebildet wurde, und somit ihre Bewertung auf einer Schätzung beruht, in deren Schätzrahmen sich auch der abgezinste Betrag bewegen könnte, schließt dies eine Abzinsung nicht aus.[670]

---

[666] Vgl. Gliederungspunkt D.III.6.
[667] Vgl. **Clemm/Nonnenmacher**, in Beck'scher, § 253, Rz. 161 ; ähnlich: **Kupsch**, Neuere Entwicklungen, S. 28 ; **Kessler**, S. 505 ff.
[668] Vgl. **Bach**, S. 278 ; **Clemm/Nonnenmacher**, in Beck'scher, § 253, Rz. 161 ; **Günkel/Fenzl**, DStR, S.656
[669] Vgl. **Maus**, S. 30
[670] Vgl. **Christiansen**, S. 53

Die Wahlrechtsformulierung des § 253 Abs.1 S.2 2.HS HGB ist indes missverständlich; vielmehr besteht eine Abzinsungspflicht, soweit ein verdeckter oder offener Zinsanteil im Erfüllungsbetrag enthalten ist.

Liegen die Voraussetzungen für eine Abzinsung nicht vor, muss der volle Erfüllungsbetrag angesetzt werden.[671]

Der Abzinsungsfaktor bemisst sich handelsrechtlich nach einem fristadäquaten Kapitalmarktzins (= Sollzinssatz, da Zinsaufwendungen zu erfassen sind) oder darunter, wobei der BFH in früheren Urteilen Werte zwischen 5,5 und 10 % zugrundelegte (Hochzinsphase, Anm.d.V.). Bisweilen orientierte sich die Rechtsprechung bei Verbindlichkeiten aus Lieferungen und Leistungen im Zweifel am Zinssatz von 5,5 % des § 12 Abs.3 BewG.[672]

Für einen Großteil der Verbindlichkeitsrückstellungen herrscht somit ein Abzinsungsverbot. Die kontroverse Diskussion um die handelsrechtliche Abzinsung von Rückstellungen hält jedoch an.[673]

b. Drohverlustrückstellungen

Die Frage, ob bei Rückstellungen für drohende Verluste aus schwebenden Geschäften das Abzinsungsverbot des § 253 Abs.1 S.2 2.HS HGB analog gilt, wird meist negiert, zumal ausdrücklich von ‚zugrundeliegenden Verbindlichkeiten' ge-

---

[671] Vgl. **Pilhofer**, S. 137
[672] Vgl. **Christiansen**, S. 58 ff. ; **Maus**, S. 30 ; **Kessler**, S. 517 ; **Scheffler**, Teil B, StuB, S. 545
[673] Vgl. **Rogall/Spengel**, BB, S. 1238 ; **Günkel/Fenzl**, DStR, S. 656

sprochen wird; trotzdem soll vorerst die Geltung angenommen werden, um denkbare Fallkonstellationen aufzuzeigen.[674]

Eine Abzinsung ist demnach vorzunehmen, wenn der Verpflichtungsüberschuss einen Zinsanteil enthält, d.h. wenn entweder dem in die Saldierung einbezogenen Anspruch oder der dem Anspruch gegenüberstehenden Verpflichtung ein offener oder verdeckter Zinsanteil zuzuschreiben ist.[675]

Wird dem Unternehmen im Rahmen eines schwebenden Beschaffungsgeschäftes ein langfristiges Zahlungsziel eingeräumt, kann von einem in der Kaufpreisverpflichtung enthaltenen Zinsanteil ausgegangen werden, insoweit liegt ein verdecktes Kreditgeschäft vor. Betrachtet man auch hier das Beschaffungsgeschäft einerseits und das schwebende Kreditgeschäft andererseits, so kann nur ersteres in den Saldierungsbereich eingehen. Für das den Zinsanteil betreffende Geschäft gilt die Ausgeglichenheitsvermutung.[676]

Umgekehrt enthält der Kaufpreisanspruch bei schwebenden Absatzgeschäften einen (verdeckten) Zinsanteil, wenn dem Kunden ein langfristiges Zahlungsziel zugestanden wird. Hier ist eine Drohverlustrückstellung nur zu bilden, wenn der abgezinste Kaufpreisanspruch den Wert der Gegenleistung unterschreitet. Auch hier ist das ‚Zinsgeschäft' als ausgeglichen anzusehen.[677]

Ebenso kommt bei Dauerschuldverhältnissen eine Abzinsung nur in Betracht, wenn Geldleistungsansprüche oder -verpflichtungen gestundet werden, z.B. bei Entrichtung des

---

[674] Vgl. **Pilhofer**, S. 135, 137, m.w.N. ; a.A. **Altmeier**, S. 113
[675] Vgl. **Altmeier**, S. 113 ; **Maus**, S. 32
[676] Vgl. **Altmeier**, S. 114 ; **Maus**, S. 31 ; **Clemm/Nonnenmacher**, in Beck'scher, § 253, Rz. 177
[677] Vgl. **Altmeier**, S. 114 ; **Clemm/Nonnenmacher**, in Beck'scher, § 253, Rz. 177

Mietzinses in einer Summe am Ende der Mietzeit, wobei diese an einem BFH-Urteil angelehnte Sichtweise höchst umstritten ist.[678]

Wird im Voraus bezahlt, stellt dies eigentlich eine Kreditgewährung an den Mieter dar, jedoch muss man nach ALTMEIER von einem nicht teilbaren Sachleistungsanspruch ausgehen, von welchem kein Entgelt für die Kreditgewährung abgespalten werden kann.[679]

Ein verdeckter Zinsanteil ist auch bei Anzahlungen mit entsprechend späterer Lieferung generell nicht zu vermuten (unteilbarer Sachleistungsanspruch).[680]

Grds. gegen eine Abzinsung von Drohverlustrückstellungen wird jedoch das Vorsichtsprinzip sprechen, wenn bei vernünftiger kaufmännischer Beurteilung anzuzweifeln ist, dass die Abzinsungsbeträge im betreffenden Zeitraum erwirtschaftet werden können, womit insofern ein Verstoß gegen das Realisationsprinzip vorliegt. Insbesondere bei Dauerschuldverhältnissen wird der Grundsatz der verlustfreien Bewertung einem Barwertansatz der eigenen Leistungsverpflichtung aus einem Absatzgeschäft entgegenstehen. Zukünftige Geschäftsjahre wären

---

[678] Vgl. **Altmeier**, S. 115 ; ähnlich: **BFH**, 19.07.1983, in: BStBl. II 1984, S. 56 : für eine Abzinsung bei Dauerschuldverhältnissen analog zum Barwertansatz bei Rentenverpflichtungen ; a.A. **Clemm/Nonnenmacher**, in Beck'scher, § 253, Rz. 177 ; ebenso a.A.: **Kupsch**, Neuere Entwicklungen, S. 30 ; **Kessler**, S. 523, m.w.N. ; **BFH**, 26.05.1993, in: BStBl. II 1993, S. 855 : eine Abzinsung von Verbindlichkeitsrückstellungen wurde vom BFH im Prinzip abgelehnt, eine Abzinsung von Drohverlustrückstellungen dagegen befürwortet ; **BFH**, 23.06.1997, in: BStBl. II 1997, S. 735 : ‚Apothekerfall', auch hier bejahte der GrS 2/93 die Abzinsung einer Drohverlustrückstellung , hierzu: **Weber-Grellet**, Gewinnermittlungsvorschriften, DB, S. 168

[679] Vgl. **Altmeier**, S. 115

dann durch Zinsaufwendungen belastet, der nach kaufmännischer Vernunft notwendige Betrag wäre nicht in voller Höhe zurückgestellt. Als mögliche Ausnahme bliebe nur das genannte Beispiel des langfristigen Zahlungsziels als verdecktes Kreditgeschäft anzuführen.[681]

Im Übrigen wird in der Praxis häufig auf eine Abzinsung verzichtet, da der abgezinste Betrag innerhalb des Schätzrahmens vermutet wird.[682]

c. Aufwandsrückstellungen

Da es sich um reine Innenverpflichtungen handelt, wird bei der Bewertung derartiger Rückstellungen unwiderlegbar kein Zinsanteil enthalten sein, eine Abzinsung scheidet aus. Kein Kaufmann kann sich selbst einen Kredit gewähren, womit es schon an den begrifflichen Voraussetzungen für das Vorliegen von Zinsen mangelt.[683]

Trotzdem wird faktisch auch ein Ansatz zum Barwert bei Wahlaufwandsrückstellungen möglich sein, solange der gewählte Wertansatz willkürfrei ermittelt wurde.[684]

---

[680] Vgl. **Altmeier**, S. 114 ; a.A. **Clemm/Nonnenmacher**, in Beck'scher, § 253, Rz. 177
[681] Vgl. **Kupsch**, Neuere Entwicklungen, S. 30 f. ; **Maus**, S. 31 ; **Clemm/Nonnenmacher**, in Beck'scher, § 253, Rz. 177 ; **Pilhofer**, S. 137
[682] Vgl. **Pilhofer**, S. 137
[683] Vgl. **Maus**, S. 32 ; **Kessler**, S. 532 f. ; **Eder**, S. 176 ff. ; a.A. **Pilhofer**, S. 137, m.w.N.
[684] Vgl. **Kessler**, S. 533 ; Gliederungspunkt C.V.1. ; kritisch: **Eder**, S. 178

2. Steuerbilanz

Eingeführt im Rahmen des StEntlG 1999 ff. enthält § 6 Abs.1 Nr.3a Buchst.e EStG eine Abzinsungspflicht der Rückstellungen für Verpflichtungen mit einem Zinssatz von 5,5 %. Weiter wird auf § 6 Abs.1 Nr.3 S.2 EStG verwiesen, wonach sinngemäß Rückstellungen deren Laufzeit weniger als 12 Monate beträgt, oder solche, die auf verzinslichen Verbindlichkeiten[685] oder auf Anzahlungen oder Vorausleistungen beruhen, von dieser Abzinsungspflicht befreit sind. Der Abzinsungszeitraum bei Rückstellungen für Sachleistungsverpflichtungen endet mit dem Beginn[686] der Erfüllung gem. §6 Abs.1 Nr.3a Buchst.e S.2 EStG; S.3 bestimmt den Abzinsungszeitraum für Rückstellungen aufgrund der Verpflichtung ein Kernkraftwerk[687] stillzulegen, nach den zeitlichen Vorschriften des § 6 Abs.1 Nr.3a Buchst.d S.2 EStG; die Diskontierung beginnt demnach bei erstmaliger Nutzung und endet mit Beginn der Stilllegung, hilfsweise nach 25 Jahren.

Betroffen von dieser wohl bedeutendsten Neuregelung des StEntlG 1999 ff. für die steuerliche Rückstellungsbewertung sind alle steuerrechtlich ansatzfähigen Rückstellungen für Geld-

---

[685] Vgl. **BMF-Schreiben**, 23.08.1999, in: BStBl. I 1999, S. 818 : Nach Ansicht der Finanzverwaltung liegt eine verzinsliche Verbindlichkeit (kein Abzinsungsgebot) vor, wenn ein Zinssatz von über 0% vereinbart wurde. Liegt er nur knapp über 0 %, kann eventuell eine missbräuchliche Gestaltung i.S.d. § 42 AO vorliegen; wobei weiter dann eine Abzinsung unterbleibt, wenn durch eine Auflage, nach der Vorteile aus einem zinslosen Darlehen dem Darlehensnehmer nicht verbleiben, eine wirtschaftliche Verzinsung anzunehmen ist.
[686] Vgl. **Kessler/Ranker**, StuB, S. 330 : Beginn der Erfüllung ist der Zeitpunkt zu dem erstmals Schritte zur Ausführung der notwendigen Maßnahmen eingeleitet werden.
[687] Vgl. Gliederungspunkt D.II.5.

und Sachleistungsverpflichtungen[688]; d.h. auch solche, die auf unverzinslichen Verpflichtungen basieren und daher keinen Zinsanteil enthalten, womit eine bisher nur teilweise durch den BFH gestützte Regelung getroffen wurde.[689]

Dieses undifferenzierte Abzinsungsgebot verstößt jedoch deutlich gegen das Realisationsprinzip, da zukünftige Zinserträge vorweggenommen werden und verletzt damit das Prinzip einer Besteuerung nach der Leistungsfähigkeit.[690] Des Weiteren kommt es zu widersprüchlichen Ergebnissen bei der Schuldenbewertung; so führt ein abgezinster Ausweis einer ungewissen Rückzahlungsverpflichtung zur Besteuerung von unrealisierten Gewinnen, ein unverzinsliches Darlehen ist jedoch auch zukünftig steuerlich mit dem unverminderten Nennwert zu bilanzieren.[691]

Ursächlich für die Ausnahme von Rückstellungen für Anzahlungen und Vorausleistungen ist der Grundsatz der Nichtbilanzierung von Erträgen aus schwebenden Geschäften.[692]

Im Falle eines sich durch künftige Vorteile verringernden Wertansatzes, ist auch der kompensierende Betrag abzuzinsen,

---

[688] Vgl. **Günkel/Fenzl**, StuB, S. 656: der ursprüngliche Gesetzentwurf sah keine Abzinsungspflicht für Sachleistungsverpflichtungen vor
[689] Vgl. **Schmidt/Glanegger**, EStG § 6, Rz. 402, 408 ; **BFH**, in: BStBl. II 1991, S. 479 ; **Kessler/Ranker**, StuB, S. 330
[690] Vgl. **Günkel/Fenzl**, DStR, S. 656 ; **Scheffler**, Teil B, StuB, S. 545
[691] Vgl. **Günkel/Fenzl**, DStR, S. 656 : am Beispiel einer Verpflichtung von Bausparkassen zur Erstattung vereinnahmter Abschlussgebühren bei Darlehensverzicht des Bausparers ; **Prinz**, DStR, S.668 : PRINZ definiert den Entfall der Abzinsungspflicht bei unverzinslichen Darlehen dahingehend näher, dass nur bei fehlender Laufzeitangabe unter Berufung auf die Kündigungsfrist des § 609 Abs.2 BGB möglicherweise eine Abzinsungspflicht entfallen kann, möchte jedoch selbst auf die faktische Laufzeit abstellen.
[692] Vgl. **Schmidt/Glanegger**, EStG § 6, Rz. 402

soweit dieser erst in einem späteren Geschäftsjahr realisiert werden kann.[693]

GLANEGGER hält am Nominalwertprinzip fest und sieht die Preisverhältnisse am Bilanzstichtag als maßgeblich für den Endbetrag der Verpflichtung an.[694] Dem kann entgegengehalten werden, dass der Gesetzgeber durch das Abzinsungsgebot gerade das Nominalwertprinzip eingeschränkt hat. So ist zu fordern, dass zur Kompensation der Auswirkungen des Abzinsungsgebotes, eine (teilweise) Berücksichtigung des Preisniveaus im Erfüllungszeitpunkt gestattet wird, zumal sich die erforderlichen Aufwendungen tatsächlich aus diesen zukünftigen Preisverhältnissen ergeben, und sich Abzinsung und Inflation wechselseitig bedingen.[695]

Mit dieser Vorschrift löst sich das Steuerrecht deutlich vom Handelsrecht, indem in der Steuerbilanz, mit Ausnahmen, grds. alle Rückstellungen mit Laufzeit über einem Jahr abzuzinsen sind; vor dieser Neuregelung galt mangels abweichender Vorschriften auch steuerrechtlich das Abzinsungsverbot des § 253 Abs.1 S.2 HGB, wenn nicht bei sofortiger Erfüllung ein geringerer Betrag zu leisten gewesen wäre.[696] Dies bedeutet insoweit eine Durchbrechung des Maßgeblichkeitsgrundsatzes wie in den Rückstellungen kein Zinsanteil enthalten ist.[697]

Im Ergebnis liegt der Handelsbilanzwert der Rückstellungen höher als der Steuerbilanzwert, denn entweder entfällt handelsrechtlich aufgrund eines fehlenden Zinsanteils die Abzinsung,

---

[693] Vgl. Gliederungspunkt D.II.4. ; **Schmidt/Glanegger**, EStG § 6, Rz. 408

[694] Vgl. **Schmidt/Glanegger**, EStG § 6, Rz. 408 ; **BFH**, in: BStBl. II 1992, S. 910 ; Gliederungspunkt D.III.4., m.w.N.

[695] Vgl. **Günkel/Fenzl**, DStR, S. 656 ; **Prinz**, DStR, S. 669

[696] Vgl. **Schmidt/Glanegger**, EStG § 6, Rz. 402

[697] Vgl. **Rogall/Spengel**, BB, S. 1241 ; **Scheffler**, Teil B, StuB, S. 542 ff.

oder bei vorhandenem Zinsanteil liegt der Zinssatz unter dem steuerrechtlich vorgegebenen von 5,5 %. Diese verbindliche Vorgabe des Steuergesetzgebers ist als zu starke Betonung des Objektivierungsgedankens zu beurteilen, zumal bei niedrigerem Kapitalmarktzinssatz (handelsrechtlich maßgeblich) eine Unterbewertung von Rückstellungen in der Steuerbilanz resultiert.[698]

VII. Beurteilung hinsichtlich des Maßgeblichkeitsprinzips

Wie in den vorherigen Ausführungen ersichtlich wurde, liegen die wesentlichen Abweichungen von handelsrechtlichen Bewertungsgrundsätzen durch neuere steuerrechtliche Gesetzgebung im Bereich der Rückstellungsbewertung nicht in den Einschränkungen hinsichtlich des höchstens anzusetzenden Wertes des § 6 Abs.1 Nr.3a, Buchst.a-d EStG, sondern im grds. Abzinsungsgebot gem. Buchst.e.

Im wesentlichen entsprechen die ertragsteuerrechtlichen Sonderregelungen dem Objektivierungsgedanken, dem Teilwertgedanken, dem Periodisierungsgrundsatz oder sind schon allein auf eine vernünftige kaufmännische Beurteilung im Rahmen der Rückstellungsbewertung zurückzuführen; abgesehen von einigen Unzulänglichkeiten bezüglich der Stilllegung von Kernkraftwerken[699], welche den Grundsatz der Abgrenzung von Aufwendungen der Sache nach verletzen. Weiterhin können die angesprochenen Bewertungsregelungen durch ihren meist nur klarstellenden Charakter dazu beitragen, dass eine mögliche Überbetonung des Vorsichtsprinzips in der

---

[698] Vgl. **Scheffler**, Teil B, StuB, S. 542 ff.
[699] Vgl. Gliederungspunkt D.II.5.

che Überbetonung des Vorsichtsprinzips in der Handelsbilanz zurückgedrängt wird.[700]

Die grds. Abzinsungspflicht von Geld- und Sachleistungsverpflichtungen zeigt sich jedoch im Falle einer Verpflichtung, welcher weder rechtlich noch wirtschaftlich ein Kreditverhältnis zugrunde liegt (kein Zinsanteil), als ungerechtfertigt. Die Gesetzesbegründung des StEntlG 1999 ff. argumentiert, dass Zahlungsverpflichtungen, die erst in späteren Jahren zu erfüllen sind, weniger belastend sind als sofort fällige Zahlungen.[701] Jedoch wird durch die Abzinsung der Rückstellung das gleiche Ergebnis erreicht wie durch ein Ansatzverbot der Rückstellung mit einer Gewinnminderung erst bei Eintritt des antizipierten Ereignisses, sofern man den Zinssatz als richtig betrachtet; der Finanzierungseffekt der Rückstellung wird neutralisiert.[702]

Ebenso ist die Festlegung des Zinssatzes auf 5,5 % zu kritisieren. Handelsrechtlich werden niedrigere Zinssätze zwischen 3 % und dem Kapitalmarktzins verwendet, denn man nutzt zur Abzinsung regelmäßig nicht den Nominal- sondern den geringeren Realzins. Auf diese Weise erreicht man die umstrittene Einbeziehung zukünftiger Preis- und Kostensteigerungen. Auch wenn dieses Vorgehen gegen das Stichtagsprinzip verstößt, so entspricht es im Ergebnis doch der international üblichen Praxis, auf die Preisverhältnisse zum Erfüllungszeitpunkt abzustellen und gleichzeitig Rückstellungen mit dem Kapitalmarktzins abzuzinsen. Die Ursache hierfür liegt in einer Inkonsequenz des Gesetzgebers bei der intendierten Berücksichtigung interna-

---

[700] Vgl. **Scheffler**, Teil B, StuB, S. 542 ff. ; **Kessler/Ranker**, StuB, S. 330 ; **Günkel/Fenzl**, DStR, S. 656

[701] Vgl. **BT-Drucks.** 14/23, S. 239 ; **Scheffler**, Teil B, StuB, S. 546, m.w.N. ; **Cattelaens**, EStG § 6, S. 193 ; **Günkel/Fenzl**, DStR, S. 656

[702] Vgl. **Scheffler**, Teil B, StuB, S. 546

tionaler Rechnungslegungsgrundsätze innerhalb des StEntlG 1999 ff., da nur ein Teil (Abzinsungspflicht) übernommen wurde, das Gegenstück jedoch nicht (Berücksichtigung der Kostensteigerungen); deshalb erscheint - aufgrund der im Abzinsungsgebot implizierten Zurückdrängung des Nominalwertprinzips durch den Gesetzgeber - eine Änderung der Rechtsprechung über die steuerliche Berücksichtigungsfähigkeit künftiger Preisänderungen (sprich Inflation) möglich.[703]

Somit wurde auch im Rahmen der Rückstellungsbewertung eine Einheitsbilanzierung unmöglich gemacht, und eine weitere Verselbständigung der Steuerbilanz erwirkt.[704]

---

[703] Vgl. **Scheffler**, Teil B, StuB, S. 546 ; **Günkel/Fenzl**, DStR, S. 656
[704] Vgl. **Baetge**, Arbeitskreis, DB, S. 682 ; **Weber-Grellet**, Gewinnermittlungsvorschriften, DB, S. 168

E. Das Altfahrzeug-Gesetz und die Rückstellungsbilanzierung

I. Grundlagen

Am 21. Juni 2002 beschloss der Bundestag mit Zustimmung des Bundesrates das Gesetz über die Entsorgung von Altfahrzeugen, das sog. ‚Altfahrzeug-Gesetz' („AltfahrzeugG"). Grundlage für dieses Gesetz ist die am 21.10.2000 in Kraft getretene Richtlinie 2000/53/EG des Europäischen Parlaments und des Rates vom 18.09.2000 über Altfahrzeuge. Im AltfahrzeugG wurden alle bundesrechtlich erforderlichen Rechtsänderungen in detaillierter Weise zusammengefasst. In erster Linie modifiziert das AltfahrzeugG die Altauto-V(erordnung) vom 04.07.1997, weitgehend unbeachtet blieben bisher jedoch die geplanten Änderungen[705] der handels- und steuerrechtlichen Rückstellungsbilanzierung.[706]

Wichtige Anpassungen der AltautoV:

- Letzthalter von Altfahrzeugen haben grds. die Möglichkeit, diese unentgeltlich an den Hersteller/Importeur zurückzugeben. Für vor dem 01.07.2002 bereits im Verkehr befindliche Fahrzeuge gilt dies ab dem 01.01.2007.[707]

---

[705] Vgl. Gliederungspunkte E.II., E.III.
[706] Vgl. **BMU**, Pressemitteilung ; **BR-Drucks. 1075/01**, Begründung, S.38 ; **IHK Berlin, Vogt** ; **Siegel**, Zur geplanten Neuregelung, DStR, S. 1674
[707] Vgl. **BR-Drucks. 1075/01**, Gesetzentwurf, Art.3 Nr.4 i,V,m Art.8 Abs.2 GE, S. 9, 35

- Hersteller und Importeure von Personenkraftwagen und leichten Nutzfahrzeugen werden zur Rücknahme der Altfahrzeuge öffentlich-rechtlich verpflichtet und haben die ordnungsgemäße Entsorgung sicherzustellen, indem flächendeckende Rücknahmesysteme einzurichten sind. Die damit verbundenen Kosten sind von den Herstellern/Importeuren zu tragen.[708]
- Ab dem Jahre 2006 sind mind. 85 % des durchschnittlichen Gewichts eines Altfahrzeugs zu verwerten, ab 2015 steigt das Verwertungsziel auf 95 %.[709]
- Ab 01.07.2003 ist es grds. verboten, Fahrzeuge, die bestimmte Schwermetalle (Blei, Cadmium, Quecksilber etc.) enthalten, in Verkehr zu bringen.[710]

Die Adressaten des AltfahrzeugG sind demnach sowohl Hersteller und Importeure als auch die Entsorgungswirtschaft und die Verbraucher.

Die Altfahrzeug-EG-Richtlinie hat - unter Berücksichtigung des Prinzips der Produktverantwortung der Hersteller - einen EU-weit einheitlichen, auf hohem Umweltschutzniveau befindlichen Rechtsrahmen zur umweltgerechten Entsorgung von Altfahrzeugen geschaffen.[711] Volkswirtschaftlich erwartet die Bundesregierung einen Innovationsschub für Verwertungs- und Recyclingverfahren, umweltpolitisch ein Ende der ‚wilden Entsorgung von Altfahrzeugen in Wald und Flur'.[712]

---

[708] Vgl. **BR-Drucks. 1075/01**, Gesetzentwurf, Art.3 Nr.4 GE, S. 9
[709] Vgl. **BR-Drucks. 1075/01**, Gesetzentwurf, Art.3 Nr.6 GE, S. 11
[710] Vgl. **BR-Drucks. 1075/01**, Gesetzentwurf, Art.3 Nr.9 GE, S. 15
[711] Vgl. **BR-Drucks. 1075/01**, Begründung, S. 37
[712] Vgl. **BMU**, Pressemitteilung

Zahlreiche Autohersteller haben bereits Verbindlichkeitsrückstellungen für diese Rücknahme- und Entsorgungsauflagen gebildet, da sie, im Gegensatz zur Bundesregierung, eine hinreichende Konkretisierung der Verpflichtungen bereits in der Verabschiedung der EG-Richtlinie sahen und nicht erst in der Umsetzung in nationales Recht. Haben die Hersteller jedoch aufgrund einer Selbstverpflichtung für diesen Zweck bereits Rückstellungen gebildet, steht die Neuregelung dem nicht entgegen.[713]

Durch die steuerliche Anerkennung der zu bildenden Rückstellungen der Hersteller werden ab 2007 Steuerausfälle in Höhe von jährlich rund 409 Mio. € erwartet, die durchschnittlichen Entsorgungskosten der Hersteller errechnet das BMU mit 100 € pro Fahrzeug, welche vollständig auf den Kunden abgewälzt werden würden.[714]

Das aktuelle Gesetz basiert in weiten Teilen auf dem Referentenentwurf des BMU vom 10.08.2001, welcher hiermit zwar überholt ist, im folgenden jedoch kurz dargestellt werden soll, zumal er weitaus gravierendere Auswirkungen auf die Rückstellungsbilanzierung mit sich gebracht hätte, als sie im aktuellen Gesetzentwurf vorgesehen sind.[715]

---

[713] Vgl. **VDA**, Jahresbericht 2001, S. 154 ; **BR-Drucks. 1075/01**, Begründung, S. 38 f. : keine hinreichende Konkretisierung durch EG-Richtlinie ; **dass.**, Begründung, S. 44 f.

[714] Vgl. **BR-Drucks. 1075/01**, Begründung, S. 39 ff.

[715] Vgl. **DIHK, Vogt** ; **Siegel**, Zur geplanten Neuregelung, DStR, S. 1674

II. Referentenentwurf vom 07. August 2001

Ursprünglich waren folgende Änderungen[716], welche keinen Eingang in den aktuellen Gesetzentwurf fanden, im Bereich der Rückstellungsbilanzierung durch den Referentenentwurf (RE) für ein Altfahrzeug-Gesetz vorgesehen:

Art.1 Nr.1 RE änderte § 253 Abs.1 S.2 HGB und fügte einen S.3 ein: Verbindlichkeiten sind zu ihrem Rückzahlungsbetrag anzusetzen. Rückstellungen sind danach zu bemessen, welcher Betrag nach vernünftiger kaufmännischer Beurteilung zur Erfüllung der Verpflichtung benötigt werden wird (Umschreibung für die Berücksichtigung zukünftiger Kostensteigerungen); der Erfüllungsbetrag ist marktgerecht abzuzinsen.[717]

Es war demnach eine Abzinsung aller Rückstellungen vorgesehen, unabhängig von einem enthaltenen Zinsanteil und ohne Beschränkung auf Rückstellungen für Entsorgungsverpflichtungen. Kompensierend hätte sich jedoch die Berücksichtigung der Preisverhältnisse im Erfüllungszeitpunkt ausgewirkt.

Prinzipiell wurden diese beabsichtigten grundlegenden Angleichungen an internationale Bilanzierungsstandards wie IAS-Standards begrüßt.[718]

Art.1 Nr.2 RE sah für den einzuführenden Art. 52 EGHGB folgendes vor: Soweit Rückstellungen (durch die vorgeschriebene Abzinsung) im folgenden Geschäftsjahr niedriger zu bewerten sind, darf ein passiver ‚Sonderposten aus der Neubewertung von Rückstellungen' gebildet werden. Bei einer (durch die Berücksichtigung der zukünftigen Preisverhältnisse bedingten) hö-

---

[716] Die angegebenen Gesetzesänderungen werden aus Gründen des Umfangs nur sinngemäß wiedergegeben.
[717] Vgl. **BMU**, Referentenentwurf, S. 1

heren Bewertung als im vorhergehenden Geschäftsjahr darf der Unterschiedsbetrag als Bilanzierungshilfe auf der Aktivseite ausgewiesen werden.[719]

Ein höherer Betrag als in der letzten Schlussbilanz kommt zustande, wenn der Kostensteigerungseffekt größer als die Abzinsungswirkung ist.[720]

Art.2 Nr.1 RE erweiterte § 5 EStG um einen Abs.4c: Rückstellungen für Rücknahmeverpflichtungen dürfen nur dann gebildet werden, wenn mit einer Inanspruchnahme ernsthaft zu rechnen ist.[721]

In dieser Vorschrift sind keine tatbestandlichen Neuerungen zu sehen.[722]

Art.2 Nr.2a Buchst.c RE ergänzte § 6 Abs.1 Nr.3a EStG um Buchst.f: Bei der Bewertung sind die Wertverhältnisse am Bilanzstichtag maßgebend.[723]

Diese Vorschrift widerspricht zum ersten der geplanten Neufassung des § 253 Abs.1 HGB (s.o.), womit der gleiche Posten mit unterschiedlichen Werten ausgewiesen wird. Zum zweiten bleibt die Abzinsungspflicht des § 6 Abs.1 Nr.3a Buchst.e EStG bestehen, sodass eine Rückstellung in der Steuerbilanz potentiell unterbewertet ist und Abweichungen zwischen Handels- und Steuerbilanz unvermeidbar sind.[724]

---

[718] Vgl. **Deloitte & Touche, o.V.**, S. 4 f. ; **IHK Berlin, Vogt** ; **Siegel**, Zur geplanten Neuregelung, DStR, S. 1674 f.
[719] Vgl. **BMU**, Referentenentwurf, S. 2
[720] Vgl. **Siegel**, Zur geplanten Neuregelung, DStR, S. 1674
[721] Vgl. **BMU**, Referentenentwurf, S. 3
[722] Vgl. **IHK Berlin, Vogt**
[723] Vgl. **BMU**, Referentenentwurf, S. 4
[724] Vgl. **IHK Berlin, Vogt** ; Deloitte & Touche, o.V., S. 5

Insbesondere aufgrund einer Expertenanhörung am 28.09.2001 wurden die dargestellten, stark kritisierten, Änderungsabsichten wieder verworfen.

III. Altfahrzeug-Gesetz

1. Handelsrechtliche Rückstellungsbilanzierung

Handelsrechtlich wurde allein die vorgeschlagene Einführung des EGHGB Art.53 aus dem Referentenentwurf in den Gesetzentwurf des BMU vom 05.12.2001 und schließlich in das AltfahrzeugG übernommen. Danach gelten folgende Übergangsvorschriften im Hinblick auf das AltfahrzeugG:

„(1) Für Verpflichtungen zur Rücknahme und Verwertung von Altfahrzeugen nach den §§ 3 bis 5 der Altfahrzeug-Verordnung vom 4. Juli 1997 (BGBl. I S.1666) in der Fassung des Altfahrzeug-Gesetzes vom 21.06.2002 sind Rückstellungen hinsichtlich der bis zum jeweiligen Abschlussstichtag in Verkehr gebrachten Fahrzeuge erstmals im Jahresabschluss für das nach dem 26.04.2002 endende Geschäftjahr zu bilden."

„(2) Soweit sich die in Absatz 1 genannten Verpflichtungen auf Fahrzeuge beziehen, die vor dem 01.Juli 2002 in Verkehr gebracht wurden, darf als Bilanzierungshilfe jeweils der Unterschiedsbetrag zwischen den hierfür nach Absatz 1 anzusetzenden Rückstellungen und dem Rückstellungsbetrag aktiviert werden, der sich bei Ansammlung dieser Rückstellungen in gleichmäßig bemessenen Jahresraten ergäbe. Dabei ist ein Ansammlungszeitraum zugrunde zu legen, der mit dem in Absatz 1 bezeichneten Geschäftsjahr beginnt und mit dem letzten vor dem 1.Januar 2007 endenden Geschäftsjahr endet. Der Posten ist in der Bilanz unter der Bezeichnung ‚Ausgleichsbetrag nach dem Altfahrzeug-Gesetz' vor dem Anlagevermögen auszuweisen. Artikel 44 Abs.1 Satz 4 und 5 gilt entsprechend." [725] Vor Umsetzung in nationales Recht durften keine Rückstellungen zu diesen Zwecken gebildet werden.[726]

Das Gesetz behandelt nunmehr nur noch solche Rückstellungen, die im Zusammenhang mit gesetzlichen Rücknahmepflichten stehen; die generellen Vorgaben des Referentenentwurfes wurden gestrichen. Handelsrechtlich bedurfte es auch keiner expliziten gesetzlichen Regelung dafür, dass Rückstellungen für diese Verpflichtungen zu bilden sind, da eine öffentlich-rechtliche Verpflichtung, welche hinreichend konkretisiert ist, besteht. Daher beschränkte man sich auf die zeitliche Regelung und den Wahlansatz einer Bilanzierungshilfe während der Übergangszeit.[727]

Rückstellungen müssen bei Inverkehrbringen des Neufahrzeugs in voller Höhe passiviert werden, eine ratierliche Bildung ist nicht zulässig; dies ist insoweit konsequent, wie für die Rückstellungsbildung davon auszugehen ist, dass die Verpflichtung zur Rücknahme und Entsorgung nicht erst bei Ablieferung des Altfahrzeugs durch den Verbraucher, sondern bereits durch das Inverkehrbringen wirtschaftlich verursacht wird. Eine ratierliche Ansammlung wäre demnach abzulehnen.[728]

Folglich sind seit Verabschiedung des Gesetzes im Jahre 2002, bei kalendergleichem Wirtschaftsjahr, noch in diesem

---

[725] Vgl. **BR-Drucks. 1075/01**, Gesetzentwurf, Art.1 GE, S. 2
[726] Vgl. **BR-Drucks. 1075/01**, Begründung, S. 46
[727] Vgl. **BR-Drucks. 1075/01**, Begründung, S. 44, 46
[728] Vgl. BR-Drucks. 1075/01, Begründung, S. 45 ; IHK Berlin, Vogt ; Deloitte & Touche, o.V., S. 5 ; DIHK, Vogt

Geschäftsjahr Rückstellungen für die bis zum Abschlussstichtag in Verkehr gebrachten Fahrzeuge in voller Höhe zu passivieren.[729]

Sinn des Ansatzes einer aktiven Bilanzierungshilfe hinsichtlich der Entsorgungspflicht von bis zum 01.07.2002 in Verkehr gebrachten Fahrzeugen ist die Vermeidung einer erheblichen Ergebnisbelastung durch kumulierte Zuführung bei Herstellern und Importeuren; eine Verteilung der Entsorgungskosten auf die Geschäftsjahre bis 2007 wird durch Gewährung des Wahlrechts ermöglicht. Somit stellt sich handelsrechtlich das gleiche Ergebnis wie bei ratierlicher Ansammlung bis zum 01.01.2007 der auf den Altfahrzeugbestand entfallenden Rückstellungen ein.[730]

M.E. darf jedoch bei einem kaufmännisch vernünftigen Wertansatz nicht für jedes Fahrzeug, welches vor dem 01.07.2002 in Verkehr gebracht wurde, eine Rückstellung in voller Höhe passiviert werden. Da gem. Art.8 Abs.2 Nr.2 AltfahrzG bei solchen Fahrzeugen die Rücknahmepflicht erst am 01.01.2007 beginnt, wird im Rahmen einer Sammelbewertung[731] unter Berücksichtigung der durchschnittlichen Fahrzeuglebensdauer die Wahrscheinlichkeit einzukalkulieren sein, dass ein wesentlicher Teil dieser Altfahrzeuge bereits vor dem 01.01.2007 verwertet wird; bis zu diesem Zeitpunkt besteht keine Rücknahmepflicht von Altfahrzeugen für Hersteller und Importeure. Gleiches gilt für die Wahrscheinlichkeit, nicht jedes ab dem 01.07.2002 in Verkehr gebrachte Neufahrzeug

---

[729] Vgl. Deloitte & Touche, o.V., S. 4 f.
[730] Vgl. BR-Drucks. 1075/01, Begründung, S. 45 ; DIHK, Vogt ; Deloitte & Touche, o.V., S. 5
[731] Vgl. ähnlich: **BR-Drucks. 1075/01**, Begründung, S. 45 : unter Bezugnahme auf § 240 Abs.4 HGB

nach gewisser Zeit entsorgen zu müssen. Da es sich ferner durchweg um gleichartige Verpflichtungen handelt, schreibt § 6 Abs.1 Nr.3a Buchst.a EStG dies für den steuerrechtlichen Wertansatz bereits vor.

2. Steuerrechtliche Rückstellungsbilanzierung

Einzige steuerrechtliche Modifikation ist die Änderung des § 6 Abs.1 Nr.3a Buchst.d EStG durch Einführung eines Satzes nach Satz 1 wie folgt:[732]

„Rückstellungen für gesetzliche Verpflichtungen zur Rücknahme und Verwertung von Erzeugnissen, die vor Inkrafttreten entsprechender gesetzlicher Verpflichtungen in Verkehr gebracht worden sind, sind zeitanteilig in gleichen Raten bis zum Beginn der jeweiligen Erfüllung anzusammeln; Buchstabe e ist insoweit nicht anzuwenden."[733]

An dieser Neuregelung muss jedoch Kritik geübt werden: Offensichtlich liegt ein Verstoß gegen den Periodisierungsgrundsatz vor, da die Aufwendungen – unabhängig von ihrem tatsächlichen Abfluss - nicht den Geschäftsjahren zugeordnet werden, in denen sie wirtschaftlich verursacht wurden; insoweit wird ein falscher Bilanzgewinn ausgewiesen.[734] Eine ratierliche Ansammlung ist nur statthaft, wenn der zukünftige Aufwand zusätzlich auch solche Erträge alimentiert, die nach dem Bilanzstichtag erzielt werden. Da beim Inverkehrbringen eines Erzeugnisses - spätestens nach einer gesetzlichen Normierung wie im Gesetzentwurf für das EStG vorgesehen - die Rücknah-

---

[732] Auch diese Neuregelung wurde unverändert aus dem Referentenentwurf übernommen.
[733] Vgl. **BR-Drucks. 1075/01**, Gesetzentwurf, Art.2 GE, S, 3

mepflicht und damit die Kostenlast in voller Höhe rechtlich entsteht, und ferner diese Aufwendungen ausschließlich Erträgen zuzuordnen sind, die bis dahin erzielt wurden – womit sie als wirtschaftlich verursacht gelten - ist eine ratierliche Bildung mit einem Verstoß gegen das Realisationsprinzip verbunden. Den zukünftigen Rücknahmekosten stehen ausschließlich die Verkaufserlöse zum Zeitpunkt des Inverkehrbringens gegenüber, sie generieren somit keine zukünftigen Erlöse, die eine ratierliche Bildung erlauben könnten.[735]

Nur bei Ausübung des handelsrechtlichen Wahlrechts zum Ansatz einer Bilanzierungshilfe, kann ein betragsmäßig gleicher Wertansatz in beiden Rechenwerken erreicht werden.[736]

Die Bundesregierung interpretiert die ratierliche Ansammlung jedoch als durchweg positiv, da hierdurch ‚unbillige Härten' vermieden werden und der Forderung nachgekommen wird, ‚eine vertretbare steuerliche Übergangsregelung zuzulassen'.[737]

Eine Abzinsung ist für diese ratierlich zu bildenden Rückstellungen gem. Art.2 Nr.1 AltfahrzeugG nicht vorzunehmen, da es sich bei der Rücknahme- und Verwertungsverpflichtung nicht um eine Verpflichtung handelt, für deren Entstehen im wirtschaftlichen Sinne der laufende Betrieb ursächlich ist. Diese

---

[734] Vgl. IHK Berlin, Vogt ; Deloitte & Touche, o.V., S. 4
[735] Vgl. **DIHK, Vogt** ; **Deloitte & Touche, o.V.**, S. 5 ;
Schmidt/Glanegger, EStG § 6, Rz. 407 ; **Weber-Grellet**, Gewinnermittlungsvorschriften, DB, S. 169 ; **Scheffler**, Teil B, StuB, S.544 ; **Günkel/Fenzl**, DStR, S. 655
[736] Vgl. ähnlich: **BMU**, Pressemitteilung
[737] Vgl. **BR-Drucks. 1075/01**, Begründung, S. 46

Regelung entspricht den handelsrechtlichen Abzinsungsvorschriften, und ist m.E. auch insoweit nicht zu kritisieren.[738]

Rückstellungen für ab dem 01.07.2002 in Verkehr gebrachte Fahrzeuge sind in Einklang mit der Handelsbilanz in voller Höhe zu passivieren, was m.E. dem Periodisierungsgrundsatz entspricht. Im Unterschied zur handelsrechtlichen Regelung besteht jedoch, wie bereits bisher, gem. § 6 Abs.1 Nr.3a Buchst.e EStG Abzinsungspflicht.[739]

SIEGEL hingegen fordert einen Barwertansatz unter Einmalzuführung und erklärt dies damit, dass der Bilanzierende zumindest kalkulatorisch bei der Kaufpreisbemessung einen Aufschlag für spätere Entsorgungspflichten vorgenommen hat. Folgerichtig darf dieser Betrag nicht den Gewinn erhöhen, sondern wird rückgestellt. Nach ökonomischer Betrachtung beläuft sich die diesbezügliche Zahlung des Kunden jedoch nicht auf den Erfüllungsbetrag für die zukünftige Entsorgungsverpflichtung, sondern auf den Barwert. Ferner fordert SIEGEL, dass der Barwert nicht aufgezinst werden dürfe, da die Einschränkung der Leistungsfähigkeit des Steuerpflichtigen erst mit den Ausgaben zur Beseitigung der Verpflichtung einträte, und die steuerliche Entlastung genau so hoch sein müsse wie im Falle einer steuerlichen Anerkennung der Rücknahmeverpflichtung erst im Zeitpunkt der Ausgabe. Durch den von SIEGEL vorausgesetzten Liquiditätszuwachs zwischen Fahrzeugverkauf und Entsorgung, er nimmt eine Verzinsung von 10 % an, dürfe der Steuerpflichtige keinen finanziellen Vorteil haben.[740]

---

[738] Vgl. BR-Drucks. 1075/01, Begründung, S. 46 ; Deloitte & Touche, o.V., S. 5

[739] Vgl. DIHK, Vogt ; BR-Drucks. 1075/01, Begründung, S. 46

[740] Vgl. **Siegel**, Zur geplanten Neuregelung, DStR, S. 1675 f.

M.E. verstößt dieser Denkansatz jedoch deutlich gegen das Vorsichtsprinzip, da zukünftige Zinserträge durch Liquiditätsvorteile als sicher realisierbar unterstellt werden. Ferner sind die Rückstellungen unterbewertet; nach diesem Modell sollen sie selbst im Geschäftsjahr des Eintritts der Verpflichtung noch mit dem Barwert bilanziert werden, unabhängig davon, ob der antizipierte Zinsvorteil realisiert werden konnte. Dieses auf rein betriebswirtschaftlichen Überlegungen basierende Modell ist abzulehnen.

F. Schlussbetrachtung

I. Würdigung

Die Rückstellungsbilanzierung ist nach h.M. von einem traditionell dominant statischen Bilanzverständnis geprägt. Mit der prinzipiellen Ausrichtung der handelsrechtlichen Rechnungslegung am Gläubigerschutz und unter Beachtung einer objektivierten und vorsichtigen Gewinnermittlung liegt der Kernzweck der Handelsbilanz in der Ermittlung des Stichtagsvermögens zum Zwecke der Schuldenkontrolle.

Vor diesem Hintergrund liegt die Aufgabe der Rückstellungen in der vollständigen Schuldenerfassung des Kaufmannes zum Bilanzstichtag. Und mittels der dominant statischen Bilanzinterpretation gelingt es auch, weitgehend objektivierte und nachprüfbare Ansatz- und Bewertungskriterien für Rückstellungen zu entwickeln. Nötig wird diese Objektivierung durch die Zukunftsbezogenheit und damit den Prognosecharakter des Rückstellungsansatzes, welche dem Kaufmann stets einen gewissen Ermessensspielraum gewähren.

Trotzdem zeigte die Untersuchung Tendenzen der Literatur und Rechtsprechung in Richtung eines eher als dynamisch einzuordnenden ‚verlustantizipierenden Umsatzgewinns' als Bilanzzweck auf, indem das Realisationsprinzip eine stärkere Gewichtung gegenüber dem Imparitätsprinzip bei der Passivierung von Rückstellungen erhielt. Hierauf sind viele strittige Punkte bei der Rückstellungsbilanzierung zurückzuführen; man betrachte den Passivierungszeitpunkt bei Verbindlichkeitsrückstellungen, die Frage nach der Marktorientierung bei der Bewertung von Drohverlustrückstellungen oder die Zurechenbarkeit künftiger Ausgaben zum abgelaufenen Geschäftsjahr bei Aufwandsrückstellungen. Die Gefahr dieser dynamischeren Bilanzinterpretation liegt in einem unvollständigen Schuldenausweis zum Bilanzstichtag und in der Zurückdrängung des Gläubigerschutzes.

Eine zu restriktive Auslegung des dominant statischen Schuldbegriffs wird jedoch im heutigen Handelsbilanzrecht durch den ergänzend wirkenden ‚dynamischen' § 249 Abs.2 HGB vermieden, indem das Ausschüttungsvermögen des Unternehmens wahlweise in gleicher Art belastet wird, als handele es sich um eine bestehende rechtliche Außenverpflichtung. Damit wird die Gefahr eines überhöhten Erfolgsausweises eingedämmt.

Die Schnittstelle zur Steuerbilanz stellt das Maßgeblichkeitsprinzip dar, welches sich im Bereich der Rückstellungsbilanzierung stark ausgehöhlt zeigt. Diese Zurückdrängung liegt in den unterschiedlichen Zielsetzungen beider Rechenwerke begründet. Während es bei der handelsrechtlichen Gewinnermittlung primär um den Ausweis eines vorsichtig ermittelten Gewinns geht, muss steuerlich der ‚volle Gewinn' einer Periode angesetzt werden, um eine gleichmäßige, gerechte und an der Leistungsfähigkeit orientierte Gewinnfestsetzung als Besteuerungsgrundlage zu erreichen. Die dargestellten steuergesetzgeberischen Neuregelungen der letzten Jahre gründen daneben auf der Zielsetzung einer Verbreiterung des Bemessungsgrundlage und Senkung des Steuersatzes. Im Bereich der Rückstellungsbilanzierung bewirkt dies eine umfassende Abspaltung von der Maßgeblichkeit der Handelsbilanz durch die Sondervorschriften der §§ 5, 6 EStG.

Eine Verbreiterung der Bemessungsgrundlage und damit eine Abkopplung vom Handelsrecht konnte im Rahmen dieses Buches insbesondere durch Einschränkungen der Rückstellungen für Jubiläumszusagen, das Ansatzverbot der Drohverlustrückstellungen sowie die generelle steuerliche Abzinsungspflicht für sämtliche Rückstellungen nachgewiesen werden. Andere steuerrechtliche Spezialregelungen, wie die Einschränkungen des Höchstwertansatzes verfolgen jedoch in erster Linie das legitime Ziel einer erhöhten Objektivierung im Rahmen des steuerrechtlichen Rückstellungsansatzes. Sie stehen daher den handelsrechtlichen GoB nicht konträr gegenüber, sondern zeigen lediglich konkretisierende Wirkung. Sie sind zudem geeignet, einen handelsrechtlich zu vorsichtigen Bilanzansatz aufzudecken. Ausgehend von der Zielsetzung der Steuerbilanz sind damit einige ungerechtfertigte Privilegien beseitigt worden, wenn auch fiskalpolitisch motivierte Gesetzgebung in Ausnahmefällen nicht ausgeschlossen werden konnte, so z.B. bei der steuerlichen Liquidierung der Drohverlustrückstellung.

Die Bilanzierung von Rückstellungen ist nunmehr weitgehend im Ertragsteuerrecht geregelt, was die Frage aufwirft, inwiefern zukünftig am Maßgeblichkeitsprinzip noch festgehalten werden sollte. Insbesondere im Hinblick auf zunehmend länderübergreifende Konzernverflechtungen und die wachsende Bedeutung internationaler Rechnungslegungs-Standards wie IAS, kann der Wunsch nach einer völligen Abkopplung des Ertragsteuerrechts vom Handelsrecht nicht unbegründet sein.

Auch die steuerrechtlichen Entscheidungen des BFH und EuGH entfernen sich zunehmend vom Grundsatz der Maßgeblichkeit handelsrechtlicher GoB und stellen auf den Grundsatz der ‚true and fair view' ab, was den Wunsch nach einer Neuausrichtung im Einklang mit internationalen Bilanzierungsvorschriften unterstützt.[741]

Zumal sich die Steuerlast der deutschen Unternehmen im EU-weiten Vergleich als ‚am oberen Rand'[742] befindlich darstellt, sollte von steuergesetzgeberischer Seite keine weitere Einschränkung der Rückstellungsbilanzierung erfolgen. Noch einmal sei exemplarisch auf die hohe Bedeutung der Bilanzposition ‚Rückstellungen' im Konzernabschluss deutscher Unternehmen hingewiesen: Die Bilanzsumme des Volkswagen-Konzerns belief sich im Jahre 2000 auf 159,6 Mrd. DM, Rückstellungen trugen hierzu 44,7 Mrd. DM bei, mithin 28 %.[743]

Wie die nachfolgende synoptische Darstellung der in beiden Rechenwerken enthaltenen Vorschriften für die Rückstellungsbilanzierung zeigt, bedürfte es in diesem Teilbereich nur noch weniger Ergänzungen des Ertragsteuerrechts, um eine völlige Ablösung von handelsrechtlichen Ansatz- und Bewertungsvorschriften zu erwirken.

---

[741] Vgl. **Weber-Grellet**, in: Nürnberger-Steuergespräche, Der Maßgeblichkeitsgrundsatz
[742] Vgl. **Zitzelsberger**, FAZ, S. 14
[743] Vgl. **Volkswagen AG, o.V.**, Geschäftsbericht 2000, S. 80

II. Synoptische Darstellung der Rückstellungsbilanzierung

1. Grundlagen der Rückstellungsbilanzierung

	HGB	EStG
BILANZZWECK	➤ Vollständige Schuldenerfassung zum Bilanzstichtag (Gläubigerschutz und Vorsichtsprinzip stark betont)	➤ Ermittlung des vollen Periodengewinns zum Zwecke der gerechten und gleichmäßigen Besteuerung nach der Leistungsfähigkeit des Bilanzierenden
Bilanztheoretische Auffassung	➤ keine verbindliche Vorgabe durch Gesetz ➤ nach h.M. traditionell dominant statisch ➤ dynamische Elemente durch Zulässigkeit von Aufwandsrückstellungen, insb. § 249 Abs.2	➤ statisch ➤ dynamische Elemente nur in gesetzlich vorgesehenen Fällen
Grundlegende Bilanzierungsvorschriften	➤ § 249 Ansatz dem Grunde nach ➤ § 253 Abs.1 S.2 Ansatz der Höhe nach i.V.m. § 252 Abs.1 ➤ § 274 Abs.1 Latente Steuern	➤ § 5 Abs.1 (Umgekehrte) Maßgeblichkeit der Handelsbilanz ➤ § 5 Sondervorschriften für den Ansatz dem Grunde nach ➤ § 5 Abs.6 Bewertungsvorbehalt ➤ § 6 Sondervorschriften für den Ansatz der Höhe nach
Rückstellungen für ungewisse Verbindlichkeiten	➤ § 249 Abs.1 S.1 1.Alt. ➤ Passivierungspflicht	➤ § 5 Abs.1 S.1 Passivierungspflicht durch Maßgeblichkeit der Handelsbilanz
Rückstellungen für drohende Verluste aus schwebenden Geschäften	➤ § 249 Abs.1 S.1 2.Alt. ➤ Passivierungspflicht	➤ § 5 Abs.4a ➤ Passivierungsverbot
Rückstellungen für im Geschäftsjahr unterlassene Instandhaltung, die innerhalb von drei Monaten, oder für Abraumbeseitigung, die im folgenden Geschäftsjahr nachgeholt wird	➤ § 249 Abs.1 S.2 Nr.1 ➤ Passivierungspflicht	➤ § 5 Abs.1 S.1 Passivierungspflicht durch Maßgeblichkeit der Handelsbilanz
Rückstellungen für Gewährleistungen, die ohne rechtliche Verpflichtung erbracht werden	➤ § 249 Abs.1 S.2 Nr.2 ➤ Passivierungspflicht	➤ § 5 Abs.1 S.1 Passivierungspflicht durch Maßgeblichkeit der Handelsbilanz
Rückstellungen für im Geschäftsjahr unterlassene Instandhaltung bei Nachho-	➤ § 249 Abs.1 S.3 ➤ Passivierungswahlrecht	➤ Passivierungsverbot

lung nach Ablauf von drei aber innerhalb von zwölf Monaten		
Aufwandsrückstellungen	➢ § 249 Abs.2 ➢ Passivierungswahlrecht	➢ Passivierungsverbot
Rückstellung für Steuerabgrenzung	➢ § 274 Abs.1 ➢ Passivierungspflicht	➢ Passivierungsverbot
Rückstellungen für andere Zwecke	➢ § 249 Abs.3 S.1 ➢ Passivierungsverbot	➢ § 5 Abs.1 S.1 Passivierungsverbot durch Maßgeblichkeit der Handelsbilanz

2. Bilanzierung von Rückstellungen dem Grunde nach

	HGB	EStG
Rückstellungen für ungewisse Verbindlichkeiten Voraussetzungen und Beschränkungen	• rechtlicher Schuldcharakter (Außenverpflichtung) der Verpflichtung oder faktischer Leistungszwang (bei Gewährleistung ohne rechtliche Verpflichtung) • Ungewissheit über Bestehen, Entstehen und/oder Höhe der Verbindlichkeit • Wahrscheinlichkeit der Inanspruchnahme aus der Verpflichtung • wirtschaftliche Verursachung oder rechtliche Entstehung der Verpflichtung • keine Rückstellung für schwebende Geschäfte	• Maßgeblichkeit der Handelsbilanz • Einschränkungen : • Einschränkungen bei Verletzung fremder Schutzrechte gem. § 5 Abs.3 • Einschränkung bei Rückstellungen für Zuwendungen anlässlich eines Dienstjubiläums gem. § 5 Abs.4 • keine Rückstellung für Aufwendungen, die zukünftig als Anschaffungs- oder Herstellungskosten zu aktivieren sind gem. § 5 Abs.4b S.1 • Einschränkungen für Verwertung radioaktiver Reststoffe gem. § 5 Abs. 4b S.2 • Sonderregelung für Pensionsrückstellungen § 6a
Rückstellungen für drohende Verluste aus schwebenden Geschäften Voraussetzungen und Beschränkungen	• schwebendes Geschäft (Beschaffungs-Absatzgeschäft oder Dauerschuldverhältnis) • drohender Verlust, hinreichende Wahrscheinlichkeit	• Ansatzverbot gem. § 5 Abs.4a
Rückstellungen für im Geschäftsjahr unterlassene Aufwendungen für Instandhaltung Voraussetzungen und Beschränkungen	• Innenverpflichtung • unterlassene Aufwendungen • Aufwendungen sind im letzten Geschäftsjahr (GJ) unterlassen worden • Instandhaltungsmaßnahmen müssen im nächsten GJ innerhalb von drei (Pflichtrückstellung) oder zwischen viertem und zwölftem Monat (Wahlrückstellung) nachgeholt werden • (nicht aktivierungsfähiger) Erhaltungsaufwand	• Maßgeblichkeit der Handelsbilanz • Passivierungsverbot bei Nachholung nach drittem Monat des folgenden Geschäftsjahres • Einschränkungen wie bei Rückstellungen für ungewisse Verbindlichkeiten
Rückstellungen für im Geschäftsjahr unterlassene Abraumbeseitigung Voraussetzungen und Beschränkungen	• Innenverpflichtung • unterlassene Abraumbeseitigung • Aufwendung müssen im letzten GJ unterlassen worden sein • Aufwendungen müssen im folgenden GJ nachgeholt werden	• Maßgeblichkeit der Handelsbilanz • Einschränkungen wie bei Rückstellungen für ungewisse Verbindlichkeiten

Aufwandsrück-stellungen § 249 Abs.2 HGB Voraussetzungen und Beschränkungen	<ul><li>Innenverpflichtung</li><li>Aufwendungen müssen ihrer Eigenart nach genau umschrieben werden können, nicht für allgemeine Risiken</li><li>Aufwendungen müssen abgelaufenen Geschäftsjahren zuzurechnen sein, Nachholung möglich</li><li>Innenverpflichtung muss wahrscheinlich oder sicher zu Ausgaben führen</li><li>Höhe oder Zeitpunkt des Ausgaben müssen unbestimmt sein</li></ul>	<ul><li>Passivierungsverbot</li></ul>
Rückstellungen für Steuerabgrenzung Voraussetzungen und Beschränkungen	<ul><li>Das handelsrechtliche Ergebnis muss das Steuerrechtliche übersteigen</li><li>nur bei vorübergehenden Ergebnisdifferenzen</li></ul>	<ul><li>Passivierungsverbot</li></ul>

3. Bewertung von Rückstellungen

	HGB	EStG
Bestimmung des wahrscheinlichen Wertes	• Bewertung mit dem Erfüllungsbetrag oder Verpflichtungsüberschuss • nach vernünftiger kaufmännischer Beurteilung ermittelter Schätzwert • es ist der wahrscheinlichste Wert anzunehmen • bei Gleichwahrscheinlichkeit der höchste Wert (Vorsichtsprinzip)	• Bewertungsvorbehalt gem. § 5 Abs.6 • Bewertung nach h.M. wie Verbindlichkeiten mit Anschaffungskosten (AK) oder Teilwert gem. § 6 Abs.1 Nr.3 S.1 i.V.m. Nr.2 • AK entsprechen nach h.M. handelsrechtlichem Erfüllungsbetrag
Berücksichtigung einer wahrscheinlich nur teilweisen Inanspruchnahme bei gleichartigen Verpflichtungen	• gebietet sich nach kaufmännisch vernünftiger Beurteilung bei entsprechenden vergangenen Erfahrungen	• Berücksichtigungspflicht wenn vergangene Erfahrungen darauf hindeuten gem. § 6 Abs.1 Nr.3a Buchst.a
Einzubeziehende Kostenarten	• nach h.M. Vollkostenansatz • Einbeziehung nicht notwendiger Gemeinkosten möglich • Verbot der Einbeziehung kalkulatorischer Kosten	• Vollkostenansatz, ohne nicht notwendige Gemeinkosten bei Sachleistungsverpflichtungen gem. § 6 Abs.1 Nr.3a Buchst.b
Berücksichtigung zukünftiger Vorteile	• gebietet sich nach kaufmännisch vernünftiger Beurteilung	• Einbeziehungspflicht, soweit sie nicht als Forderung zu aktivieren sind gem. § 6 Abs.1 Nr.3a Buchst.c
Ratierliche Bildung	• Nach h.M. Pflicht bei Verteilungs- und ‚echten' Ansammlungsrückstellungen	• Pflicht bei Verpflichtungen für deren Entstehen im wirtschaftlichen Sinne der laufende Betrieb ursächlich ist (Verteilungsrückstellungen) gem. § 6 Abs.1 Nr.3a Buchst.d S.1 • Sonderregelung für Stilllegung von Kernkraftwerken gem. § 6 Abs.1 Nr.3a Buchst.d S.2
Einbeziehung künftiger Preis- oder Kostensteigerungen	• umstritten; nach h.M. müssen Preis- oder Kostensteigerungen wenn sie mit einer gewissen Sicherheit absehbar sind den Wertansatz erhöhen (Vorsichtsprinzip)	• keine Berücksichtigung zukünftiger Preis- oder Kostensteigerungen gem. Rechtsprechung
Aufwandsrückstellungen nach § 249 Abs.2 HGB	• jeder Betrag zwischen Null und dem nach vernünftiger kaufmännischer Beurteilung notwendigen Betrag kann angesetzt werden	• Passivierungsverbot

Rückgriffsansprüche	- Einbeziehung wenn kumulativ zutreffend (gem. BFH): - unmittelbarer Zusammenhang zwischen unbestrittenen Rückgriffsansprüchen und drohender Inanspruchnahme - Ansprüche entstehen zwangsläufig in rechtlich verbindlicher Weise nach Entstehung oder Erfüllung der Verbindlichkeit - Rückgriffsansprüche sind vollwertig, d.h. Schuldner ist zahlungsfähig	- Maßgeblichkeit der Handelsbilanz
Abzinsung	- § 253 Abs.1 S.2 - Abzinsung nur, wenn die zugrunde liegenden Verbindlichkeiten einen offenen oder verdeckten Zinsanteil enthalten - nur bei langfristigen Verbindlichkeiten - nach h.M. fristadäquater Kapitalmarktzins als maximaler Abzinsungsfaktor - Abzinsung von Drohverlustrückstellungen umstritten, nach h.m. abzulehnen - keine Abzinsung von Aufwandsrückstellungen	- § 6 Abs.1 Nr.3a Buchst.e i.V.m. § 6 Abs.1 Nr.3 S.2 - alle Rückstellungen für Verpflichtungen sind abzuzinsen, sofern die zugrunde liegenden Verbindlichkeiten nicht verzinslich sind, nicht auf Anzahlungen oder Vorausleistungen beruhen und eine Laufzeit von mind. 12 Monaten haben - Abzinsungsfaktor 5,5 %
Pensionsrückstellungen	- keine handelsrechtlichen Sonderregelungen - Orientierung am steuerlichen Wertansatz - Barwertansatz soweit keine Gegenleistung mehr zu erwarten ist - Teilwertansatz bei Anwartschaften von Aktiven	- § 6a Abs.3 - Teilwertansatz als Höchstwert - Abzinsungspflicht - Rechnungszinsfuß 6 %

III. Abkürzungsverzeichnis

a.A.	anderer Ansicht
a.a.O.	am angegebenen Ort
Abs.	Absatz
Abschn.	Abschnitt
AktG	Aktiengesetz
AltautoV	Altauto-Verordnung
AltfahrzeugG	Altfahrzeug-Gesetz
Anm.	Anmerkung
AO	Abgabenordnung
Art.	Artikel
Aufl.	Auflage
aufgr.	aufgrund
BaWü	Baden-Württemberg
b&b	bilanz und buchhaltung (Zeitschrift)
BB	Betriebsberater (Zeitschrift)
BBK	Buchführung, Bilanz, Kostenrechnung
BewG	Bewertungsgesetz
BFH	Bundesfinanzhof
BFHE	Entscheidungen des Bundesfinanzhofs
BGB	Bürgerliches Gesetzbuch
BGBl.	Bundesgesetzblatt
BGH	Bundesgerichtshof
BiRiLiG	Bilanzrichtlinien Gesetz
BMF	Bundesministerium der Finanzen
BMU	Bundesministerium für Umwelt, Naturschutz und Reaktorsicherheit
BR-Drucks.	Bundesrats-Drucksache
BStBl.	Bundessteuerblatt
BT-Drucks.	Bundestags-Drucksache
BVerfG	Bundesverfassungsgericht
BVerfGE	Entscheidungen des Bundesverfassungsgerichtes
bzgl.	bezüglich
bzw.	beziehungsweise
dass.	dasselbe
DB	Der Betrieb (Zeitschrift)
ders.	derselbe
d.h.	das heißt
dies.	dieselbe
DIHK	Deutscher Industrie- und Handelskammertag
DPO	Diplomprüfungsordnung
DStR	Deutsches Steuerrecht (Zeitschrift)
DStRE	Deutsches Steuerrecht Entscheidungsdienst (Zeitschrift)
DStZ	Deutsche Steuerzeitung (Zeitschrift)
d.V.	des Verfassers
EFG	Entscheidungen der Finanzgerichte
EGHGB	Einführungsgesetz zum Handelsgesetzbuche
Einf.	Einführung
Einl.	Einleitung
EStG	Einkommensteuergesetz
ESt	Einkommensteuer
EStR	Einkommensteuerrichtlinien
EU	Europäische Union
EuGH	Europäischer Gerichtshof
exempl.	exemplarisch
f.	folgende
ff.	fort folgende

FAZ	Frankfurter Allgemeine Zeitung
FG	Finanzgericht
FinMin.	Finanzministerium
Fn.	Fußnote
FR	Finanzrundschau (Zeitschrift)
FuE	Forschung und Entwicklung
GE	Gesetzentwurf
GebrMG	Gebrauchsmustergesetz
gem.	gemäß
GG	Grundgesetz
ggf.	gegebenenfalls
GoB	Grundsätze ordnungsgemäßer Buchführung
grds.	grundsätzlich
GrS	Großer Senat
HGB	Handelsgesetzbuch
h.M.	herrschende (r/n) Meinung
Hrsg.	Herausgeber
hrsg.	herausgegeben
HS.	Halbsatz
IAS	International Accounting Standards
i.d.F.(d.)	in der Fassung (der/des)
i.d.R.	in der Regel
IHK	Industrie- und Handelskammer
i.S.d.	im Sinne des (der)
i.S.v.	im Sinne von
i.V.m.	in Verbindung mit
KapG	Kapitalgesellschaft
KFZ	Kraftfahrzeug
m.A.n.	meiner Ansicht nach
MarkenG	Markengesetz
m.E.	meines Erachtens
mind.	mindestens
m.M.n	meiner Meinung nach
m.w.N.	mit weiteren Nachweisen
Nr. (n)	Nummer (n)
NWB	Neue Wirtschaftsbriefe (Zeitschrift)
OFD	Oberfinanzdirektion
o.g.	oben genannte (r)
o.V.	ohne Verfasser
PatG	Patentgesetz
PublG	Gesetz über die Rechnungslegung von bestimmten Unternehmen und Konzernen (Publizitätsgesetz)
RE	Referentenentwurf
RFH	Reichsfinanzhof
RGBl.	Reichsgesetzblatt
RStBl.	Reichssteuerblatt
Rz.	Randzeichen / Randziffer
S.	Satz, Seite
s.	siehe
s.o.	siehe oben
SchwbG	Schwerbehinderten Gesetz
sog.	sogenannte (r)
StBereinG 1999	Steuerbereinigungsgesetz 1999
StEntlG 1999 ff.	Steuerentlastungsgesetz 1999/2000/2002
StuB	Steuern und Bilanzen (Zeitschrift)
StVZO	Straßenverkehrs-Zulassungs-Ordnung

u.a.	unter anderem
UrhG	Urheberrechtsgesetz
US-GAAP	(United States) Generally Accepted Accounting Principles
usw.	und so weiter
u.U.	unter Umständen
VDA	Verband der Automobilindustrie
Vgl.	vergleiche
Vorb.	Vorbemerkungen
z.B.	zum Beispiel
ZGR	Zeitschrift für Unternehmens- und Gesellschaftsrecht
zit.	zitiert
z.T.	zum Teil

IV. Literaturverzeichnis

Altmeier, David	Rückstellungsbilanzierung in Deutschland und Frankreich, Frankfurt am Main 1999
Arndt, Hans-Wolfgang Wiesbrock, Michael	Der unbestimmte Rechtsbegriff „Verlustrückstellung" und die Notwendigkeit einer verfassungskonformen Auslegung ; DStR Heft 17/2000 Seite 718
Bach, Alexander	Umweltrisiken im handelsrechtlichen Jahresabschluss und in der Steuerbilanz; Einschließlich Bewertung der Rückstellungen, Stuttgart 1996
Bachem, Rolf Georg	Bewertung von überverzinslichen Geldleistungsverbindlichkeiten ; DStR Heft 18/1999 Seite 773
Baetge, Jörg (Hrsg.) Groh/Lederle/Lehner/ Moxter/Siepe	Rückstellungen in der Handels- und Steuerbilanz : Vorträge und Diskussionen zum neuen Recht, Düsseldorf 1990
Baetge, Jörg (stellvertretend)	Arbeitskreis Externe Unternehmensrechnung der Schmalenbach-Gesellschaft für Betriebswirtschaft e.V. : Einfluss ausgewählter steuerrechtlicher Änderungen auf die handelsrechtliche Bilanzierung ; DB Heft 14 vom 7.April 2000 Seite 681
Baetge, Jörg	Bilanzen, 4. überarb. Auflage, Düsseldorf 1996
Bayerisches Staatsministerium der Finanzen o.V.	Steuerentlastungsgesetz 1999/2000/2002 Fakten und Informationen, Rechtsstand 1.April 1999, Informationsschrift
Beckmann, Reinhard	Rückstellungen im Handel ; BBK Nr.1 vom 5.1.2001 Seite 6455 Fach 12
Blenkers, Michael Czisz, Konrad Gerl, Christian	Rückstellungen – aktuelle Darstellung in alphabetischer Reihenfolge inkl. Umweltbereich, Kissing 1994
BMU Bundesministerium für Umwelt, Naturschutz und Reaktorsicherheit	Pressemitteilung Nr. 250/2001 v. 05.12.2001 Gesetzentwurf der Bundesregierung zum Altfahrzeug-Gesetz
dass.	Referentenentwurf eines Gesetzes über die Entsorgung von Altfahrzeugen vom 07.08.2001 Referat WA II 3 – 30114-6/4, Bonn 2001
Brönner / Bareis Brönner, Herbert Bareis, Peter	Die Bilanz nach Handels- und Steuerrecht, 9. Auflage, Stuttgart 1991
Budde / Geißler in Beck'scher Budde, Wolfgang Geißler, Horst	in: Beck'scher Bilanzkommentar: der Jahresabschluss nach Handels- und Steuerrecht; Konzernabschluss, Prüfung, Offenlegung; §§ 238 und 339 HGB, NE: Budde, Wolfgang Dieter, 3. Auflage, München 1995
Bundschuh, Guido	Rückstellungen für Produzentenhaftung in der Steuerbilanz, Frankfurt am Main 1987
Cattelaens, Heiner	Steuerentlastungsgesetz 1999/2000/2002, einschließlich Steuerentlastungsgesetz 1999, Steueränderungsgesetz 1998; Düsseldorf 1999

Christiansen, Alfred	Steuerliche Rückstellungsbildung : Darstellung der Systematik aufgrund von Rechtsprechung und Verwaltungsanweisungen, Bielefeld 1993
Clemm / Nonnenmacher in Beck'scher Clemm, Hermann Nonnenmacher, Rolf	in: Beck'scher Bilanzkommentar: der Jahresabschluss nach Handels- und Steuerrecht; Konzernabschluss, Prüfung, Offenlegung; §§ 238 und 339 HGB, NE: Budde, Wolfgang Dieter, 3. Auflage, München 1995
Crezelius, Georg	Bilanzrecht, 2. neubearbeitete Auflage, Köln 1995
ders.	Das Handelsbilanzrecht in der Rechtsprechung des Bundesfinanzhofs ; Sonderdruck aus: Zeitschrift für Unternehmens- und Gesellschaftsrecht ZGR 1/1987, Berlin 1987
ders.	Rückstellungen bei Umweltschutzmaßnahmen, Stuttgart 1993
ders.	Steuerrecht II, 2. Auflage, München 1994
ders.	Maßgeblichkeitsgrundsatz in Liquidation ? ; DB 1994, Seite 689
Daub, Sebastian	Rückstellungen nach HGB, US GAAP und IAS, Konstanz 2000
Deloitte & Touche o.V.	Praxis-Forum 12/2001, Düsseldorf 2001
DIHK Deutscher Industrie- und Handelskammertag Vogt, Guido	IHK-Steuerinfo Januar 2002, Gesetzentwurf der Bundesregierung zum Altfahrzeug-Gesetz. Auswirkungen auf die Passivierung von Rückstellungen. Berlin/Bonn 2002
Dziadkowski, Dieter	Die Diskussion über das Verhältnis von Handels- und Steuerbilanz – Alter Wein in neuen Schläuchen ? ; DStZ Nr.1-2/2001 Seite 9
Eder, Dieter	Aufwandsrückstellungen nach § 249 Abs.2 HGB : Bilanzierung, Bewertung und Ausweis in der Handelsbilanz, Bergisch Gladbach/Köln 1988
Ellrott / Rhiel Ellrott / Schmidt-Wendt in Beck'scher Ellrott, Helmut Rhiel, Raimund Schmidt-Wendt, Dietrich	in: Beck'scher Bilanzkommentar: der Jahresabschluss nach Handels- und Steuerrecht; Konzernabschluss, Prüfung, Offenlegung; §§ 238 und 339 HGB, NE: Budde, Wolfgang Dieter, 3. Auflage, München 1995
Erhard, Fritz	ABC der Rückstellungen und Rücklagen nach Handels- und Steuerrecht, 1. Auflage, Berlin, Bielefeld, München 1977
Ernst & Young o.V.	Die Unternehmenssteuerreform : Informationen und Gestaltungsempfehlungen zum Steuersenkungsgesetz; Bonn/Berlin 2000
Fumi, Horst-Dieter	Steuerrechtliche Rückstellungen für Dauerschuldverhältnisse: zur Passivierung von Verpflichtungen aus Arbeitsverträgen, Köln, Berlin, Bonn, München 1991
Grubert, Thomas	Rückstellungsbilanzierung in der Ertragsteuerbilanz: ein Beitrag zur Objektivierung der Bilanzierung dem Grunde nach, München 1978
Günkel, Manfred Fenzl, Barbara	Ausgewählte Fragen zum Steuerentlastungsgesetz : Bilanzierung und Verlustverrechnung ; DStR Heft 16/1999 Seite 649
Happe, Rüdiger	Neuere Schwerpunkte bei der Rechtsprechung zu Rückstellungen ; StuB Heft 11/2001 Seite 534

Hartmann, Helmut	Rückstellungen bei der Gewinnermittlung, Göttingen 1973
Heubeck, Klaus	Die Prüfung von Pensionsrückstellungen, Düsseldorf 1987
Heymann / Jung, Willi	in: Handelsgesetzbuch (ohne Seerecht) : Kommentar / Heymann, Bd.3 = Buch 3. §§ 238-342, Berlin 1989
Höchendorfer, Sylvia	Grundsätze ordnungsgemäßer Bilanzierung von Rückstellungen für Jahresabschlusskosten, Frankfurt am Main, Bern, New York 1986
Hofbauer, Markus	Die handels- und steuerrechtliche Bewertung von Rückstellungen für ungewisse Fremdwährungsverbindlichkeiten , Würzburg 1996
Hoffmann, Wolf-Dieter	Lehren aus Holzmann für die Gewinnermittlung durch Vermögensvergleich ; DStR Heft 1/2000 Seite 15
ders.	Neue Steuergestaltungsmöglichkeiten mit Pensionszusagen an Gesellschafter-Geschäftsführer ; DStR Heft 33/1999 Seite 1346
ders.	Die vermeintliche Verlustantizipation als Mutter des Verbots von Teilwertabschreibungen ; DStR Heft 37/1999 Seite 1545
Hoffmann, Wolf-Dieter	Der EuGH als Mentor deutschen Bilanzsteuerrechts – Anmerkungen zum EuGH-Urteil vom 14.9.1999 ; DStR Heft 41/1999 Seite 1686
IHK Berlin, Industrie- und Handelskammer zu Berlin, Vogt, Guido	Steuerinformationen der IHK Berlin, Steuerinfo November 2001 ; Berlin 2001
Kellinghusen, Georg	Rückstellungsprognosen: zur Prüfbarkeit u. Objektivierbarkeit von Prognosen im aktienrechtlichen Jahresabschluss, München 1978
Kessler, Harald	Rückstellungen und Dauerschuldverhältnisse : neue Ansätze zur Lösung aktueller Passivierungsfragen der Handels- und Steuerbilanz, Stuttgart 1992
Kessler, Harald Ranker, Daniel	Zur Bemessung von Rückstellungen für Gewährleistungsverpflichtungen ; StuB Heft 07/2001 S. 325
Kinzius, Kurt-Jürgen	Aufwandsrückstellungen im Handelsrecht, Münster 1988
Knobbe-Keuk, Brigitte	Bilanz- und Unternehmenssteuerrecht, 8. Auflage, Köln 1991
Kupsch, Peter	Bilanzierung von Rückstellungen und ihre Berichterstattung, Herne/Berlin 1975
ders.	Neuere Entwicklungen bei der Bilanzierung und Bewertung von Rückstellungen (Vortrag), Bamberg 1988
Kussmann, Manfred	Lehrbuch der Einkommensteuer, 9. Auflage, Herne/Berlin 1997
Kobs, Erwin	Rückstellungen und Rücklagen in Steuerbilanz und Vermögensaufstellung, 3. Auflage, Herne 1977
Löhr, Dieter	Rückstellungen als Mittel der Unternehmenspolitik, Hagen 1980
Maus, Günther	Rückstellungen in der Handels- und Steuerbilanz, Herne/Berlin 1998
Meyer, Claus	Bilanzierung nach Handels- und Steuerrecht : unter Einschluss der Konzernrechnungslegung und der internationalen Rechnungslegung, Herne/Berlin 2001

Mittelbach, Rolf	Handbuch der Rückstellungen und Rücklagen im Steuerrecht, Köln 1978
Moxter, Adolf	Rückstellungen nach IAS: Abweichungen vom geltenden deutschen Bilanzrecht ; BB Heft 10 vom 11.3.1999 Seite 519
ders.	Zur Abgrenzung von Verbindlichkeitsrückstellungen und (künftig grundsätzlich unzulässigen) Verlustrückstellungen ; DB 1997 S. 1477
Naumann, Klaus-Peter	Die Bewertung von Rückstellungen in der Einzelbilanz nach Handels- und Ertragsteuerrecht, Düsseldorf 1989
Niemann, Ursula	Zum Gebot der Einzelbewertung bei der Bildung von Rückstellungen und deren nachträglicher Änderung, herausgegeben vom Institut „Finanzen und Steuern" e.v., Bonn 1993
Pilhofer, Jochen	Rückstellungen im internationalen Vergleich : Bilanzierung und Bewertung nach HGB, US-GAAP und IAS, Wiesbaden 1997
Prinz, Ulrich	Bilanzpolitik: Aktuelle Strategien steuerbilanzieller Optimierung ; DStR Heft 16/2000 Seite 661
Rogall, Matthias Spengel, Christoph	Abzinsung von Rückstellungen in der Steuerbilanz ; BB Heft 24 vom 15.6.2000 Seite 1234
Rupp, Friedrich	Der Gesetzestatbestand der Rückstellungen im Bilanzsteuerrecht, Frankfurt am Main, Bern, New York, Paris 1991
Scheffler, Wolfram	Verbreiterung der Bemessungsgrundlage: Was bleibt von Rückstellungen in der Steuerbilanz ? Teil A ; StuB Heft 10/2000 Seite 489
ders.	Verbreiterung der Bemessungsgrundlage: Was bleibt von Rückstellungen in der Steuerbilanz ? Teil B ; StuB Heft 11/2000 Seite 541
Schmidt, Ludwig Schmidt / Glanegger, Peter Schmidt / Seeger, Siegbert Schmidt / Weber-Grellet, Heinrich	Einkommensteuergesetz (EStG) Kommentar, 19.Auflage, München 2000
Schoor, Hans Walter	Berechnung der Steuerrückstellungen (Teil A) ; BBK Nr.1 vom 4.1.2002 Seite 4469 Fach 13
Schroeder, Kai Uwe	Abzinsung von Rückstellungen und Verbindlichkeiten in der Steuerbilanz; Bergisch Gladbach, Köln 1990
Schuler, Roland	Gehaltsumwandlung in betriebliche Altersversorgungsleistungen – ein Problem der Überversorgung bei der Bewertung von Pensionsrückstellungen ? ; DStR Heft 49/2001 Seite 2129
Schwarz, Jörg	Rückstellungen für die Produkthaftung und die Haftung nach dem Umwelthaftungsgesetz, Kassel 1994
Siegel, Theodor	Zur geplanten Neuregelung der Rückstellungen in Handelsbilanz und Steuerbilanz ; DStR Heft 39/2001 Seite 1674
ders.	Rückstellungen in der Steuerbilanz und Leistungsfähigkeitsprinzip ; StuB Heft 1/2000 Seite 29
Tischbierek, Armin	Der wirtschaftliche Verursachungszeitpunkt von Verbindlichkeitsrückstellungen; Frankfurt am Main, Berlin, Bern New York, Paris, Wien 1994

VDA **Verband der Automobilindustrie e.V.**, o.V.	Jahresbericht 2001, Frankfurt 2001
Volkswagen AG o.V.	Geschäftsbericht 2000, Wolfsburg 2001
Wangemann, Birgit	Rückstellungsbildung im Spannungsfeld zwischen rechtlicher Entstehung und wirtschaftlicher Verursachung, Göttingen 1997
Weber-Grellet, Heinrich	Die Entwicklung des Bilanzsteuerrechts - Stellungnahme zu Hoffmann ; DStR Heft 38/1999 Seite 1549
Weber-Grellet, Heinrich	Die Gewinnermittlungsvorschriften des Steuerentlastungsgesetzes 1999/2000/2002 – Ein Fortschritt ? ; DB Heft 4 vom 28.1.2000 Seite 165
ders.	Der Maßgeblichkeitsgrundsatz (§ 5 Abs.1 EStG) in der Krise ; Nürnberger-Steuergespräche, e.V. (Hrsg.) ; Nürnberg 1999 Pressebericht zur Ringvorlesung "Maßgeblichkeitsprinzip – quo vadis?" (bearbeitet von Dr. Luise Hölscher)
Winnefeld, Robert	Bilanz-Handbuch : Handels- und Steuerbilanz, rechtsformspezifisches Bilanzrecht, bilanzielle Sonderfragen, Sonderbilanzen ; München 1997
Wöhe, Günther	Die Handels- und Steuerbilanz, 3. Auflage, München 1996
ders.	Bilanzierung und Bilanzpolitik, 8. völlig neubearb. und erw. Auflage, München 1992
Ziemba, Martin	Rückstellungen : Gestaltungshinweise für den Praktiker; bilanz & buchhaltung (b&b) 7-8/2001 Seite 304
Zitzelsberger, Heribert	„Steuerlast der Unternehmen wieder am oberen Rand der EU", Interview, FAZ 26.01.2002 Nr.22 Seite 14